이기백한국사학의 영향

The Influence of Lee Ki-baek's Research on Korean History

李基白韓國史學의 影響

金榮漢 · 金翰奎 · 盧鏞弼
李成市 · Shultz　共 著

韓國史學

The Influence of Lee Ki-baek's Research on Korean History

Kim Young-han

Kim Han-gyoo

Noh Yong-pil

Edward J. Shultz

Lee Sung-si

Han Guk Sa Hak
(Korean History)

Seoul, 2015

책머리에

　선생님께서는 2004년 6월 2일 타계他界하셨다. "민족에 대한 사랑과 진리에 대한 믿음은 둘이 아니라 하나다"라는 생전의 말씀을 되새기며, 10주기週忌인 2014년 1년 내내 다지고 또 다지던 추모追慕의 마음을 한데 모아, 12월 13일 서강대학교에서 한국사학사학회 주최로 '한국사학자이기백추모 국제학술대회'를 거행한 바가 있었다. '이기백한국사학의 영향'이라는 주제로 국내외의 뜻을 같이 하는 학자 몇이 이 자리에서 발표한 논문들 중 학술지에 발표하지 않은 것들을 한데 엮은 게 이 책이다.

　우선 국제학술대회 개최에 일체의 협조를 흔쾌히 제공해주신 한국사학사학회의 명예회장님들은 물론 임원들께 진정으로 고마움을 올린다. 또한 당일 자리를 빛내주신 학계의 원로님들을 위시해서, 전국 곳곳에서 멀다 하지 않고 오셔서 사회와 토론을 기꺼이 맡아 주신 여러 선생님께도 감사드린다. 아울러 발표회 좌석을 가득 채워주시고 조그만 기침소리조차 들리지 않을 정도로 열띤 분위기 속에서 경청하면서 무언의 아낌없는 성원을 주신 모든 분들께, 공저자共著者를 대표하여 깊이 머리 숙여 감사의 인사를 거듭 드리는 바이다.

선생님께서는 저서들 속에서 '피리소리' 혹은 '피리'를 소재로 자신의 심정을 토로하신 적이 몇 차례 있으셨다. 아래와 같은 대목들에서 그러셨다.

(A)한국사학韓國史學은 이제 정당한 자기의 길을 찾아서 성장해 가야 한다. 이 책은 동학同學들의 도움과 편달을 받으며 그러한 한국사학의 방향을 모색하여 온 조그마한 노력의 소산이다. 이 노력이 다만 ①공허한 피리소리로 끝나지 않아 주기를 빈다고 하면, 그것은 저자의 교만이 되는 것일까. 우리 모두의 올바른 이해를 위하여 질정叱正을 빌 뿐이다. (「머리말」, 『한국사학의 방향方向』, 1978, p.iv)

(B)예수는 "우리가 피리를 불어도 너희는 춤추지 않았"다고 노여운 심정을 나타낸 일이 있다. 필시 나이가 들어서일 것이기는 하지만, 조금쯤은 그 심정을 이해할 수도 있다는 상념에 젖어들 때가 있다. 비록 이 책은 ㉮작은 목소리의 외침에 지나지 않으나, 한낱 ②공허한 메아리로 끝나지 않아주기를 바란다고 하면, 그것은 저자의 헛된 망상이 되지나 않는 것인지 모르겠다. (「머리말」, 『한국사상韓國史像의 재구성再構成』, 1991, p.iv)

(C)예수는 "우리가 피리를 불어도 너희는 춤추지 않았다"라고 노여운 심정을 말한 바가 있다. ㉯나의 목소리는 물론 지극히 낮은 것이다. 그러나 진리에 대한 믿음을 확고히 해야 한다는 것은 우리 모두의 생존과 연결된 중대한 문제이다. 진리에 대한 믿음을 굳게 해야 한다는 주장이 ③헛된 메아리로 끝나지 않기를 기원하며 나는 지금껏 살아오고 있다. (「진리에 대한 믿음을 심어 주는 일」, 『교수신문』 1995년 3월 1일; 『한국사산고韓國史散稿』, 2005, p.12)

(D)바라건대 오늘의 한국사 연구자들이 민족과 인류를 지탱하여 주는 진리를 사랑함으로써 한국사의 발전을 올바른 방향으

로 이끌어 가는 견인차의 구실을 하게 되었으면 합니다. 비록 세상 사람들이 춤을 추지 않는 한이 있더라도 학자들은 진리의 <u>피리</u>를 정성껏 불어야 할 것입니다. 이 학술모임이 그 같은 아름다운 <u>피리 소리</u>가 울려 퍼지는 자리가 되었으면 하는 바람이 간절합니다. (「민족에 대한 사랑과 진리에 대한 믿음은 둘이 아니라 하나다—POSCO 국제한국학 심포지엄 개회식 축사—」, 2002년 10월 10일; 『한국사산고』, 2005, p.94)

단지 '피리소리(A·D)' 혹은 '피리(D)'라고 표현하신 적도 있지만, 그것이 예수의 '피리(B·C)'와 관련된 것임을 『성서聖書』의 내용 일부를 인용하여 밝혀두기도 하셨던 것이다. 선생님께서는 인생의 만추晩秋 이래 논문 속에서 논지를 분명히 입증하기 위해 비교사학比較史學 방법의 일환으로 이렇듯이 『성서』를 직접 인용하실 경우마다 『공동번역 성서』(대한성서공회, 1977)를 제시하셨으므로, 이에 따라서 예수의 피리에 관한 이 언급을 찾아보면 「마태오의 복음서」 11장 17절 및 「루가의 복음서」 7장 32절 "이 세대를 무엇에 비길 수 있으랴? 마치 장터에서 아이들이 번갈아 앉아 서로 소리 지르며 '우리가 피리를 불어도 너희는 춤추지 않았고 우리가 곡을 하여도 가슴을 치지 않았다' 하며 노는 것과 같구나!"라는 구절임을 알 수가 있다. 한국사학의 진리에 관한 당신의 말씀이, 비록 "지극히 낮은(㉯)" "작은 목소리의 외침(㉠)"이지만 "공허한 피리소리(①)", "공허한 메아리(②)", "헛된 메아리로 끝나지 않기를(③)" 일관되게 너무나 간절히 소망하셨음이 생생하게 느껴진다.

어느 새 10년도 더 되는 세월이 훌쩍 지나가버리고 말았기에 이제는 속절없이 많이 퇴색되었으나, 2004년 홀연히 타계하신 뒤

어찌할 수 없는 마음을 추스르기 위해 선생님의 지론을 본받아 '인간 중심의 이해'를 실현하고자 그 해 늦가을에 〈우리 역사 속의 사람들〉 시리즈를 간행하는 데에 한껏 힘을 쏟은 적이 있었다. 그러면서 없는 솜씨에 책 표지 디자인도 스스로 해결하면서, 그 〈표지 설명〉에 "스승께서 불어주시는 진리의 아름다운 피리소리에 맞추어, 색동옷 차려 입고 아이처럼 덩실덩실 두 팔 벌려 춤추는 제자의 모습을 나타낸 것임"이라 기입하였었다. 지금도 한결같게 이 마음에는 추호도 변함이 없다. 언제가 될 지 전혀 알 수 없지만, 이 생애의 마지막 순간까지 아니 그 순간에도 선생님께서 불어주시는 진리의 피리소리에 맞추어 색동옷 차려 입고 덩실덩실 춤추고 싶다!

2015년 늦가을
노용필 씀

책머리에

이기백 선생의 꿈과 이상 | 김영한

이기백사학과 동아시아사 | 김한규

『국사신론』·『한국사신론』 본문의 사론 | 노용필

이기백 선생의 꿈과 이상

이기백 선생의 꿈과 이상

김 영 한

1. 머리말 : 회고

내가 이기백(李基白) 선생을 처음 만난 것은 학부 3학년 때인 1964년이었다. 서강대에 재직하신 선생은 〈고려시대사〉를 강의하기 위해 서울대에 출강하셨다. 서양사에 더 관심이 많았던 나는 선생의 과목을 수강신청하지 않고 청강만 할 생각이었다. 처음에는 열심히 강의에 출석했으나 점점 나태해져 결국 중도에 포기하고 말았다.

강의내용 중, 기억에 남는 것은 공주 명학소의 망이, 망소이의 난, 청도의 김사미의 난, 개경의 만적의 난 같은 농민과 노비의 봉기에 관한 것이었는데, 그 중에서도 특히 인상이 깊었던 것은 "장상(將相)의 씨가 따로 있겠는가. 때가 오면 누구든지 할 수 있는 것이다."라는 만적(萬積)의 피토하는 연설이었다. 그러나 강의보다 더 기억에 생생한 것은 학처럼 단아한 선생의 모습이었다.

선생을 다시 만난 것은 7년이 지난 1971년이었다. 당시 나는 서울대 교양과정부의 조교로 근무하고 있었다. 교양과정부는 학생을 위한 교양강좌를 정기적으로 개최하였는데 이번에는 이기백 선생을 연사로 초빙하였다. 조교로서 선생을 모시러 간 나는 비로소 선생을 직접 뵙고 인사를 드리게 되었다. 선생은 강연에서 역사에는 법칙이 작용하고 그 법칙은 하나가 아니라 다수라는 점을 강조하셨다. 나는 속으로 '글쎄'하는 생각도 들었지만 확신에 찬 선생의 조리 있는 강연은 매우 인상적이었다.

그런데 다음 해에 나는 뜻밖에도 서강대에 출강하게 되었다. 차하순 선생의 배려로 〈르네상스사〉를 강의하게 되었다. 강의 첫날, 사학과 학과장인 이기백 선생의 연구실에 들렀더니 반가워하시면서 몸소 나를 강의실까지 안내한 후, 학생들에게 소개하셨다. 당시 나는 2~3개 대학에 출강하고 있었지만 학과장이 시간강사를 학생들에게 직접 소개하는 일은 거의 없었는지라 선생의 세심한 배려에 몸 둘 바를 몰랐다.

1984년 9월, 나는 10년 가까이 재직했던 한양대학을 떠나 서강대학으로 자리를 옮기게 되었다. 이 무렵부터 서강대학교 사학과에는 서서히 세대교체가 일어나고 있었다. 길현모 선생은 학원 민주화운동과 관련하여 해직되었다가 한림대학으로 복직하셨고 전해종 선생은 내가 부임하기 바로 직전에 정년퇴임하셨다. 이기백 선생은 내가 온 지 한 학기 후에 한림대학으로 떠나셨다. 그럼에도 불구하고 선생과의 인연이 지속될 수 있었던 것은 다음과 같은 사연 때문이었다.

하나는 차하순 교수가 주도한 〈비교문화연구회(比較文化硏究會)〉의 출범이다. 1996년 3월에 발족한 본 연구회는 문화의 다름과 같음을 좀 더 체계적으로 비교하기 위해 회보 『비교문화(比較文化)』를 발간하였고 또 한편으로는 세계문화답사활동을 적극적으로 추진하였다. 이기백 선생은 〈비교문화연구회〉의 고문으로 계셨고 나는 회보 『비교문화』의 편집이사였다. 선생은 세계의 역사를 널리 알아야겠다는 생각에서 건강을 무릅쓰고 열심히 답사에 참가하셨다.[1] 선생에게 세계문화답사는 문화의 보편성과 특수성 문제를 재확인하기 위한 일종의 현장실습과 같았다. 선생과의 십여 차례에 걸친 여행을 하면서 나는 한국사에 대한 견문을 넓히게 되었고 예전에 미처 몰랐던 사실들을 알게 되었다.

다른 하나는 한림과학원총서(翰林科學院叢書)의 발간사업이다. 한림대학은 1990년, 한림과학원을 설립하고 젊은이를 위한 올바른 역사관을 정립하기 위한 작업으로 한국사의 쟁점들을 차례로 연구하여 발간하기로 하였다. 그리고 그 연구책임자로 이 선생을 선임하였다.[2] 선생은 『현대한국사학(現代韓國史學)과 사관(史觀)』, 『한국사 시대구분론(韓國史 時代區分論)』, 『한국사상사방법론(韓國思想史方法論)』, 『역사교육, 무엇을 어떻게 가르칠까』 등을 한림과학원총서로 간행하였다.

특히 선생은 공동연구를 주관하면서 각 주제마다 세미나를 개최했는데 여기에는 한국사 학자들뿐만 아니라 동양사, 서양사, 인류학 같은 다른 분야의 학자들을 참여시켜 기탄없는 토론을 유발하였다.[3] 한국사를 세계사적 관점에서, 그리고 학제 간 연구의 관점에서 파악하려는 선생의 뜻이 잘 드러나 있다고 하겠다. 나도 선생의 배려로 대부분의 세미나에 토론자로 참석하였고 역사교육을 다룬 프로젝트에는 공동연구원의 한 사람으로 참여하였다. 이 밖에도 학문적 연구 성과를 시민과 공유하기 위해 선생이 심혈을 기울여 편집, 발간하였던 『한국사시민강좌(韓國史市民講座)』에 「이상사회와 유토피아」(제10집), 「서양의 대학 : 역사와 이념」(제18집)을 기고하였다.

이상과 같은 학술 연구 활동을 통하여 이 선생과의 관계가 유

---

1) 이기백, 『研史隨錄』, 일조각, 1994, p.113.
2) 유영익, 「나와 이기백」, 한림과학원 엮음, 『고병익 · 이기백의 학문과 역사 연구』, 한림대학교출판부, 2007, pp.33-34.
3) 이기백, 『研史隨錄』, p.129.

지되었지만 그렇다고 개인적으로 각별한 관계라고 말하기는 어려울 것이다. 전공도 다르고 연령도 차이가 있지만 무엇보다도 학문과 인품에서 내가 스스럼없이 접근할 수 있는 분이 아니기 때문이다. 그러므로 선생의 학문적 업적을 논(論)하거나 평(評)하는 것은 나의 몫이 아니다. 사실상 선생의 학문과 역사관에 대해서는 이미 다수의 전문 연구논문들이 발표된 바 있으므로[4] 나는 좀 더 자유로운 입장에서 옆에서 보고 느낀 선생의 단면적 모습과 학풍을 나름대로 기술하고자 한다. 주최 측에서 처음 요청한 것은 "이기백 한국사학과 나의 서양사연구"인데 내가 난색을 표하자 제목을 자유롭게 정해도 좋다고 허락해주어서 결례를 무릅쓰고 이 자리에 나왔다. 그러므로 제 발표는 이(李)선생 사학에 대한 체계적 분석이나 종합적 검토와는 거리가 있다고 하겠다.

---

4) 이기백 선생에 대해 발표된 글들은 다음과 같다.
  민현구, 「민족적 관심과 역사적 진리의 탐구」, 『역사학보』156, 1997.
  백승종, 「진리를 거역하면 민족도 망하고 민중도 망한다」, 『역사와 문화』9, 2004.
  김당택, 「이기백 史學을 통해본 한국사의 민족문제 서술방향」, 『역사학보』190, 2006.
  김기봉, 「'모든 시대는 진리에 직결되어 있다'-한국역사학의 랑케, 이기백」, 『한국사학사학보』14, 2006.
  차하순, 「여석과 그의 역사세계」, 『한국사시민강좌』50, 2012.
  한림과학원 엮음, 『고병익·이기백의 학문과 역사연구』, 한림대학교출판부, 2007. 이 책에는 이기백에 관한 4편의 글이 실려 있다. 유영익, 「나와 이기백선생」, 김용선, 「이기백의 저술과 역사연구」, 이기동, 「한국사상사 연구자로서의 이기백」, 민현구, 「민족적 관심과 실증의 방법론」 등이다.

2. 역사연구, 어떻게 할 것인가?

이기백사학(史學)의 핵심은 『한국사신론』(일조각,1999)의 「서장 : 한국사의 새로운 이해」에 잘 압축되어 있다. 그 중에서도 특히 「제2절 한국사의 체계적 인식」이 그러하다. 그에 의하면 한국사를 올바로 이해하기 위해서는 우선 일제의 식민주의 사관부터 청산해야한다. 식민주의 사관을 극복하려면 역사적 사실을 정확하게 파악하고 파악된 구체적 사실들의 시대적·사회적 연결 관계를 체계화해야 한다.[5] 한국사의 체계적 인식을 위하여 선생이 제시한 명제는 세 가지이다.

첫째, 인간중심의 역사이해이다. "역사는 곧 인간의 역사이며, 한국사는 곧 한국인의 역사이다."[6] 그러므로 한국사 연구는 제도중심보다 인간중심의 이해에 초점을 두어야 한다.

둘째, 보편성과 특수성에 대한 인식이다. 한국인 또는 한국민족은 인류의 한 구성원이다. 그러므로 한 구성원과 다른 구성원 간의 공통점과 차이점, 다시 말하면 보편성과 특수성을 인식하는 것은 한국민족의 역사를 명확하게 이해하는 방법이 된다.

셋째, 한국사의 시대구분론이다. 시대구분론은 한국사를 체계화하려는 노력의 구체적 결실이다. 시대구분의 기준은 다양하지만 선생은 사회적 지배세력 및 주도세력의 변천과정에 기준을 두고 한국사의 큰 흐름을 파악하려 하였다는 점에서 독자적이다.

선생이 제시하는 세 명제는 서로 긴밀한 관계에 놓여 있어 어느 한쪽의 우열을 가릴 수 없지만 그래도 역사연구 과정에서 선생이 역점을 둔 것은 보편성과 특수성, 세계사와 한국사의 인식

---

5) 이기백, 『한국사신론』, 일조각, 1999, p.iii.
6) 같은 책, p.7.

에 관한 문제였다고 생각된다.

선생에 의하면 역사는 보편적 법칙에 따라 움직인다. 그런데 그 법칙은 일원적(一元的)인 것이 아니라 다원적(多元的)이다. 달리 말하면 역사에 작용하는 법칙은 다원적이지만 그 법칙들은 어느 민족에게나 적용될 수 있는 보편적인 것이다. 따라서 역사에 작용하는 보편적인 법칙들에 대한 이해가 깊으면 깊을수록 한국사의 특수성에 대한 이해도 깊어진다. 그러므로 한국사의 보다 깊은 이해를 위해서는 구체적으로 한국사와 다른 나라의 역사를 비교해 보는 비교사학의 방법이 필요하다는 것이다.[7] 이 같은 선생의 입장은 고대문화탐방 여행에서도 그대로 드러난다. 그는 가는 곳마다 그곳의 문화와 우리나라의 문화를 비교하여 그 차이점과 공통점을 찾고자 하였다. 대표적 사례 두 가지를 소개하면 아래와 같다.

사례 1. 델피의 아폴론 신전과 요동의 주몽 사당

1993년 1월, 차하순 교수가 인솔하는 고대문화 및 성지(聖地) 탐방 팀은 그리스 아테네에서 버스를 타고 델피신전으로 가고 있었다. 가는 도중, 마이크를 잡은 나는 델피신전에 관한 내용을 간략하게 설명하였다.

1) 그리스의 종교적 중심지는 두 곳이 있다. 하나는 파르나소스 산(山)의 바위 기슭에 세워진 델피의 아폴론 신전이고 다른 하나는 제우스의 영광을 기리기 위해 서부 펠로폰네소스에 세워진 올림피아 신전이다. 올림피아 신전은 4년마다 열리는 경기대회로 유

---

7) 같은 책, pp.8-9.

명하고 델피신전은 신탁이 영험하기로 이름이 나있다. 그러나 델피의 신탁은 영험한 대신 그 의미가 모호한 것이 특징이다.

2) B.C 480년, 페르시아의 크셀크세스(Xerxes)왕이 병력 170만 명, 군함 1,000척을 이끌고 그리스를 침공하였다.[8] 스파르트군은 테르모필레 전투에서 레오니다스왕 이하 300명 군사 전원이 장렬하게 전사하였다. 다급해진 아테네는 민회를 소집하여 논의한 결과 우선 델피의 신탁을 알아보기로 하였다. 델피에서 받아온 신탁에 의하면 "많은 도시가 파괴되고 많은 신전이 불타게 되지만 '나무 벽(wooden wall)'만이 안전하다"는 것이다.

그러면 '나무 벽'이란 무엇인가?

대부분의 아테네인들은 가시 울타리로 되어 있는 아크로폴리스 언덕을 가리킨다고 생각하였다. 그러나 테미스토클레스 장군이 일어나서 "아니다. 그것은 선박, 즉 함대를 의미한다."고 강력히 주장하였다. 그리하여 아테네인들은 바다로 나가 해전을 준비하였고 마침내 살라미스해전에서 페르시아에 대승하였다.[9] 그 결과 지중해세계를 석권하기 위해 서방으로 진출하려던 페르시아의 꿈은 좌절되고 아테네는 동방 전제지배의 공포에서 벗어나 자유를 구가하는 민주국가로 발전하였다는 말로 끝을 맺었다.

델피에 도착하였을 때 우선 감탄한 것은 우리나라에서는 보기 힘든 자연경관 때문이었다. 뒤로는 높이 솟은 파르나소스 산(山)의 절묘하면서도 웅장한 암벽이 그 위용을 자랑하고 있고 앞으로는 멀리 코린트 해안까지 한 눈에 들어오는 탁 튀인 시야가 절로 경탄을 자아내게 한다. 들뜬 기분이 되어 감탄사를 연발하였더니

---

8) Herodotus, *The Histories*, tr. by Aubrey de Selinecurt(The Penguin Classics, n.d) p.438. 실제 병력은 25-30만으로 추산됨.
9) Herodotus, *The Histoires*, pp.461-2.

옆에 계시던 이기백 선생이 나에게 물으신다. "김선생 혹시 문경의 봉암사 가 봤어요?" "아니요. 못 가봤습니다."라고 대답하자 "한번 가보세요" 하시면서 가히 '한국의 델피'라 할 만하다고 말씀하셨다.[10] 선생은 외국에만 있고 우리나라에는 없는 것으로 착각하기 쉬운 역사적 사건이나 사실들이 몰라서 그렇지 의외로 우리나라에도 많다고 강조하시면서 델피신탁에 비견될만한 이야기가 우리의 고대사(古代史) 문헌에도 언급되어 있다고 다음과 같이 말씀하셨다.

삼국사기(三國史記) 고구려본기(高句麗本紀) 보장왕 4년(645) 조(條)에 의하면 당나라 장수 이세적(李世勣)이 고구려를 정복하기 위하여 대병력을 거느리고 처들어와서 요동성을 밤낮없이 공격하였다. 뒤이어 당태종(唐太宗) 이세민(李世民)도 친히 정예부대를 이끌고 와서 요동성을 포위함으로써 성이 함락직전의 위기에 처하였다. 성(城)안에는 주몽(朱蒙)의 사당이 있었는데 사태가 긴박해지자 무당(祭官)은 미인(美人)을 부신(婦神)으로 분장시켜놓고 말하기를 "주몽이 기뻐하니 성(城)은 반드시 온전하리라"(方圍急 飾美女 以婦神 巫言 "朱蒙悅 城必完")고 하였다.[11] 그러나 요동성은 그의 예언과는 달리 곧 바로 함락되었지만 당태종은 양만춘(楊萬春)이 지키는 안시성(安市城)싸움에서 대패한 후 분루를 삼키며 회군하지 않을 수 없었다는 것이다.

---

10) 2002년 9월 봉암사를 찾았으나 석가탄신일을 제외하면 외부인 출입 금지로 되어 있어 헛걸음만 하였다.
11) 당시 이기백 선생이 말씀하신 것을 정확히 기억하지 못하는 관계로 여기에 실린 내용은 필자가 이병도 역주, 『삼국사기』, 을유문화사, 1977, pp.327-8를 보고 정리한 것이다.
삼국사기 고구려본기 보장왕 4년조(條)를 보라고 알려준 이는 최병헌 교수이다. 이 자리를 빌어 사의를 표한다.

델피신전의 신탁은 아테네의 승리를 맞추었지만 주몽의 신탁은 그렇지 못했다는 점에서 양자의 차이가 있으나 전쟁의 의의에 있어서는 양자 간에 유사성이 있어 보인다고 선생은 말씀하셨다. 그가 볼 때, 당시 당태종의 야심은 고구려를 정복하여 동양의 패권을 장악하는데 있었다. 그러므로 만일 고구려가 패했다면 백제와 신라도 당의 지배를 받게 되었을지 모른다. 그러나 고구려가 당을 물리침으로써 민족을 위기에서 구출하는 방파제의 역할을 다하였는데 고구려의 승리가 지니는 민족사적 의의가 여기에 있다는 것이다.[12] 페르시아전쟁의 경우도 마찬가지이다. 아테네가 지중해 세계로 진출하려는 페르시아제국의 야망을 좌절시킴으로써 서방 자유문명을 보전하는 방파제의 역할을 다하였다는 점에서 문명사적 의의가 크다는 것이다.

사례 2. 야자수에서 떨어져 죽다

1996년 1월, 〈비교문화연구회〉는 베트남, 캄보디아, 태국을 탐방하였다. 베트남에서 선생은 도로변에 늘어선 야자수를 보시고 "야자수의 높이가 원래 저렇게 낮습니까? 저 높이에서 떨어져서는 사람이 죽을 것 같지 않은데요?"하시었다. 그런데 캄보디아에서 본 야자수는 키가 컸다. 선생은 웃으시면서 "저런 나무에서 떨어지면 죽겠지요"하시었다. 처음에는 선생이 물으시는 의도를 정확히 파악하지 못했으나 그 후 『비교문화(比較文化)』 창간호(1996. 4)에 「한국 고대(古代)의 동성불혼(同姓不婚)」이라는 글을 게재하신 것을 읽고서야 왜 야자수 이야기를 하셨는지 알게 되었다.

선생에 의하면 삼국지(三國志) 동이전(東夷傳)에는 '동성불혼(同

---

12) 이기백, 『한국사신론』 한글판, 일조각, 1999, p.66.

姓不婚)'이라는 구절이 나온다. 이것은 족내혼(族內婚)을 금(禁)하고 족외혼(族外婚)을 인정한다는 뜻이다. 그러면 고대에서 족외혼의 관습을 어기면 어떤 벌을 받았는가? 기록상으로는 남녀가 간음을 하면 사형(死刑)이다. 그러나 이 시대에는 이미 가부장적(家父長的) 가족제도(家族制度)가 발생하여 일부다처제(一夫多妻制)가 행해졌으므로 처벌은 여자에게만 가해졌다고 보는 것이 일반적 견해였고 선생 자신도 그렇게 믿었다.

그러나 트로부리안드섬에 살고 있는 원주민들의 족외혼(族外婚)을 연구한 말리노프스키에 의하면 씨족내(氏族內)의 은밀한 성관계(性關係)는 대체로 묵인되었으나 일단 그것이 공개되어 널리 알려지면 범죄사실로 인식된다는 것이다. 이런 경우, 궁지에 몰린 당사자들은 대부분 불가피하게 자살하지 않을 수 없게 된다고 주장하였다. 말하자면 일종의 사회적 강제력이 작용한다고 보는 것이다.

실례로 16세의 한 청년이 이종사촌 누이와 성관계를 맺었다가 폭로되는 바람에 야자수에 올라가 떨어져 자살하였다는 것이다. 여기에서 주목할 것은 자살자가 여자가 아니라 남자였다는 사실이다. 이러한 사실에 비추어볼 때 우리나라 고대(古代)에서도 같은 씨족(氏族) 안에서 족외혼(族外婚)의 관습을 어기고 남녀가 성적 관계를 맺을 경우, 남녀 모두에게 사회적 제재가 가해졌고 그 형벌은 사형(死刑)이었다는 것이 선생의 주장이다.[13] 선생은 트로부리안드섬 원주민 생활을 통해 우리의 역사적 사실을 보다 잘 이해하게 된 것을 기뻐하시며 역사의 보편성과 특수성의 이해를 위한 비교사학의 필요성을 재차 강조하였다.

---

13) 이 분야에 대한 기술은 이기백, 「한국 고대의 '동성불혼(同姓不婚)'」, 『비교문화(比較文化)』 창간호, 1996, pp.2-5의 내용을 요약 소개한 것이다.

3. 역사교육, 어떻게 가르칠 것인가?

1994년 2월, 김영삼의 문민정부는 대통령 직속의 교육개혁위원회를 발족하고 1995년 5월부터 〈세계화·정보화 시대를 주도하는 신교육체제 수립을 위한 교육개혁방안〉을 3차에 걸쳐 발표하였다. 발표안(案)에 따르면 국사과목이 통합사회교과에 편성됨으로써 중등학교의 필수교과목에서 배제되었다. 자연히 역사학계 특히, 한국사학계로부터 강한 비판과 반대가 일어나게 되었다. 여러 학회들이 이에 대한 토론회와 발표회를 개최하였고 한국사교육의 중요성을 강조하였다.[14]

1996년 3월 23일 세종문화회관 대회의실에서 〈'세계화' 시대의 역사교육〉이라는 주제로 발표회가 개최되었는데 이 발표회 역시 교육개혁안의 문제점을 지적하고 그 대안을 모색하기 위한 학술활동의 일환이었다. 발표회의 주최자는 〈한국역사연구회〉였다. 주최 측의 요청에 의해 나는 "인문학의 위기와 역사교육"이라는 주제로 발표를 하였다. 발표를 하기 위해 단상에 올라가 청중을 바라보니 뜻밖에도 이기백 선생이 나와 계셨다. 발표를 마치고 선생님께 다가가서 "무슨 일로 오셨느냐"고 여쭈었더니 놀랍게도 "김선생 발표를 들으러 왔다"는 것이다. 예기치 못한 말씀이라 당황한 나는 잠시 말문이 막혀 아무 말도 못하였다.

나중에 알고 보니 선생은 이미 역사교육에 관한 연구프로젝트들을 수행하고 계셨다. 하나는 1996년도 학술원의 지원을 받은 '역사교육정책의 연구'이고[15] 다른 하나는 한림대학교에서 지원하

---

14) 1996년도의 대표적인 학술발표로는 한국사연구회의 〈교육과정개혁안과 국사교육의 문제점〉, 역사교육연구회의 〈해방50년 역사교육의 변천과 전망〉, 한국역사연구회의 〈세계화시대의 역사연구〉 등을 들 수 있다.
15) 이 연구는 6명의 학술원 회원이 참여한 공동연구로서 연구자와 그의 연구주제는 아래와 같다.

는 역사교육에 관한 연구프로젝트이다. 한림대학을 설립한 윤덕선(尹德善) 이사장은 평소 역사교육의 중요성을 인식하고 이기백 선생에게 역사교육연구를 종용하였다. 그러나 윤 이사장의 갑작스러운 별세로 그 약속을 지킬 수 없었던 선생은 늦었지만 1998년에 역사교육연구팀을 구성한 후 2000년 말에 드디어 『역사교육, 무엇을 어떻게 가르칠까』라는 책을 내게 되었다. 이 책은 선생이 주관하여 발간한 한림과학원 총서 가운데 마지막을 장식한 작품일 뿐만 아니라 작고한 윤덕선 이사장의 뜻을 이루어 드린 저서라는 점에서 선생에게는 남다른 감회가 어린 책일 것으로 믿는다.

이 책의 필진은 이기백, 김용선(한림대), 이배용(이화여대), 김영한(서강대)으로 구성되었다. 이기백은 '초등학교에서의 역사교육'을, 김용선은 '중학교에서의 역사교육'을, 이배용은 '고등학교 역사교육의 과제와 전망'을 맡았고 '대학에서의 역사교육 : 교양과목을 중심으로'는 김영한이 담당하였다.

선생이 의도한 이 공동연구의 특징은 두 가지로 요약된다. 첫째, 이 연구는 교육부의 교육개혁안에 의해 촉발된 쟁점들과는 경향을 달리한다. 예컨대 역사과(歷史科)와 사회과(社會科)의 관계, 필수와 선택의 문제, 이수단위 문제 등은 다루지 않았다. 그 대신 이 연구는 '무엇'을 '어떻게' 가르쳐야 하는가에 초점을 두었는데 그 이유는 이것이 역사교육의 핵심이라고 믿었기 때문이다.

둘째, 이 연구는 역사교육을 전공하지 않는 사람들을 중심으로

---

1. 이기백, 「초·중등학교에서의 역사교육」, 2. 이우성, 「세계화를 위한 교육개혁(안)과 고등학교 역사교육」, 3. 한우근, 「대학교양과로서의 역사교육」, 4. 전해종, 「현대중국 초·중등학교의 역사교육」, 5. 고병익, 「일본의 역사교육」, 6. 민석홍, 「유럽에서의 역사교육-프랑스와 독일을 중심으로」. 이 연구결과는 『대한민국 학술원논문집 : 인문사회과학편』 36, 1997에 게재되어 있음.

수행되었다. 그 이유는 종래의 고정된 관념의 틀에서 벗어나서 자유로운 발상으로 의견을 제시해 보고자 하는 생각에서이다. 그러나 당연한 일이지만 그러한 의견은 확실한 근거를 가지고 제시될 것이다.[16] 이 점에서 입장과 의견은 상대적이지만 그것이 진리가 되기 위해서는 근거에 입각한 실증성과 객관성이 있어야 한다는 그의 진리관이 엿보인다.

나는 1996년에 발표한 글 「인문학의 위기와 역사교육」에서 "역사교육은 초등학교에서는 가족사, 지역사, 이웃 지역사에 초점을 두고 중등학교에서는 국사에, 대학교에서는 세계사 또는 지구촌사(global history)에 역점을 두는 것이 바람직하다"고 언급하였다. 왜냐하면 역사교육은 공간적, 지리적으로 가까운 곳으로부터 시작하는 것이 좋다고 생각하였기 때문이다. 이 같은 제의가 적절하다고 판단한 선생은 기본적으로 이 원칙에 입각하여 논의를 전개하였다.

선생은 당시의 초등학교 사회과 교과서 내용을 전반적으로 검토한 후, 가족사와 지역사를 어떻게 가르칠 것인가를 구체적 사례를 들어 논하였다. 그는 가족사 교육의 필요성과 중요성을 인정하지만 족보(族譜)에 의한 집안의 내력을 파악하려는 교육에 대해서는 매우 비판적이었다. 왜냐하면 첫째, 족보는 양반집안의 전유물이므로 국민의 대다수를 이루는 농민이나 노비는 족보가 없다는 점, 둘째, 만일 그들의 후손이 족보를 갖고 있다면 그것은 후대에 위조한 거짓 족보라는 점[17], 셋째, 족보를 보고 집안을 자랑스럽게 생각할 시대는 지났다는 점 때문이다.

옛날 신분제사회에서는 양반들이 능력과 실력보다 혈통과 가문에 의지하여 출세하였지만 현대에 와서는 그러한 특권이 불필요하게 되었다. 다만, 가정의 중요성은 오늘날에도 강조될 필요가

---

16) 이기백 외, 『역사교육, 무엇을 어떻게 가르칠까』, 소화, 2000, pp.5-6.
17) 같은 책, p.16.

있으므로 학생을 중심으로 한 간단한 가계도(家系圖)를 그리게 하고 부모의 은덕으로 자라고 공부하게 되었음을 깨우치게 할 필요성이 있다는 것이다.[18] 선생은 우리나라 역사를 지배(주도)세력의 끊임없는 확대에 의해 자유·평등을 실현하는 방향으로 역사가 발전해 왔다고 보았는데[19] 역사교육도 이 원리에 따라 실시할 것을 역설하였다.

그러면 지역사는 어떻게 가르칠 것인가.

선생은 초등학교 역사교육은 지역사를 중심으로 하되 지역사의 범위를 광역시와 도(道)를 하나의 단위로 삼을 것을 제안하였다. 그리하여 역사교육을 통해 애향심이 애국심으로, 그리고 다시 인류애로 확대되도록 가르쳐야 한다는 것이다.

가령 3·1운동의 경우를 예로 든다면 우선 자기지방의 3·1운동을 설명하고 이어 인근지역의 3·1운동의 양상과 그와의 관련성을 설명한다. 그리고 3·1운동의 근원지인 서울에서의 상황을 설명하고 그것이 전국적인 운동으로 번져간 양상을 설명한다. 더 나아가 3·1운동의 영향으로 중국에서 5·4운동이 일어나고 세계 각지에서 민족독립운동이 일어난 상황을 살펴봄으로써 지역사는 민족사뿐만 아니라 세계사와 연결지어 공부하게 되는 효과를 가지게 된다는 것이다.[20]

초등학교의 역사교육에서 각별히 고려할 것은 역사적 사실과 신화를 혼동해서는 안 된다는 것이다. 초등학생이라고 재미위주의 교육에 급급해서는 안 되고 어릴 적부터 합리적 사고의 훈련을 쌓도록 해야 한다. 역사적 사실에 대한 해석의 문제에서는 현재적 관점보다는 항상 역사적 상황 속에서 이해하도록 노력해야한다는 것

---

18) 이기백, 「초·중등학교에서의 역사교육」, 『대한민국 학술원논문집 : 인문사회과학편』 36, 1997, p.163.
19) 김태욱 외 엮음, 『민족과 진리를 찾아서』, 한림대출판부, 2014, p.334.
20) 이기백, 「초·중등학교에서의 역사교육」, p.164.

이 선생의 일관된 입장이다. 왜냐하면 현재적 관점의 역사는 왜곡되기 쉽고 정치적 목적에 이용되기 쉽기 때문이다.

그러면 중학교에서의 역사교육은 어떻게 할 것인가.[21] 필자는 중학교의 역사교육은 국사에 역점을 두되 정치사가 중심이 되어야 한다고 제안하였다. 이러한 제안은 결국 초등학교의 교육목표는 애향심에 있고 중학교의 교육목표는 애국심에 있음을 달리 표현한 것에 불과하다. 선생은 필자의 전반적인 방향 제시는 수긍할 수 있다고 하시면서 다만 애국심 함양을 효과적으로 달성하려면 무엇보다 정치사 교육, 그것도 사건과 인물을 중심으로 한 교육에 비중을 두어야 한다고 강조하였다.

예를 들면, 삼국통일과정을 설명하려면 고구려의 연개소문(淵蓋蘇文)과 그의 아들들, 백제의 의자왕(義慈王)과 계백(階伯), 신라의 김춘추(金春秋)와 김유신(金庾信) 같은 인물들을 등장시켜 가르쳐야 한다. 그러나 이 경우에 영웅사관(英雄史觀)에 빠지지 않도록 유의해야 한다. 영웅사관을 극복하기 위해서는 역사적 인물들을 상류층에서만 선정할 것이 아니라 하위층에서도 발굴하여 선택해야 한다.

삼국통일과정에서는 신라는 죽죽(竹竹)이나 눌최(訥催)와 그의 종(從)의 이야기를 드러내는 것이 좋고 고려시대에는 몽고의 침략에 항거하여 적장 살례탑(撒禮塔)을 사살한 김윤후(金允侯)가 거느린 처인부곡민(處仁部曲民)의 이야기나 지광수(池光守)가 거느린 충주(忠州)의 노비군(奴婢軍)의 이야기 등을 가르쳐야 한다. 이 같은 방식은 모든 시대, 모든 사건에 적용되며 현대로 내려올수록 더

---

21) 이기백 선생은 『역사교육, 무엇을 어떻게 가르칠까』에서는 초등학교 역사교육만을 다루었으나 『대한민국 학술원 논문집 : 인문사회 편』 36집에서는 초등학교와 중학교의 역사교육을 모두 다루었다. 따라서 여기에서의 중학교 역사교육은 학술원 논문집에 실린 선생의 글을 참조하여 기술한 것이다.

많은 인물을 등장시켜 학생들의 정신을 일깨워야 한다. 역사적으로 위대한 인물은 그 시대의 사회적 요구에 호응한 행동을 취한 사람임을 강조함으로써 자연스럽게 위대한 인물들을 통해 역사의 큰 흐름을 이해하게 되고 나아가 진정한 애국심이 무엇인가를 위인들을 통해 깨닫게 된다는 것이다.

그러나 애향심이 자칫 잘못하면 배타적 지역감정을 초래할 우려가 있듯이 애국심은 배타적 민족감정을 조장할 위험이 있다. 이같은 배타적 민족의식을 극복하는 길은 국사를 세계사와 연계하여 가르치는 것이다. 이를 통해 애국심과 인류애를 동시에 키울 수 있는 올바른 역사교육의 길이 마련될 수 있다는 것이다.

결론적으로 선생은 자기 가족을 사랑하고 자기 지역을 사랑하는 마음을 길러주는 것이 초등학교 역사교육의 목표라면 자기 민족, 자기 조국을 사랑하는 마음을 길러주는 것이 중등학교 역사교육의 목표라고 보았다. 그는 이러한 마음이 배타적인 성격이 되지 않고 더 나아가 인류를 사랑하는 마음으로 발전하기를 소망하였다. 이 같은 목표를 달성하기 위해서는 가족사나 지역사를 항상 민족사나 세계사와 연결시키는 노력이 필요하다. 비록 그것은 어려운 과제이지만 내 가족만큼 남의 가족도, 내 민족만큼 남의 민족도 생각하는 정신자세를 갖출 때 가능하다고 확신하였다.[22]

4. 맺는 말 : 이기백의 꿈과 이상

이기백선생에 대한 평가는 다양하다. 혹자는 신민족주의 계열

---

22) 『역사교육, 무엇을 어떻게 가르칠까』, pp.35-36.

의 사학자라 하고[23] 혹자는 실증사학자라 부른다.[24] '한국역사학의 랑케'라 부르는 사람이 있는가 하면[25] 진리지상주의자[26] 또는 진리의 파수꾼[27]이라 부르는 사람도 있다. 선생은 자신의 사관을 가리켜 '다원적 보편주의 발전사관'이라고 언급하기도 하였다.[28] 평가가 다양하다는 것은 그 만큼 선생의 학문이 폭이 넓고 깊이가 있다는 것을 의미한다.

그러나 다른 한 면으로 외견상 얼핏 보아도 서로 상충되거나 모순되어 보이는 면도 없지 않다. 예를 들면 민족과 진리, 인간중심의 역사와 실증사학, 역사의 법칙과 다원주의, 역사의 보편성과 특수성, 자유 · 평등을 향한 역사의 발전론 등은 논란의 여지를 남겨주며 어떤 것은 선생이 강조하는 과학적 역사라기보다 하나의 신념에 가까운 역사의 사변철학이기도 하다.

그럼에도 불구하고 선생은 서로 상충되거나 대립되는 역사의 기본명제들을 절충 · 통합하려는 노력을 멈추지 않았다. 그리하여 그는 민족과 진리를 결합시키고 보편과 특수를 조화시키려는 포부와 이상을 끝까지 견지하였다.

역사학자로서의 그의 목표는 한국사를 체계화하는 작업이었다. 이를 위한 구체적 방법은 세계사적 보편성 속에서 한국사의 특수

---

23) 김용선, 「이기백의 저술과 역사연구」, 한림과학원 엮음, 『고병익 · 이기백의 학문과 역사연구』, 한림대출판부, 2007, p. 85.
24) 김기봉, 「모든 시대는 진리에 직결되어 있다―한국 역사학의 랑케, 이기백―」, 『한국사학사학보』 14, 2006, p.144.
25) 같은 책, p.135.
26) 백승종, 「진리를 거역하면 민족도 망하고 민중도 망한다―역사가 이기백의 '진리지상주의'에 대한 몇 가지 생각―」, 『역사와 문화』 9, 2004, p.301.
27) 이기백선생 1주기 추모 좌담회 :「진리의 파수꾼, 이기백 선생」, 『한국사 시민강좌』 37, 2005, p.292.
28) 김태욱 외 엮음, 『민족과 진리를 찾아서―10주기 추모 이기백사학 자료선집―』, 한림대출판부, 2014, p.372.

성을 이해하는 것이다. 그에 의하면 민족은 나름대로 독자성을 가진다. 그러나 그 독자성은 인류라는 보편성과 분리하여 생각하기 어렵다. 왜냐하면 각 민족은 인류의 일원이기 때문이다.[29] 따라서 인류라는 보편성 위에서 각국 민족의 특수성이 돋보이지 인류를 배제하고 우리 민족만을 강조해서는 우리 민족이 부각되기 어렵다는 것이다.[30] 그가 『국사신론國史新論』을 『한국사신론』으로 바꾸고 우리의 문화유산을 우리의 자랑일 뿐만 아니라 세계의 자랑이라고 한 이유는 민족에는 보편성과 특수성이 아울러 내포되어 있음을 강조하기 위한 것이다.[31]

역사교육자로서의 선생의 꿈은 사랑의 정신을 일깨우는 것이다. 그는 역사교육의 목표가 자기 가족을 사랑하고 자기 민족을 사랑하며 나아가 인류를 사랑하는 마음을 길러주는데 있다고 확신하였다. 이 같은 목표를 달성하기 위해서는 내 조국과 민족을 생각하는 만큼, 남의 나라와 민족도 생각하는 정신적 자세가 필요하다는 것이다. 그는 "역사는 어느 나라의 것이 아니라 인류 공동의 역사"[32]이기 때문에 국사교육 못지않게 세계사교육을 중시해야 한다고 주장하였다.

역사철학자로서의 선생의 이상은 자유와 평등에 입각한 민주국가의 건설이었다.[33] 이것은 선생 개인의 이상일 뿐만 아니라 민족의 이상이기도 하다.[34] 선생은 한국의 역사는 한민족(韓民族)을 주체로 한 자유 평등의 이상을 실현하는 방향으로 발전해 왔고 또 앞으로도 계속 그렇게 될 것이라고 예견하였다. 그러므로 자

---

29) 이기백, 『민족과 역사』, 일조각, 1994, p.135.
30) 김당택, 「이기백사학과 민족문제」, 『역사학보』 190, 2006, p.330.
31) 이기백, 『연사수록』, 일조각, 1994, p.80.
32) 김태욱 외 엮음, 『민족과 진리를 찾아서』, 한림대출판부, 2014, p.324.
33) 같은 책, p.373.
34) 이기백, 「역사적 경험에 비춰본 민족의 통일」, 『한국사 시민강좌』 26, 2000, p.110.

유와 평등은 한편으로는 우리가 실현해야할 희망이고 꿈이지만 다른 한편에서 보면 역사가 그렇게 진행될 수밖에 없는 대세이며 흐름이다. 동시에 이 같은 흐름은 곧 역사발전의 원리이며 법칙이라고 선생은 강조한다.[35]

학문의 이상(理想)은 진리를 찾아서 그것을 드러내는 데 있다.[36] 진리를 드러내기 위해 역사가 이기백 교수의 일생은 "학문적 고투(苦鬪)의 연속"이었다.[37] 그는 평생 동안 민족과 진리, 보편과 특수, 자유와 평등 같은 난제들과 씨름해 왔는데 그 같은 노력이 가능했던 것은 역사는 발전한다는 꿈과 이상을 잃지 않았기 때문이다.

35) 이기백, 「한국사의 진실을 찾아서」, 국제역사학 한국·일본위원회 엮음, 『역사가의 탄생』, 지식산업사, 2008, p.78.
36) 이기백, 『한국사신론』, 일조각, 1998, p.iii.
37) 이기백, 「학문적 고투의 연속」, 『한국사 시민강좌』 4, 1989, pp.158-182.

이기백사학과 동아시아사

이기백사학과 동아시아사

김 한 규

1. 머리말

이기백 선생님을 추모하는 국제학술회의에서 발표의 소명을 맡게 되어 영광스럽게 생각한다. 본인에게 주어진 주제는 '이기백사학과 동아시아사'이다. 그래서 동아시아사를 공부하는 본인이 한국사학에 큰 족적을 남기신 이기백 선생님의 학문[1]을 어떻게 이해하는지를 간략하게 피력하려 한다. 본인도 앞선 발표자의 흉내를 내어서 이기백 선생님과의 몇 가지 학문적 인연을 따라 이야기를 풀어볼까 한다.

학부 2학년 재학 중에 이기백 선생님의 한국고대사 강의를 수강한 적이 있었는데, 이때 들은 "역사는 기억의 대상이 아니라 이해의 대상이다. 역사에서 사실의 기억만이 중요하다면, 한 장의 카드에 역사적 인물과 연대 등을 정리해서 책상 앞에 압핀으로 꽂아두면 된다."는 말씀은 기억력 콤플렉스에 시달리고 있던 본인

---

[1] 이하 '李基白史學'이라 약칭한다. '이기백 선생님'이란 존칭도 '머리말'에서만 사용하고, 본론에서는 '이기백 선생'이라 약칭한다.

에게는 단비와 같은 충격을 가져다주었다. 형편없는 기억력의 소유자가 역사학을 계속 학습할 수 있게 한 용기는 바로 이러한 말씀에서 얻게 된 것이다. 그 뒤 이기백 선생님의 논저를 읽으면서, 이기백사학에서 사실의 체계적 이해가 얼마나 중시되었는가를 곳곳에서 확인할 수 있었다.

그렇다고 해서 이기백 선생님이 史實을 중시하지 않으셨던 것이 아님은 물론이다. 대학원 석사과정 시절에 선생님께서 영인된 논문 한 편을 주시면서 읽어보라고 하신 적이 있다. 당시에는 논문을 구해 보기가 몹시 어려웠던 시기여서 선생님께서 영인된 논문을 꼼꼼하게 제본해서 댁의 작은 책장에 소중하게 보관하고 계셨는데, 그 중 노랗게 변색된 낡은 논문 하나를 빌려 주신 것이다. 三品彰影이 쓴 「史實と考證—魏志東夷傳の辰國と辰王—」2)이라는 논문이었다. '辰國'과 '辰王'이 『三國志』「魏志」東夷傳에 어떻게 기재되게 되었는가 하는 역사적 과정을 검증함으로써 史實을 어떻게 엄밀하게 考證해야 하는가를 보여주려 한 글이었는데, 논문 속에 숨겨져 있는 자존적 의식이 흥미로웠던 기억이 남아있다. 三品彰影의 '他律性' 이론을 누구보다 적극적으로 비판하시고 '辰國'과 '辰王'의 존재를 긍정적으로 기술하신 이기백 선생님께서 이 논문을 굳이 읽어보라 하신 까닭을 아직도 잘 알지 못하지만, 아마도 史實의 엄밀한 考證이 얼마나 중요한가를 깨우쳐 주시려 한 배려가 아니었을까 짐작하고 있을 뿐이다.

대학원 재학 시절에는 이런 일도 있었다. 고려시대 정치제도사를 주제로 한 강의를 수강하였는데, 마침 당시에 漢代 選擧制에 대해 공부하고 있었던 터라 중국의 선거제와 고려의 薦擧制를 비교하여 천거제의 성격과 역사적 의의를 새로 해석한 레포트를 발표하였다. 그런데 선생님께서 뜻밖에도 그것을 정리해서 『역사학

---

2) 『史學雜誌』 55-1, 1944.

보』에 발표하라고 하셨다. 당시에는 너무나 과분한 조처여서 당황하기까지 했는데, 나중에서야 이기백사학에서 비교사적 방법론이 매우 중시되었음을 알게 되었다.

선생님의 과분한 칭찬에 절로 고무되었기 때문인지, 그 뒤에도 비교사적 방법론에 의지하여 몇 편의 논문을 더 만들기도 했다. 그 중의 하나가 「衛滿朝鮮 관계 中國側 史料에 대한 재검토」[3]였다. 처음 교수가 되어 부산에 내려가서 부산사학회에서 인사차 발표한 것으로, 衛滿 朝鮮과 南越의 역사를 비교하면서 李丙燾 선생의 衛滿朝鮮人說을 비판하고, 위만 조선이 중국 流亡民 집단에 기반을 둔 王權과 토착민 세력에 기반을 둔 相權의 연합정권이었음을 논구하였는데, 언젠가 선생님을 뵈었을 때 왜 논문을 교내논문집에 실어서 쉽게 읽지 못하게 하였느냐고 꾸짖으셨다. 그 뒤에 선생님께서 『韓國史新論』 新修版(1990)을 주셨는데, 이를 받아 보고서는 깜짝 놀랐다. 신수판의 위만 조선 관계 서술이 舊版 『한국사신론』의 그것과 많이 달라져 있었기 때문이다. 어떤 연유로 해서 이렇게 바꿔지게 되었는지는 확인하지 않았지만, 적어도 나에게는 『한국사신론』의 이 대목에서 이기백사학의 정수를 보는 듯한 느낌이 들었다.

이러한 쇼크는 그 뒤에도 계속 이어졌다. 아주 오래 전에 동아시아의 幕府體制를 연구하다가 그 일환으로 고려 「무인정권의 晉陽府」에 관한 논문을 쓴 적이 있는데, 崔氏의 진양부가 무인정권의 중심 幕府로 기능하였음을 밝히는 연구였다. 그 뒤 역시 "崔氏 政權의 최고 幕府와도 같은 구실을 한 것은 敎定都監이었던 듯하다"고 한 『韓國史新論』 구판의 기술이 신수판에서는 "興寧府(晉康府, 晉陽府)는 崔氏 武人政權의 중심기구로서 그 권력을 행사하는 幕府였다. … 최씨 무인정권의 중심기구는 홍녕부였다."로 바뀌어

---

3) 『釜山女大論文集』 8, 1980.

졌다. 이 논문이『한국사신론』의 기술을 바꾸는데 어떠한 역할을 하였는지는 알지 못하지만, 이기백사학이 강조하는 비교사적 연구의 전형적 사례였음은 분명하다.

그런데 이 진양부 연구와 관련하여 기억에 남아있는 또 다른 일이 하나 있다. 이 연구를 위해 어느 연구재단에 연구비를 신청하였다가 지원받지 못했는데, 심사위원으로 참여한 어느 분이 몇 년 뒤에 그 까닭을 알려주었다. 그 까닭이란 "동양사를 전공한 사람이 왜 한국사를 연구하려 하느냐"라는 것이었다. 그때 비로소 '동양사'와 '한국사'란 말이 서로 배척하는, 혹은 상호 독립적인 영역을 가진 개념으로 이해하는 분들이 있음을 처음 알았다. 그러나 필자는 그때나 지금이나 '한국'을 '동양' 혹은 '동아시아'의 일부로 이해하고 있고, '한국사'를 '동양사' 혹은 '동아시아사'의 한 부분으로 이해하고 있다. 이러한 이해 역시 이기백 선생님을 직접 사사하면서 몸으로 체득한 학문적 경험의 하나였다. 이기백 선생님은 한국사를 주로 연구하셨고 필자는 동양사를 전공했지만, 선생님은 필자로 하여금 한 번도 다른 학문적 영역에 머물러 있다고 느끼게 하시지 않았다.

특히 이기백 선생님께서는 평소에 늘 한국과 중국의 역사적 관계에 대한 이해의 중요성을 강조하셨다. 선생님께서 초기에 쓰신「高麗 初期 五代와의 關係」[4]란 논문은 그 존재 자체만으로도 필자에게 큰 학문적 충격을 주었지만, 그 논문 안에서 언급된 다음과 같은 기술은 한중관계사에 대한 필자의 관심을 크게 격려한 것이었음이 분명하다. "中國과의 관계가 정치, 경제, 문화 등 여러 방면에 걸쳐서 커다란 영향을 우리나라에 끼쳐 주었음은 새삼스러이 말할 필요가 없을 것이다. 아마 對中關係를 무시하고서는 거의 우리나라 역사를 올바르게 인식하기가 힘들 정도가 아닌가 싶

---

4)『한국문화연구원논총』1, 1960.

다."5)

이처럼 이기백 선생님을 36년 간 사사하면서 이런저런 기회에
체득한 그 학문적 단편들, 예컨대 역사에 대한 체계적 이해의 중
시, 그러면서도 사실의 고증도 함께 중시하는 태도, 비교사적 방
법론에 대한 관심, 역사적 사실과 일치하지 않는 민족주의적 해
석의 과감한 배제, 동아시아사, 즉 전통시대 동아시아 세계사의
일부로서 한국사를 이해하는 입장, 특히 한국과 중국의 역사적
관계와 문화교류에 대한 중시 등을 퍼즐 맞추듯이 맞추어 본다
면, 그것이 바로 이기백사학이라 할 수 있지 않을까 하는 생각이
든다. 이제 이기백 선생님께 사사하면서 얻은 학문적 경험을 이
기백사학을 담고 있는 한국사 서술과 사론의 문장들을 통해 하나
씩 확인해 볼까 한다.

2. 民族主義史學과 國粹主義史觀

많은 사람들이 이기백 선생을 가리켜 민족주의사학자라고 생각
한다. 특히 외국인의 입장에서 보면 이기백사학은 대표적인 민족
주의사학이다. 이기백 선생 본인도 「國史敎科書 改編 請願에 대
한 國會 文公委에서의 陳述」에서 "대부분의 국사학자들이 외국에
나가면, 민족주의자, 국수주의자, 이렇게 봅니다. 그런 말을 저도
많이 들었습니다."6)라고 했고, 「바닌 교수의 『한국사신론』 서평에
답함」에서도 "일본 학자들도 일반적으로 『한국사신론』이 지나치게
민족주의적이라고 평하고 있다"고 했다. 이기백 선생은 본인을 비

---

5) 李基白, 『高麗貴族社會의 形成』, 一潮閣, 1990, p.128.
6) 1981년 11월 27일; 李基白, 『韓國史像의 再構成』, 一潮閣, 1991, p.46.

롯한 한국사학자들이 민족주의자로 평가된 까닭에 대해, "그것은 한국사의 독자적 발전이나 한국문화의 민족적 성격을 강조했다는 점에서 그렇게 평가하는 것이다"라고 하고, "그 사람들이 우리더러 민족주의자, 혹은 국수주의자라고 말하는 저의는 뭔가 하니, 너희는 민족적 영광을 드러내기 위하여 거짓말을 한다는 그런 얘기입니다"라고 전해주었다.[7]

사실 이기백사학이 이른바 민족주의사학이라고 평가받을 수 있는 까닭은 적지 않게 있을 것 같다. 필자는 '민족주의사학'의 개념을 정확하게 이해하고 있지 못하지만, 이기백사학의 제일의 키워드가 '민족'이고, 한국사를 '한국민족'의 역사로 간주하며, 한국민족문화의 내재적 발전을 중시하고, 무엇보다도 이른바 식민주의사관을 비판, 극복한 기초 위에서 역사를 기술하고 해석하였다는 점 등을 미루어 보아, 광의의 '민족주의사학'의 범주에 이기백사학을 포함시킨다고 해서 크게 문제가 될 것 같지는 않아 보인다.

그러나 필자는 바닌이나 '일본학자' 등 외국의 학자들이 이기백 선생을 비롯한 한국사학자들을 비난하는 이유에 대해서는 동의할 수가 없다. 오히려 다른 이유로 인해 이기백사학이 '지나치게 민족주의적'이 않은가 라고 생각해왔다. 그것은 이기백사학의 키워드라 할 '민족'이란 것이 역사적 존재라기보다는 '先驗的' 존재라고 생각되기 때문이다. 이기백 선생은 "나는 한국사가 한국 민족의 역사인 이상, 그 스스로의 발전이나 창조력을 강조하는 것은 지극히 당연한 일이라고 생각하고 있다."[8]고 하였지만, 그 '한국민족'이란 것이 무엇을 말하는 것인지에 대한 정의를 그 어느 곳에서도 발견하지 못했다. 이기백사학에서 '한국민족'은 '당연히' 존속해온 '선험적' 존재인 것이다. 이기백사학에서는 古朝鮮과 高句

---

7) 『삼일문화원소식』 21, 2002; 李基白, 『韓國傳統文化論』, 一潮閣, 2002, p.282.
8) 상동.

麗, 渤海 등 국가들은 '당연히' '한국민족'에 의해 건립된 국가이지만, 왜 이러한 국가들을 '한국민족'이 건립한 국가로 이해할 수 있는지에 대한 설명은 발견되지 않는다. 그러나 '한국민족'을 선험적 존재로 설정한다든가, 고조선과 고구려, 발해 등이 '한국민족'에 의해 건립된 것으로 이해되어야 할 이유를 설명하지 않는 것 등은 이기백사학에 국한된 문제가 아니라 한국사학 전반에서 발견되는 공통된 현상이다. 즉 이기백사학은 태생적으로 한국사학 일반의 한계를 갖고 있다고 이해될 수도 있다.

이기백사학의 특성은 오히려 '한국문화의 보편성과 특수성'을 함께 검증하여 '국수주의적 폐쇄적 사고'를 극복하고 '과학적 연구에 의해 객관적 사실을 제시'함으로써 한국사학 일반의 이러한 한계의 벽을 뚫으려 했다는 점에서 찾을 수 있다. 이기백 선생은 한국사학자들의 민족주의적 성향을 비판하는 외국인의 시각에 대해, "나는 한국사가 한국 민족의 역사인 이상, 그 스스로의 발전이나 창조력을 강조하는 것은 지극히 당연한 일이라고 생각하고 있다. 그렇다고 해서 외국문화의 영향을 축소해서 서술할 생각은 절대로 가지고 있지 않다. 문화란 보편성을 띤 것이며, 다만 그것을 자기 민족의 역사적 현실에 적합하도록 창조적 노력을 기울이는 것이 중요하다고 생각한다. … 국수주의적인 폐쇄적 사고는 민족의 발전을 저해하는 것이고, 끝내는 인류에게 재앙을 초래하는 씨앗이 된다."[9]고 응답하면서, "우리가 그 사람들(외국학계)을 설득시키려면. … 과학적인 연구에 의한 객관적 사실을 제시하는 길밖에 없습니다. 그것이 유일한 길입니다."[10]라고 응수했다.

『한국사신론』 신수판 서문에 의하면, "민족주의 사학은 민족정신을 강조하는 나머지 지나치게 추상적이고 관념적일뿐 아니라

---

9) 상동.
10) 「國史教科書 改編 請願에 대한 國會 文公委에서의 陳述」, 1981년 11월 27일; 『韓國史像의 再構成』, 1991, pp.35-47.

심지어는 국수주의적인 경향으로 흐르게 되어, 결과적으로 한국사의 실제를 외면하는 결과를 나타내었다."11)고 한다. 그리고 「현대의 韓國史學」이란 글에 의하면, "민족주의사학의 전통을 계승한 학자들 중에는 극단적인 國粹主義的 경향을 나타내는 경우가 있다"고도 한다.12) 그러면 민족주의와 국수주의는 어떻게 다른 것인가? 「事大主義論의 再檢討」란 글에서 이기백 선생은 "신채호는 고유사상을 고집하고 외래사상을 받아들이는 것은 이를 사대주의로 몰아 배격하였다. 이러한 국수주의는 소위 사대주의 못지않게 민족에 해로운 것이므로 그의 주장을 전적으로 받아들일 수는 없다."13)고 했으니, 이기백사학에서 말하는 '國粹主義'란 "고유사상을 고집하고 외래사상을 받아들이는 것을 사대주의로 몰아 배격하는" 태도를 말한다.

이러한 '국수주의적' 사관에 반해, 이기백사학의 대표작이라 할 『한국사신론』에서는 전반적으로 외래문화의 수용을 적극적으로 기술하였다. 예컨대, "비록 3국의 중국과의 항쟁이 치열하였다고는 하지만, 중국의 문화를 받아들이는 데 있어서는 이를 거리끼지 않았다. 律令과 같은 제도적인 것이라든가, 佛敎나 儒敎와 같은 사상이라든가, 또 漢文의 사용이라든가는 그 두드러진 예이다."14)라고 하였다. 또한 「韓國文化와 東洋文化」라는 글에서도 한국의 광범한 외래문화 수용을 다음과 같이 강조했다. "지금껏 우리나라는 너무도 많은 중국문화의 영향 밑에서 자라난 것 같다. … 우리나라의 문화가 중국문화와 마찬가지의 여러 특징을 가지게 된다는 것은 당연히 생각할 수 있는 일이다. … 우리나라에

---

11) 李基白, 『韓國史新論』 新修版, pp.4-5.
12) 「현대의 韓國史學」, 『韓國學報』 41, 1985; 『韓國史像의 再構成』, 一潮閣, 1991, p.102.
13) 『思想界』 1965년 6월호; 李基白, 『民族과 歷史』, 一潮閣, 1971, p.182.
14) 『한국사신론』 신수판, pp.72-77.

들어온 것은 중국을 통해서 중국화한 불교가 들어왔다. … 우리나라의 사상계를 지배한 유교는 중국에서 기원한 중국 고유의 사상체계였다. 그 유교가 개인의 우주관, 인생관을 비롯하여, 사회적으로는 가정의 윤리에서부터 널리는 국가 생활을 지배하는 도덕률에 이르기까지 한국인의 생각을 지배하였다. … 3성, 6부의 당의 제도가 고려 이래로 우리나라 정치제도의 모범이 되어왔다는 것은 다 아는 사실이다. 예술에 있어서도 마찬가지였다."[15]

그렇다고 해서 이기백사학에서 고유문화의 가치를 무시하거나 그 존재를 부정하는 것은 아니다. 외래문화, 특히 중국문화의 광범한 전래와 수용을 전제함과 동시에 한국 고유의 문화 역시 폭넓게 존재하고 계승되었음을 중시하였다. 그리고 중국문화를 수용하여 우리의 것으로 소화함으로써 한국문화로 재창조하는 문화적 역량을 자랑하기도 했다. 한 예로, "이렇게 생각해오면, 한국의 문화를 지배해 온 절대적인 힘이 중국문화였다고 말할 수 있을 것 같다. 옛 배외주의자들이 스스로 자아하던 것처럼 小中華였던 것이다. 이런 점만을 들어서 이야기한다면 한국은 중국의 문화적 식민지였는지도 모른다. 그러면 중국문화라는 것은 있을 수 있겠지만, 한국문화라는 것은 있을 수가 없는 것은 아닐까 하는 의심에 사로잡히게 된다. 동양문화—여기서 잠시 인도문화를 고려 밖에 둔다면— 그것은 곧 중국문화일 것이요, 거기서 한국문화는 독자적 지위를 주장할 것이 없을 것 같다. … 그러나 우리는 성급한 결론을 삼가야 할 것이라고 생각한다. 그것은 우리의 고유한 문화라고 일컬을 수 있는 것을 또한 많이 가지고 있기 때문이다. 다만 그러한 것들이 종래 돌보아지지 않고 또 심지어 중국적인 것으로 잘못 인식되어서 우리가 알고 있지 못할 뿐인

---

15) 「韓國文化와 東洋文化」, 『思想界』 1962년 2월호; 『민족과 역사』, pp.159-161.

것이다."라고 하면서, 한글과 巫覡信仰, 和白 같은 회의제, 花郎徒 등을 고유문화의 대표적 사례로 적시하였다. 나아가서는 "문화를 논함에 있어서 이것은 내 것이요, 저것은 네 것이다 하는 식으로 그 유래를 따짐으로써 문제가 해결지어질 성질의 것이 아니지 않나 한다. … 외국의 문화를 받아들이는 것 자체에 문제가 있는 것이 아니라, 그것을 어떻게 받아들이느냐에 문제가 있는 것이다. 만일 외국의 문화를 받아들이는 데에 독자적인 입장을 살리고 있다면 그것은 이미 남의 것이 아니라 자기의 것이 되었다고 보아야 할 것이다."라고 하면서, 외래문화를 우리의 문화로 소화해낸 대표적 사례로서 吏讀와 淨土信仰, 四端七情論, 口分田, 石窟庵 靑磁 등을 열거하였다.16) 『한국사신론』 신수판에서도 이를 강조하여, "그들은 한국의 문화는 독창성이 없는 모방적인 것이었다고 주장한다. … 그러나 이것은 문화가 근본적으로 보편성을 기반으로 하고 성립된다는 사실을 모르는 데서 오는 잘못이다. 일반적으로 말해서 순수하게 고유한 문화란 어느 민족에게서도 찾아보기가 힘들다. 또 설혹 있다고 하더라도 그것이 그 민족의 우수성을 증명해 주는 것은 아니다. … 민족문화는 인류문화의 보편성을 근거로 하고 자기 민족의 역사적 현실에 적합하도록 창조적 노력을 기울임으로써 이루어지는 것이다. 그리고 그러한 창조적 노력의 성과를 한국사에서 많이 찾아볼 수가 있다."17)고 하였다. 바닌 교수가 '한국문화의 대중국문화에의 종속 수준'을 거론하였을 때도, "한국사에 있어서의 중국문화의 영향 문제는 대단히 중요한 문제"라고 전제하면서, "나는 외국문화의 영향을 축소해서 서술할 생각은 절대로 가지고 있지 않다"18)고 응수한 까닭도 여

---

16) 「韓國文化와 東洋文化」, 『思想界』 1962년 2월호; 『민족과 역사』, pp.161-166.
17) 『韓國史新論』 新修版, 一潮閣, 1996, p.2.
18) 「바닌 교수의 『한국사신론』 서평에 답함」, 『삼일문화원소식』 21, 2002;

기에 있었다. 즉 이기백사학에서는 한국문화의 발전과 창조력을 강조함과 동시에 외래문화의 영향을 과소평가하지 않는 균형감을 유지함으로써, 민족주의사학의 본령을 지키면서 국수주의와의 차별성을 명료하게 확보하고 있는 것이다.

그러나 중국 문화의 일방적 수입만 강조한다면, 이 역시 자기비하적인, 편향된 시각이라 하지 않을 수 없다. 동아시아 문화가 동아시아를 구성하는 모든 인구가 함께 만들어낸 문화라면, 이러한 동아시아 문화에 한국인이 일정 정도 참여하였음은 당연한 일이기 때문이다. 따라서 『한국사신론』에서는 한국 문화가 중국에 수출되어 동아시아 문화의 형성에 이바지한 과정이 당연히 설명되기도 했다. 한 예로, "당 문화의 수입이 신라나 발해의 문화를 꽃피게 하는 데 크게 이바지하였다. 이리하여 문화의 역류 현상이 나타나기도 하였는데, 元曉의 불교사상이 당의 賢首에게 영향을 끼친 것과 같은 것을 예로 들 수가 있다."[19]든가, "일찍이 圓光 이래로 慈藏, 義湘, 圓測 등의 명승이 중국에 가서 불교를 배웠는데, 원측 같은 승려는 길이 당에 머물러 譯經과 著述 등으로 중국 불교의 발전에 공헌한 바가 컸다. 한편, 慧超는 인도에까지 가서 聖跡을 순례한 여행기인 『往五天竺國傳』을 남기어 유명하다. 이렇게 당에 유학하고 돌아오는 승려의 수가 많아질수록 당에서 성립된 여러 종파가 신라에도 전하여지게 되었다. … 이에 대해서 元曉는 여러 종파의 대립 의식을 배격하였다. 원효는 당대의 고승 중에서는 예외적으로 당에 유학하지 않았으나, 그의 학승으로서의 위대함은 당에서조차 존경을 받을 정도였다. … 원효의 『大乘起信論疏』는 중국에 전해져서 중국 화엄학에, 『十門和諍論』은 梵語로 번역되어 인도의 불교계에 각기 영향을 미치었다. … 萬佛山이라 하여 바람의 힘으로 종이 울리면 중들이 엎드

『韓國傳統文化論』, 2002, p.282.
19) 『한국사신론』 신수판, pp.102-106.

려 절을 하도록 만든 장치를 갖춘 조각물도 만들었는데, 이를 본 唐의 代宗은 "신라의 기교는 하늘이 만든 것이지 사람의 재주가 아니다."라고 하며 감탄하였다 한다. 신라 기술의 발달을 여실히 말해주는 사실이라 하겠다. … 釋迦塔에서 발견된 『陀羅尼經』은 그 탑을 세우던 경덕왕 10년(751) 이전의 것으로서 현존하는 세계에서 가장 오래된 목판인쇄물로서 유명하다. … 漢文의 사용 빈도가 늘어나고 불교와 유교가 널리 보급됨에 따라서 漢文學도 크게 발전하였다. 强首는 외교문서를 맡아 통일에 큰 공헌을 하였다고 하는데, 그가 지은 「金仁問을 놓아주기를 청하는 글」(請 放仁問書)을 보고 唐 高宗은 눈물을 흘리며 이에 응하였다고 하므로, 그 문장력을 가히 짐작할 수가 있다."[20]고도 했다. 이러한 기술은 이기백사학이 동아시아 문화의 수용과 공유뿐만 아니라 한국문화의 동아시아 문화 창조에 대한 기여까지 관심을 기울였음을 보여주는 것이다.

3. 實證的 民族主義史學

이기백사학에서 '국수주의'란 고유한 문화를 지나치게 고집하는 경향이기도 하지만, 한편으로는 민족적 정서를 앞세워서 사실의 엄밀한 고증을 소홀히 하는 태도를 말하기도 한다. 따라서 이기백사학에서는 국수주의를 극복하기 위해 문화의 보편성을 강조할 뿐만 아니라, 역사의 보편적 이론도 강조하게 된다. 왜냐하면 국수주의가 강조하는 '고유한 것'에는 고유한 문화뿐만 아니라 '특수한 역사성'까지 포함하고 있기 때문이다. 「植民主義史觀 論爭」이

---

20) 『한국사신론』 신수판, pp.115-122.

란 글에서 "고유한 것을 내세움으로써 식민주의사관을 극복할 수 있다고 믿는 주장은 최근에 이르러서 그 극단에 이른 듯한 인상을 주고 있다. 가령 『三國遺事』에 나오는 檀君의 건국에 관한 기록은 신화가 아니라 사실이라고 주장하는 따위가 그것이다. 만일 단군의 이야기를 신화라고 한다면 그것은 곧 식민주의사관의 영향이라고 몰아세우는 것이다. … 이러한 국수주의적 주장에 대하여 비판적인 입장에 있는 학자들은 식민주의사관을 보다 학문적인 차원에서 비판해야 한다고 생각하고 있다. 신화는, 그것이 신화로서 존재하였다는 사실에 일정한 역사적 의미가 있는 것이긴 하지만, 그것이 우리의 고유한 것이었다고 해서 그대로 역사적 사실로 믿으라고 하는 것은 비학문적이라는 것이다."[21]라고 하여, 국수주의가 강조하는 '고유한 것'에 대한 '학문적 비판'을 강조하였다. 국수주의가 '고유한 것'을 강조하는 경향을 '학문적으로 비판'하는 구체적 방법은 '보편적 이론에 입각하여 구체적 증거를 가지고 분명한 역사적 사실을 확인하는 것'이다.

이기백사학의 '보편적 이론'에 의하면, "우리나라에서의 건국은 靑銅器時代가 시작된다고 추측되는 B.C. 10세기 이후여야 한다는 것이다. 이때에 건국된 古朝鮮을 위시한 여러 나라들은, 출토되고 있는 靑銅器유물의 독자적 성격으로 봐서, 우리 민족의 독자적인 국가였음은 명백하다는 것이다. 이렇게 보편적 이론에 입각하여 구체적 증거를 가지고 분명한 역사적 사실을 확인하는 것이 식민주의사관을 극복하는 확실한 길이라고 주장하는 것이다. … 더구나 일제의 식민주의 사관은 바로 일본의 국수주의자들에 의해 주창되었다는 사실이 주목되었다. 말하자면 국수주의사관과 식민주의사관은 한 물체의 두 면에 불과하며, 식민주의사관이 비판되어

---

21) 「植民主義史觀 論爭」, 『翰林學報』 1985년 4월 16일; 『韓國史像의 再構成』, 1991, pp.3-5.

야 할 것이라면 그와 마찬가지로 국수주의사관도 비판되어야 한다는 것이다. … 이같이 식민주의사관을 대하는 국수주의적 입장과 보편주의적 입장은 크게 대립되고 있다. 그리고 이러한 대립은 결국 식민주의사관이 국수주의사관의 산물이었다는 사실을 모르거나, 혹은 알면서도 야합하는 사람들의 비합리적인 사고와 밀접한 관계가 있다고 해야 할 것이다."22)

이른바 식민주의사관의 '지리적 결정론'이란 한국은 대륙에 붙어 있는 조그마한 반도에 있는 국가였기 때문에 어쩔 수 없이 약소국일 수밖에 없으며, 그로 인해 대륙의 강대국에 의존해서 그 명맥을 유지해 온 사대주의적 국가였다는 것이다. 이러한 주장에 대해 이른바 국수주의사관과 이기백사학은 명백하게 대립되는 논거에 의해 전혀 다른 비판을 가하게 된다. 전자는 "우리나라는 결코 반도국가가 아니었다. 우리의 영토는 과거에 만주를 포함한 광대한 것이었으며, 단군의 고조선도 대동강 유역이 아니라 요하 유역에 있었다. 심지어는 우리의 영토가 만주뿐만 아니라 북중국까지도 포함하고 있었으며, 따라서 현재 중국 역사에 편입된 많은 부분이 우리나라 역사로 고쳐져야 한다. 그러므로 우리는 강대국이었으며, 결코 약소국이 아니었다. 우리의 영토가 반도에 국한되어 있었다고 주장하는 것은 바로 식민주의사관의 잔재이며, 이러한 역사의 왜곡이 고쳐져야만 우리나라 역사는 바로잡아질 것이다."라고 한다.

이와는 달리 이기백사학은 이러한 주장이 바로 식민주의사관이 파놓은 함정에 빠지는 것이라고 비판하면서, "식민주의사관은 영토가 넓어야 강대국이 된다는 지리적 결정론에 입각해 있는데, 그들도 바로 그러한 지리적 결정론의 신봉자이며, 일제의 어용학자들과 동일한 이론적 근거에 서 있다. … 이 같은 지리적 결정

---

22) 상동.

론에 입각하는 한, 식민주의사관을 극복할 수가 없는 것이며, 결국 스스로 그 식민주의사관의 신봉자가 되고 말 것이다."[23)라고 주장한다. 국수주의사관은 결국 식민주의사관이 지리적 결정론에 입각하고 있다는 점을 인식하지 못하고 그 지리적 결정론에 추종하는 주장이라는 것이다. 「현대의 韓國史學」이란 글에서도, "민족주의사학의 전통을 계승한 학자들 중에는 극단적인 國粹主義的 경향을 나타내는 경우가 있다"고 하면서, "그들은 檀君神話를 그대로 믿어야 한다든가, 혹은 古朝鮮이나 高句麗의 영토가 중국의 北京 일대에까지 미쳐 있었다든가 하는 주장을 내세우고, 그렇지 않은 학자들을 식민주의사학자라고 하는 것이다. 이것은 일제 식민주의사학이 일본의 국수주의에서 배태되고 영토가 넓어야 강대국이 된다는 지리적 결정론에 입각하고 있던 것과 꼭 같은 성격의 것이다."[24)라고 비판하였다.

이기백사학은 스스로 국수주의사관과 분리시키기 위해 다음과 같은 몇 가지 선을 그어두었다. 먼저, '감정' 즉 민족적 정서에 의해 역사를 서술해서는 안 된다는 것이다. 1981년에 있었던 「國史敎科書 改編 請願에 대한 國會 文公委에서의 陳述」에서 이 점이 분명하게 적시되었다. "어떻든 객관적인 역사적 사실로부터 현재의 우리에게 필요한 교훈을 배우는 것이 역사를 대하는 올바른 태도다, 저는 그렇게 믿습니다. 자기 감정을 가지고 역사적 사실을 어찌할 수는 없는 일입니다. 학문적인 논문에서 자기의 감정을 노출시키는 것은 분명히 학문 이전입니다. … 영토가 넓으면 위대하고 영토가 좁으면 열등하다고 하는 식으로 국사 교육을 시켜서는 안 된다는 것입니다. 왜냐하면 그것은 일제의 식민주의사관의

23) 「植民主義史觀 論爭」, 『翰林學報』 1985년4월16일; 『韓國史像의 再構成』, 1991, pp.5-6.
24) 「현대의 韓國史學」, 『韓國學報』 41, 1985; 『韓國史像의 再構成』, 1991, p.102.

함정에 빠지는 것이요, 다음 시대를 이끌어 갈 학생들을 숙명론자, 비관론자로 만들 것이기 때문입니다. 士禍와 黨爭을 부끄러우니 빼자고 하는 의견도 문제라고 생각합니다. 왜냐하면 이것을 교과서에서 뺀다고 해서 은폐할 수 있는 성질의 것이 못되기 때문입니다. … 과거의 사실을 숨기기보다는 그로부터 많은 것을 배우도록 해야 하지 않겠는가, 부끄러운 것이 만일 있었다면 그렇게 안 되기를 배워야 하지 않겠는가, 이렇게 생각합니다."[25] 또한 「英文 韓國史의 問題」를 논하는 글에서도, "크게 본다면 한국민족도 세계의 여러 민족 중의 하나에 불과한 것이지만, 우리들에게는 우리 민족인 것이며, 따라서 객관적인 관찰보다는 주관적인 애착이 앞서게 된다. 이것은 물론 당연한 것이긴 하다. 그러나 그렇다고 감정을 앞세우고 민족을 생각하는 것은 도리어 민족에 해를 끼치는 경우가 많은 것이어서 반드시 바람직한 일이 되지를 못한다."[26]라고 하였다.

'감정' 뿐만 아니라 '주관'에 의해 역사적 사실이 날조 혹은 왜곡되어서도 안 된다는 것이 이기백사학의 기본 입장이다. 그 한 예로서, 「韓國史學의 바른 길」이란 글에서 '역사적 사실의 객관적 인식'이 거듭 강조되었다. "주관에 의해서 역사적 사실을 날조 내지 왜곡하는 예를 보면 대체로 부당한 요구를 강요하기 위해서인 것이다. … 이러한 주관의 횡포에 대항하는 길은 학문적으로 객관적 사실을 제시하는 길밖에 없다. … 무어라 하더라도 한국사학이 實證史學의 기초 위에 굳게 서야 한다고 강조하는 이유는 이러한 데에 있다. … 한국사를 올바로 이해하기 위해서 역사적 사실의 객관적 인식이 얼마나 중요한가를 힘주어 이야기하였다. 그러므로 최근 종종 조소를 머금은 어조로 운위되기조차 하는 實

---

25) 「國史教科書 改編 請願에 대한 國會 文公委에서의 陳述」, 1981년 11월 27일; 『韓國史像의 再構成』, 1991, pp.35-47.
26) 「英文 韓國史의 問題」, *Korea Journal* 10-2, 1970; 『民族과 歷史』, p.69.

證史學은 결코 멸시되어서는 안 된다. … 실증사학이 비판을 받아야 한다면 단지 개별적 사실을 밝히는 작업을 하는 데 그쳤다는 점에 있을 것이다. … 한국사의 체계화는 객관적 사실을 토대로 하고 이루어져야 한다. … 엄격한 객관적 사실을 토대로 그 발전 과정을 체계화함으로써 현재에 유익한 산 지식이 되어야 한다."27)

이런 면에서 본다면, 이기백사학은 '실증적 민족주의 사학'이라 규정될 수 있을지도 모른다. '객관적인 역사적 사실에 대한 냉정한 인식의 필요성'이 거듭 강조되었기 때문이다. 특히 「현대의 韓國史學」이란 글에서는 '객관적 사실에 충실함'이 단호하게 요구되었다. "거짓 사실을 토대로 하고 내려진 결론은 결국 거짓일 수밖에 없다. 眞理를 추구하는 학문으로서의 歷史學이 이 거짓에 그 자리를 양보할 수가 없다. 그러므로, 어떠한 이유에서이든, 國粹主義的인, 門閥主義的인, 黨派主義的인, 혹은 階級主義的인 압력에 굴복하여, 역사적 사실의 객관성을 침해당해서는 안 되리라고 생각한다. 보는 관점에 따라서는 사실이 달리 보이는 게 아니냐고 주장하기도 하지만, 그러나, 이 관점에서 본 사실이 저 관점에서 본 사실 자체를 부정할 수는 없는 것이다. 진실이냐 허위냐 하는 것과, 이 관점이냐 저 관점이냐 하는 것과는 전혀 차원이 다른 문제인 것이다. 객관적 사실에 충실하는 것은 역사학의 전제조건인 것이며, 이 점은 한국사학에서 좀더 강조될 필요가 있는 것으로 믿는다."28)

물론 이기백사학이 스스로 민족적 정서의 구속에서 완벽하게 벗어나 있었다고 단언하기는 어려운 점이 없지 않아 있다고 생각한다. 그 한 예로, "신라가 발해와 함께 南北國의 형세를 이루며

---

27) 「韓國史學의 바른 길」, 『梨花史學研究』 11 · 12, 1981; 『韓國史像의 再構成』, 1991, pp.68-70.
28) 「현대의 韓國史學」, 『韓國學報』 41, 1985; 『한국사상의 재구성』, 1991, p.110.

대립하고 있었다"[29]고 하여 신라와 발해의 병존 시기를 南北國시기로 규정하고, "事大主義라는 것이 우리나라에는 사실은 없었다고 지금까지 저는 주장해 왔고, 따라서 우리나라 역사를 서술하는 데서 사대주의라는 용어를 말살해야 한다고 주장해 왔습니다"[30]라고 하여 한국사상 대외관계의 주조는 事大主義가 아니라 완강한 저항이었다고 강조하였다. 또한 "조선을 청의 속방이라고 한 것은 청이었지 『한국사신론』의 저자가 아니라"[31]고 하여, 淸과 朝鮮의 관계가 宗藩關係였음을 인정하려 하지 않았다. 이처럼 본인 개인의 소견으로는 아쉽게도 '민족적 정서'나 '주관적 판단'의 흔적으로 읽히는 대목도 없지 않아 보인다.

그러나 이기백사학의 사관이 역사 서술로 표현된 『한국사신론』의 저자가 전반적으로 얼마나 철저하게 민족적 정서를 배제하고 객관적으로 서술하려 적극적으로 노력하였는지 간파하는 것은 어려운 일이 아니다. 그 대표적인 경우가 바로 衛滿朝鮮에 대한 재해석이었다. 「이기백선생 1주기 추모 좌담회」에서 강경숙 교수는 "제가 잊을 수 없는 대목이 위만조선을 이야기하실 때, '그 위만이라는 사람이 조선인이다'라는 것을 하나하나 풀어가면서 설명하셨는데, 그때 '학문은 이렇게 해야 하나보다'하고 어린 마음에 약간 충격이라고나 할까요."[32]라고 회고하여, 1958년 당시에는 이기백 선생이 "위만이 조선인이었다"는 소신을 갖고 있었음을 증언하였다. 실제로 1967년에 출판된 舊版 『한국사신론』에서는 "衛氏朝鮮이 순전한 中國人 移住者들에 의하여 지배되는 植民地 政權

---

29) 『한국사신론』 신수판, pp.102-106.
30) 「國史教科書 改編 請願에 대한 國會 文公委에서의 陳述」, 1981년 11월 27일; 『韓國史像의 再構成』, 1991, p.29.
31) 「바넌 교수의 『한국사신론』 서평에 답함」, 『삼일문화원소식』 21, 2002; 『韓國傳統文化論』, 2002, p.282.
32) 「이기백선생 1주기 추모 좌담회」, 김태욱 외 편, 『민족과 진리를 찾아서』, 한림대학교 출판부, 2014, p.379.

이었다는 과거의 通念은 최근 學者들에 의하여 비판을 받고 있다. 그러한 비판의 論據는, 첫째 衛滿이라는 인물이 燕人이 아니라 朝鮮人이었으리라는 점에 있다. 그가 朝鮮으로 올 때에 상투를 짜고 조선옷을 입었다는 것, 그가 國號를 여전히 朝鮮이라고 했다는 것이 衛滿의 民族的 所屬에 대한 새로운 주장의 근거이다. … 이러한 점으로 미루어 생각할 때에 衛氏朝鮮은 비록 鐵器文化에 보다 친숙한 中國人 流亡民의 세력을 배경으로 했다고 하더라도, 中國人의 植民地 政權일 수는 없다."[33]고 하여, 李丙燾 선생의 衛滿朝鮮人說을 그대로 원용하고 있다. 그러나 1990년에 출판된 新修版『한국사신론』에서는 전혀 다르게 기술되었다. "중국으로부터 동쪽으로 망명하여 오는 자가 더욱 많아졌다. 그러한 망명자 중의 한 사람인 衛滿은. … 유망민들의 세력을 기반으로 그 힘이 커지자 준왕을 축출하고 스스로 왕이 되었다. … B.C. 4세기에서 3세기로 바뀔 무렵에 행해진 연의 침략에서 비롯하여 중국의 정치적, 군사적, 경제적 세력은 쉬지 않고 침투해 들어오고 있었다. 이러한 대세의 추이가 드디어는 위만으로 하여금 중국인 유망민 세력을 배경으로 하는 새로운 왕조를 건설케 한 것이다. 그러나 위만은 중국으로부터의 망명인이었을 뿐이므로 그의 왕조는 중국의 식민정권은 아니었다. 그는 자기의 허약한 왕권을 유지하기 위하여 고조선의 토착세력과 결합할 필요가 있었다. '相'이라는 직명으로 나오는 인물들이 바로 그러한 토착세력이었던 것으로 생각된다. 그러므로 위만조선은 비록 철기문화에 보다 친숙한 중국인 유망민의 세력을 배경으로 했다고 하더라도 중국인의 식민정권일 수는 없다. 오히려 고조선인의 세력을 바탕으로 한 연맹왕국적인 정권이었다."[34] 중고교 교과서에도 여전히 李丙燾 선생의 위만조선인설이 기술되고 있는 상황에서, 위만을

---

33)『韓國史新論』初版, 1967, p.27.
34)『한국사신론』신수판, pp.37-40.

'중국으로부터의 망명인'으로 바꾸어 서술한 신수판의 이러한 改述은 민족적 정서를 철저하게 배제하여 객관적으로 사실을 인식하고 서술하려는 비장한 결의와 노력이 없이는 불가능한 일이었으리라고 생각된다.

'민족적 정서를 배제하고 객관적으로 사실을 인식'해야 한다는 이기백사학은 간혹 그 정도가 지나쳐서 지나치다 싶을 정도로 보수적으로 해석하는 경향도 나타나기까지 했다. 그 한 예가 古朝鮮의 영역 문제였다. 북한 학계가 선도하여 고조선의 영역이 遼東에까지 미쳐졌다는 학설은 이미 남한 학계에서도 일반적으로 수용한 상황에서도, 이기백사학에서는 여전히 대동강 유역설이 고수되었다. 「학문적 진리에 충실해야」 한다는 글에서, "'고조선 초기에는 정치적, 문화적으로 遼寧 지역이 중심'이었다고 한 것이 학계에 공인된 학설이라고 할 수가 있을는지 모르겠다. … 다만 현재 그러한 주장도 상당히 강력하므로, 종래 대동강 유역으로 믿어져 왔으나 요하 유역이라는 설도 있다는 정도로 서술하는 것이 타당하리라고 생각한다."[35]는 견해를 제출하였고, 「史實 과장 집필 말아야」 한다는 글에서는, "古朝鮮을 문화권이 아닌 국가로 보는 경우에, 초기에는 遼寧 지역이 그 중심지였다는 것은, 아직 증명되지 않은 하나의 해석에 지나지 않는다. 『帝王韻紀』에 그렇게 적혀 있다고 주장하기도 하나, 필자가 우둔한 탓인지 아무리 읽어봐도 그러한 대목을 발견할 수가 없으니 답답한 일이다. 추측컨대 하권 맨 처음에, '遼東에 따로 한 乾坤(天地)이 있다'고 한 것을 들어서 말하는 듯하다. 그러나 이것은 조선 전체의 위치를 말한 것이지 요동이 중심지였다는 말은 아니다. 곧 이어서 '큰 파도가 널리 三面을 둘러쌌다'고 한 데서 이는 쉽게 알 수가 있다

---

35) 「學問的 眞理에 충실해야」, 『한국일보』 1987년 3월 28일; 『韓國史像의 再構成』, 1991, p.56.

."36)는 입장을 고수하기도 했다. 실제 『한국사신론』 초판에서는 "古朝鮮은 大同江 유역의 平壤에 자리잡고 있었던 것 같다. … 이 古朝鮮 部族國家는 이어 大同江과 遼河 유역 일대에 흩어져 있는 여러 부족 국가들과 연합해서, 하나의 커다란 聯盟體를 형성하기에 이르렀다."37)라고 하였는데, 신수판에서는 "성읍국가로서의 고조선은 阿斯達에 건국하였다고 한다. 아사달은 곧 훗날의 王儉城일 터이지만, 그 위치는 원래 대동강 유역의 平壤이었던 것으로 전해져 왔다. 그런데 최근에는 요하 유역이었다고 주장하는 설도 대두하고 있으며, 혹은 처음 요하 유역에 있다가 뒤에 대동강 유역으로 옮겼다는 설도 나타나고 있다."38)라고 하였다. 지나치다 싶을 정도로 '조심스러운' 이 변화는 이기백사학이 얼마나 철저하게 '엄밀한 사실 고증'을 중시하였는가를 여실히 보여주는 사례이기도 하다.

또한 이기백사학은 '현재의 관심'을 기준으로 과거 역사적 사실을 善惡으로 가치판단하는 것을 거부하기도 했다. 잘 알려진 바와 같이, 이기백사학에서는 孫晉泰의 이른바 '新民族主義' 사관이 높이 평가되었다. 이기백사학이 손진태의 신민족주의와 일치되는 측면이 적지 않기 때문이다. 한 예로, 孫晉泰가 그의 『國史大要』의 自序에서 "역사학은 지난날의 사실의 이야기 주머니가 되어서는 안 될 것이요, 민족의 장점만을 자랑하는 선전서가 되어도 안 될 것이요, 오직 진실하고 엄정한 과학이어야 할 것이다"라고 하고, "우리는 쇄국적인 배타적, 독선적, 사이비한 민족사상을 버리고, 개방적이요 세계적이요 평등적인 新民族主義 입지에서 우리 민족사를 연구하고 이해하여야 할 것이다."라고 한 것을 인용하

---

36) 「史實 과장집필 말아야」, 『동아일보』 1987년 6월 8일; 『韓國史像의 再構成』, 1991, p.59.
37) 『한국사신론』 초판, p.23.
38) 『한국사신론』 신수판, p.34.

여, 자신의 결론을 대신하게 한 적도 있다.[39] 그러나 신민족주의 사관 역시 이기백사학에 의한 비판을 모면하지 못하였다. 왜냐하면 "신민족주의사관은 강한 현재적 관심의 산물"이라고 평가되었기 때문이다. 이기백사학에 의하면, "현재의 민족적 당위로써 내세운 절대적 기준에 의하여 史實을 비판하는 것은 결국 선과 악을 구분해 내는 일이 될 것임은 당연하다. … 과거의 역사적 사실을 선과 악의 두 가지로 분류하여 가치평가를 하는 것은 다 아다시피 反復史觀의 특징이다. 그리고 이 반복사관은 현재의 관심에서 우러나온 가치판단의 기준을 직선적으로 역사적 사실에 적용하는 태도와 밀착되어 있는 것이다. 이것은 결코 바람직스러운 것이 못된다."[40] 현재를 기준으로 한 과거의 가치판단을 이기백사학이 배척한 것도 史實에 대한 실증적 이해와 서술을 강조하는 기본 입장의 자연스러운 연장이라 할 수 있다.

4. 한국사와 세계사

이기백사학은 국수주의사관을 비판하면서, 역사의 보편적 이론을 강조하였다. 즉 한국사라고 해서 인류사 혹은 세계사의 보편적 원리에 반하는 특수한 역사일 수는 없다는 것이다. 「신중해야할 國史敎科書 修正」이란 글에서, "건국이란 국가를 건설했다는 뜻이다. 그런데 신석기시대인 기원전 2333년에 어떻게 국가가 건설될 수 있는가. 民族의 역사를 곧 國家의 역사로 보는 것은 낡

39) 「學問的 眞理에 충실해야」, 『한국일보』 1987년 3월 28일; 『韓國史像의 再構成』, 1991, p.58.
40) 「한국사 연구의 방법론적 반성」, 『제25회 전국역사학대회 논문 및 발표 요지』, 1982; 『한국사상의 재구성』, 1991, pp.78-79.

은 王朝史觀에서나 찾아 볼 수 있는 일이다. 우리 민족도 엄연한 인류의 한 구성분자인 것이며, 人類史의 흐름을 어기고 발전해 온 특수민족일 수가 없는 것이다."[41]라고 단호하게 논급하였다. 『민족과 역사』 「머리말」에서도, "나는 한국민족을 하나의 고립된 존재로서보다도 인류 속의 한 민족으로서 생각하려고 하였다. 그 것은 세계의 여러 민족들과의 상호 교섭 속에서 한국민족을 본다 는 뜻에서가 아니다. 그보다도 세계 여러 민족 중의 하나로서 한 국민족이 마땅히 누려야 할 시민권을 찾아야 한다는 뜻에서이다. 이런 견지에서 나의 관심은 한국민족이 세계의 다른 여러 민족들 과 마찬가지로 지니고 있는 普遍性에 쏠리어 있었다. 말하자면 민족이 지니고 있는 特殊性을 보편성 위에서 이해하려고 노력하 였다."[42]라고 하여, 한국사의 보편성을 강조한 바 있다.

신채호 등 일제시대의 민족주의 사가들을 비판하는 과정에서도 역사의 보편성이 강조되었다. "그들(신채호와 최남선의 민족주의 사학)의 민족관념이 지나치게 고유성을 강조하고 있다는 데에 문 제가 있다. 신채호의 경우가 특히 심하여 거의 민족을 세계로 부터 고립시키고 있다. 신채호가 역사를 我와 非我의 투쟁사로 본 것을 혹은 세계사적인 넓은 입장에서 서 있는 것으로 생각한 다면 이것은 잘못일 것이다. … 최남선도 문화의 세계사적인 의 의를 인정하면서도 한국의 독자적인 위치를 밝히려는 의욕을 나 타내고 있다. … 현대의 역사학은 세계사적인 관점에서 사회와 문화의 발전과정을 구명하는 것을 중심과제로 삼고 있다. 이것은 단순히 대외적인 교섭 관계나 문화적인 교류 관계를 해명한다는 것이 아니다. 민족의 역사적 발전과정을 어떻게 이론적으로 체계 화하느냐 하는 것이다. 물론 한국사는 한국사대로의 특수성이 있

---

41) 「신중해야 할 國史教科書 修正」, 『동아일보』 1983년 1월 4일; 『韓國史像의 再構成』, 1991, p.53.
42) 『민족과 역사』, 「머리말」.

을 것임이 분명하다. 이 특수성은 그러나 영구불변의 민족적 성격이거나 민족정신이거나에 의해서 설명될 것이 아니라, 역사적 특수성으로 설명되어야 할 것이다. 한국사의 발전과정에 대한 올바른 인식은 곧 민족의 새로운 발견을 의미하는 것이다. 孤兒로서의 한국이 아니라 인류의 한 식구로서의 한국의 발견인 것이다. 현대 한국사학의 앞에 놓여진 무거운 과제는 여기에 있는 것이 아닐까. 그리고 이것이 과거의 민족주의사학을 계승, 발전시키면서도 이를 극복, 지양하는 길이기도 할 것이다.[43] 「英文 韓國史의 問題」라는 글에서도, "한국사를 세계사적인 관련성을 갖도록 서술하는 것이 요망된다"고 하면서, "역사를 지배하는 법칙들은 어느 민족에게도 적용되는 공통적인 것이다. 여러 민족의 역사가 구체적인 양상을 달리하는 것은 그 많은 법칙들이 결합하는 양상이 서로 다른 데서 말미암는 것이다."[44]라고 하였다.

이렇게 '민족의 역사'를 역사 일반 혹은 세계사와 관련지어 생각하는 경우에 부닥치는 문제는 '민족사'를 처리할 구체적 방법이다. 여기서 이기백사학은 항상 '역사 발전의 법칙'을 거론하게 된다. "한국사를 세계사와 관련시키는 문제는 어느 다른 민족의 역사나 지역의 역사에서 얻어진 결론을 그대로 적용만 해서 될 성질의 것이 아니다. … 과거에 실증사학은 이론을 외면함으로 해서 단순한 기술로 전락하였었다. 그러나 이제는 이론을 이끌어내기 위한 작업과정으로서의 실증이 시도되어야 할 것이다. 역사학은 물론 구체적인 사실들을 시대적, 사회적인 연관 속에서 이해하는데 그 목적이 있다. 그러므로 법칙도 말하자면 구체적인 사실들을 체계적으로 이해하기 위한 하나의 전제에 지나지 않는다. 그러나 이것 없이는 구체적인 역사적 사실들이 체계적으로 이해

---

43) 「民族主義史學의 問題」, 『思想界』 1963년 2월호; 『민족과 역사』, pp.21-22.
44) *Korea Journal* 10-2, 1970; 『민족과 역사』, p.67.

될 수 없는 불가결의 것이기도 하다."[45]

이기백사학은 '역사 발전의 법칙'과 '역사의 보편성'에 관심을 갖고 있다는 점에서 이른바 민족주의사학, 특히 국수주의사관과 차별화된다. 그렇다고 해서 이기백사학이 社會經濟史學처럼 '역사 발전의 보편적 법칙'을 모든 역사에 일률적으로 적용시키려 한 것은 아니다. 여기서 '한국사의 주체성' 문제가 제기된다. 「主體的 韓國史觀」이란 글에서, "他文化의 전래나 外軍의 침입 자체가 아니라 그 문화를 어떻게 받아들였는가, 또 그 침입에 어떻게 대처하였는가 하는 한국민족의 반응이 한국사의 줄기가 되어야 할 것이다. … 나는 한국사의 주체성이란 것을 기본적으로 이렇게 이해하고 있다."고 하면서, "비록 모든 민족들은 공통된 성격을 지니고 있다고 하더라도, 즉 같은 보편적인 역사법칙 밑에 놓여 있다고 하더라도, 그 법칙들이 구체적으로 결합하는 양상은 어디서나 같을 수가 없으며, 따라서 각기 특수성이 있는 것이다. … 한국의 역사는 그 자체에 대한 구체적 연구에 입각하지 않으면 이를 지배한 법칙들이 무엇이었는지를 이해할 수가 없게 된다. 이러한 연구태도를 바탕으로 해서 주체적인 한국사관이 성립할 수 있다고 믿는다. 이것은 인류의 보편성에 입각하면서도 민족의 특수성을 올바로 인식할 수 있는 가장 바람직한 한국사의 이해방법이 되리라고 믿는다."[46]고 주장했다. 이처럼 한국사의 보편성을 강조함과 동시에 그 주체성, 혹은 특수성을 아울러 주장한다는 점에서 이기백사학의 독특한 사학사적 위상을 확인할 수 있다.

---

45) 「社會經濟史學과 實證史學의 問題」, 『문학과 지성』 1971년 봄호; 『민족과 역사』, pp.42-43.
46) 「主體的 韓國史觀」, 『成大新聞』 1970년 9월 19일; 『민족과 역사』, pp.69- 71.

5. 比較史學의 방법

한국사의 보편성과 특수성을 함께 아울러 추구하는 이기백사학
에서는 비교사라는 방법론에 깊은 관심을 보인다. "역사적인 모든
현상은 서로 밀접한 유기적인 연관성을 가지는 것이며, 이러한
연관 속에서 구체적인 사실들을 이해하고, 그 사실이 지니는 역
사적 의의를 밝히는 것이 중요한 일인 것이다."47) 모든 역사적
현상은 서로 밀접한 유기적 연관성을 갖고 있기 때문에, 다른 역
사와의 비교사적 검증을 통해 한국사의 보편성과 특수성을 함께
확인할 수 있다는 것이다. 이로 인해 『한국사신론』 신수판의 「서
장」에서 "구체적으로 한국사와 다른 민족의 역사와를 비교해 보
는 방법이 필요하다. 따라서 한국사의 보다 깊은 이해를 위하여
는 比較史學의 방법이 더 널리 적용되어야 하리라고 믿는다."48)
고 하였고, 「현대의 韓國史學」이란 사론에서도, "이론의 일방적인
적용보다는 오히려 比較史學의 방법이 더 바람직스럽게 생각되는
것이다"49)라고 하였다.

『한국사신론』 신수판 序章에서는 한국사의 보편성과 특수성을
확보하기 위해서는 왜 비교사적 접근이 필요한지 다음과 같이 설
명하고 있다.

"한국사의 주인공은 결국 한국인인 것이다. 이 한국인은 물론
한국민족이란 말로 대치시킬 수가 있다. … 그런데 이들 여러 인
간집단이 존재하는 양상이나 변화해 온 과정을 다른 민족의 경우
와 비교하여, 어떤 점이 같았고 또 어떤 점이 달랐는가를 생각해
보는 것이 필요하다. 왜냐하면 한국민족도 결국은 인류의 한 구

---

47) 「三國人의 外敵 對抗」, 『사상계』 1968년 3월호; 『민족과 역사』, p.214.
48) 『한국사신론』 신수판, pp.7-8.
49) 「현대의 韓國史學」, 『韓國學報』 41, 1985; 『한국사상의 재구성』, 1991,
    p.111.

성원이고, 따라서 거기에는 인류의 다른 구성원들과 공통점이 있는가 하면 또 차이점도 있는 것이기 때문이다. 그리고 이 공통점과 차이점을 인식하는 것이 한국민족의 역사를 명확하게 이해하는 길의 하나가 되겠기 때문이다. 이러한 공통점과 차이점의 인식은 딴말로 한다면, 그 보편성과 특수성의 인식이 되겠다. 한국사의 보편성과 특수성에 대한 문제도 한국의 근대사학에서 이미 논의되어 오던 오래된 숙제이다. 대체로 본다면 민족주의사학이 특수성을 강조한 반면, 사회경제사학은 보편성을 강조해 왔다. 전자는 한국의 고유한 것을 인식하는 것이 곧 한국사의 이해라고 생각한 반면, 후자는 이른바 보편적인 역사 발전의 공식을 적용하는 것이야말로 한국사 연구의 핵심 문제라고 강조해 왔다. 그리고 이 두 개의 견해는 서로 대립된 채로 오늘에 이르고 있는 실정이다. 한편 실증사학에서는 특수성을 띤 구체적인 사실의 인식을 통하여 보편성을 이해해야 한다고 주장하였다. 한국사를 세계사의 보편성 속에서 인식하려는 것은 한국사학의 일단의 전진이었다. 그러나 종래에는 보편성을 강조했을 경우, 그것은 一元的인 입장에 선 것이었다. 즉 역사는 단 하나의 법칙에 의해서 지배되었고, 그것은 모든 민족에게 그대로 적용된다고 주장했던 것이다. 그러므로 이 일원적인 보편적 법칙에서 어긋나는 점들이 곧 특수성으로 인식되어 왔다. 그러면 여기서 특수성이라고 인식된 사실들은 원칙이 없는 우연으로 처리되게 마련이다. 그러나 한국사가 한국사로서의 면목을 드러내는 그 특수성이 우연에 의해서 설명된다는 것은 결코 학문적으로 바람직스런 결론이 되지 못한다. 특수성이라고 해서 그것이 아무런 법칙성이 없는 무질서한 것으로 생각할 수는 없겠기 때문이다. 이 잘못을 시정하는 길은 보편적인 법칙을 多元的인 것으로 파악하는 길밖에 없다. 즉 역사에 작용하는 법칙은 다원적인 것이지만, 그 여러 법칙들은 어느민족에게나 다 적용될 수 있는 보편적인 것이란 말이다. 다만 많은 법칙들이 어떤 민족의 역사에서 구체적으로 나타날 때에 그 결합하는 양상이 다른 민족의 경우와 같아질 수 없고, 그것이 곧 그 나라 역사의 특수성으로 나타나는 것이다. 한국사의 보편성과 특수성도 이러한 원칙에 입각해서 이해되어야 하리라 믿는다. 그러므로 역사에 작용하는 보편적인 여러 법칙들에 대한 이해가 깊으면 깊을수록 한국사에 대한 이해도 깊어진다는 말이 된다. 이 목적을 위하여는 구체적으로 한국사와 다른 민족의 역사와를 비교해 보는 방법이 필요하다. 따라서 한국사의 보다 깊은 이해를 위하여는 比較史學의 방법이 더 널리 적용되어야 하리라고 믿는다."[50]

「현대의 韓國史學」이란 글에서도, "한국사의 연구가 한국사 자신뿐 아니라 世界史의 이해에도 도움이 되도록 행해져야겠다. … 실제와 어긋나게 하면서까지 이론을 강요하는 것이 학문의 세계에서 용납될 수가 없다는 것은 명백한 일이다. 그러기에 이론의 일방적인 적용보다는 오히려 比較史學의 방법이 더 바람직스럽게 생각되는 것이다. … 한국사학은 단지 한국사 자체를 이해하는 데만이 아니라, 세계사를 이해하는 데에도 공헌할 수 있는 길을 찾게 되는 셈이다. 그렇게 함으로써 한국사학과 세계사학은 진정한 결합이 이루어지게 된다."[51]고 하며, 比較史學의 필요성을 강조하였다.

요컨대, 이기백사학에서 '비교사학의 방법' 즉 비교사적 방법론에 관심을 갖고 중시하는 까닭은 한국사의 보편성과 특수성을 각별하게 의식하기 때문이다. 즉 세계사의 '보편적 법칙'이란 一元的이지 않고 多元的이기 때문에, 세계사의 보편성 속에서 한국사를 이해함과 동시에 다른 나라의 역사와는 다른 한국사의 특수성도

---

50) 『한국사신론』 신수판, pp.7-8.
51) 「현대의 韓國史學」, 『韓國學報』 41, 1985; 『한국사상의 재구성』, 1991, p.111.

아울러 이해해야 하며, 이를 위해서는 한국과 다른 나라의 같고 다른 점을 역사적으로 비교하는 이른바 '비교사학'의 방법이 필요하다는 것이다. 한국사를 이해하기 위해서는 세계사의 보편성을 이해해야 하지만, 이와 아울러 한국사의 특수성을 잘 이해하면 세계사의 보편성을 이해하는 데도 많은 도움을 받을 수 있다. 따라서 비교사학의 방법은 한국사의 특수성과 세계사의 보편성을 함께 이해하는 필수적 방법으로 중시되는 것이다. 『한국사신론』의 기술 과정에서 비교사학의 연구 성과들을 보다 적극적으로 폭넓게 수용한 까닭도 여기에 있을 것이다.

6. 맺는 말

지금까지 이기백 선생의 『한국사신론』과 여러 史論들의 문장 가운데서 동아시아사와 관련한 주요 논급들을 거칠게나마 정리해 보았다. 그 결과 다음과 같은 몇 가지 특성을 확인할 수 있었다.

첫째, 이기백사학은 민족 고유의 문화만을 고집하는 국수주의 사관을 배척하고, 한국 고유문화의 존재뿐만 아니라 외래문화, 특히 중국문화의 수용과 소화, 및 한국문화의 수출까지 함께 중시하는 균형감 있는 입장을 보여주었다.

둘째, 이기백사학은 사실의 엄밀한 고증을 소홀히 하는 국수주의사관을 비판하면서, 사실에 대한 엄격한 實證을 요구하였다.

셋째, 이기백사학은 사실의 실증 과정에서 민족적 정서나 주관적 판단, 및 현재의 관심을 기준으로 하는 사실의 가치판단을 철저하게 배제해야 할 당위성을 강조하였다.

넷째, 이기백사학은 세계사의 보편적 발전 법칙을 중시하여, 그

것과 모순되는 사실의 해석과 서술을 거부하였다.

다섯째, 이기백사학은 세계사 발전 법칙이 갖는 多元性을 주목하여, 한국사의 보편성과 아울러 특수성에 대한 이해도 함께 이루어지기를 요구하였다.

여섯째, 이기백사학은 한국사와 세계사의 유기적 관련성을 중시하여, 다른 나라의 역사와 한국사의 같거나 다른 점을 比較史學의 방법으로 확인함으로써, 한국사와 세계사에 대한 이해를 함께 제고할 수 있을 것으로 기대했다.

한국사 서술과 사론을 통해 확인되는 이 같은 이기백사학의 특성들은 모두 필자가 이기백 선생을 사사하면서 경험한 학문적 체험의 내용과 대체로 일치하였다고 할 수 있다. 한국사 서술과 사론의 문장들에서 확인되는 이기백사학은 한마디로 요약한다면 '실증적 민족주의사학', 혹은 '합리적 민족주의사학'이라는 생각이 든다. 필자는 이 발표를 준비하면서 동아시아사학과 한국사학의 견고한 '화해'를 체험하였을 뿐만 아니라, 다음과 같은 실로 감동적인 문장과 만날 수 있는 부수적 소득까지 덤으로 얻게 되었다.

"역사가 지리적 조건의 영향을 받기는 하지만 그것이 역사를 좌우하는 결정적 요소는 아니다. 역사의 주인공은 인간이므로, 비록 영토는 좁더라도 강대국을 만들 수도 있는 것이다. 또 반드시 군사적 강대국을 만드는 것이 민족의 이상일 수가 없다. 오히려 사회적인 정의가 실현되는 이상국가를 건설하는 것이 바람직스러운 것이 아닌가. …"52)

---

52) 「植民主義史觀 論爭」, 『翰林學報』 1985년 4월 16일; 『韓國史像의 再構成』, 1991, pp.5-6.

『국사신론』·『한국사신론』
본문의 사론

『국사신론』·『한국사신론』
본문의 사론

노 용 필

1. 머리말

한국사학자 이기백(1924-2004)은 어느 무엇보다도 한국사의 대
세大勢를 서술하여 체계화體系化를 꾀하기 위해 『국사신론』과 『한
국사신론』을 집필하였음을 강조하였다. 그러므로 체계화가 궁극
적인 목표였음이 확연한데, 이에 관해서는 그 자신의 단독 저서
로서 맨 처음 출간한 『국사신론』, 그것도 그 서문序文에 해당한
다고 할 「예언例言」에 가장 잘 드러나 있다. 다음이다.

1. 본서本書는 일반 국민의 산 교양이 될 수 있도록 국사의 대
강大綱을 서술하는 것을 목적으로 하였다. 서술에 있어서는 개
별적인 사실의 나열보다도 종縱과 횡橫으로 얽혀진 상호간의
관련성을 중요시하였다. …
4. 본문本文 중에서는 개인의 학설을 일일이 소개하지 않았다.
본서가 개설서概說書요 또 참고문헌參考文獻을 덧붙인 만큼 관용

이 있기를 빈다.[1]

첫머리에서 "국사의 대강을 서술하는 것을 목적으로 하였다"고 밝히면서, "서술에 있어서는 개별적인 사실의 나열보다도 종과 횡으로 얽혀진 상호간의 관련성을 중요시하였다"고 분명히 적시하고 있는 것이다. 그런 후 앞의 글에서는 개인의 학설을 일일이 소개하지 않는 것에 대해 양해를 구하며, 참고문헌을 낱낱이 붙였으므로 관용을 빌고 있지만, 이렇듯이 참고문헌을 상세히 정리한 것은, 기실은 그 성과를 충분히 반영하여 남다른 특색을 지니게 하기 위함이었다. 이러한 면모에 대해서는 아래와 같이 밝히고 있음이 주목된다.

> 처음 시작할 때에는 야심이 없지도 않았다. 국사를 새로운 체계에 의하여 정리할 자신이 없는 바에는 다른 점에서나마 남다른 특색을 지녀야겠다는 생각이었다. 그것은 이왕에 나온 개설들 뿐 아니라 논문 저서들까지도 일단 통독한 뒤에 그 성과를 충분히 반영시키자는 생각이었다. 그리고 그 논문이나 저서들을 참고란參考欄에 실어서 국사를 공부하려는 사람들에게 길잡이의 역할을 해보자는 것이었다. 이 근본방침을 나는 끝까지 견지하려고 노력하였다.[2]

여기에 자신의 속내를 고스란히 드러내고 있듯이, 그의 야심은 "국사를 새로운 체계에 의하여 정리"하는 것이었는데, 자신이 없어 "남다른 특색을 지녀야겠다는 생각"에서 기왕의 연구 성과를 "충분히 반영시키자는 생각"이었다. 그래서 그는 새로운 논문이나 저서들을 참고란에 실어 국사를 공부하려는 이들에게 '길잡이의 역할'을 하고자 했던 것이며, "이 근본방침을 … 끝까지 견지하려

---

1) 「예언例言」, 『국사신론』, 태성사, 1961; 제일출판사, 1963, p.2.
2) 「후기後記」, 『국사신론』, 태성사, 1961, p.413.

고 노력하였"음을 확인할 수 있다.[3)]

이와 같이 새로운 체계에 의하여 정리함은 물론 새로운 논문과 저서들을 반영하여 '남다른 특색'을 지니게 하고자 하였으므로[4)], 서명書名도 『국사신론』·『한국사신론』이라 하여 그 가운데 굳이 '신론'를 넣은 것이었음이 분명하다. 이기백 나름대로 정한 개설서 집필의 이러한 원칙은 이후 1967년의 『한국사신론』 초판에 이르러 시대구분에 대하여도 체계적인 서술을 시도하면서도 유지되었고[5)], 또한 1976년의 『한국사신론』 개정판에서 대체로 역시 여전히 그러하였다.[6)]

---

3) 이러한 그의 생각은 1963년 『국사신론』 재판을 제일출판사에서 출판하면서 작성한 아래의 「재판서再版序」에도 잘 정리되어 있다.

"(그러나) 우리는 각자가 가진 관심의 각도에서 자기대로의 한국사에 대한 흥미를 충분히 살릴 수가 있다고 믿는다. 이러한 의미에서 한국사에 대한 적절한 길잡이가 되는 책이 요구되는 것이 아닌가 한다. 이 책은 이러한 요구에 응할 수 있도록 주의를 기울여 쓰여진 개설서이다. 그러므로 개설로서 참신한 내용을 갖도록 노력할 뿐 아니라, 아울러 참고란에서 새로운 연구성과를 소개하도록 꾀하였던 것이다." (「재판서」, 『국사신론』, 제일출판사, 1963, p.1.)

4) 노용필, 「이기백 『국사신론』·『한국사신론』의 체재와 저술 목표」 (하), 『한국사학사학보』 20, 2009, pp.7-11.

5) 「서문」, 『한국사신론』 초판, 1967, p.3의 다음과 같은 대목에서 이러한 면모를 여실히 알 수가 있다.

"구저舊著 국사신론을 내놓은 것이 1961년 봄, 그러니까 지금으로부터 약 6년 전의 일이다. 그 6년 동안에 한국사의 연구는 크게 발전하였다. 단순한 개별적인 사실史實의 해명뿐만이 아니라, 한국사의 전체적인 이해를 위한 노력들이 꾸준하게 이루어졌던 것이다. 그러므로, 이들 새로운 연구성과에 비추어서 구저를 수정해야 할 곳들이 허다하게 나타나게 되었다. 더구나, 구저에서 아무런 의견도 제시하지 못하였던 시대구분에 대하여도 이제 희미하나마 체계적인 서술을 꾀하여볼 시기에 도달한 느낌을 갖게 되었다."

6) 「서」, 『한국사신론』 개정판, 1976, p.iii의 아래 부분에 이와 같은 점이 잘 나타나 있다..

"『한국사신론』은 원래 한국사의 큰 흐름을 하나의 줄기에 의해서 새로 한편 "남다른 특색을 지녀야겠다는 생각"에 걸맞게 하느라고 책이름에 '신론'을 표방함과 아울러 그가 『국사신론』에서 시도한 또 하나는 다름 아니라 그 「서론緖論」에서 본격적인 사론史論을 쓴 것이었다. 그리고 그것을 골격으로 삼아 보충한 사론을 『한국사신론』 초판의 「서장序章」에서도 담아냈다. 이 『국사신론』 「서론」과 『한국사신론』 초판 「서장」의 내용을 가늠하기 위해 그 구성을 비교하여 표로 정리하여 제시해보이면 아래의 〈표 1〉이다.

〈표 1〉 『국사신론』 「서론」과 『한국사신론』 초판 「서장」 구성 비교

『국사신론』 서론緖論	『한국사신론』 초판初版 서장序章
서론	서장 한국사의 새로운 이해
×	제1절 주체성의 인식
반도적 성격론	반도적 성격론
사대주의론	사대주의론
×	한국사의 주체성
×	제2절 한국사와 민족성
당파성의 문제	당파성의 문제
문화적 독창성의 문제	문화적 독창성의 이론
×	제3절 한국사의 체계화
정체성停滯性의 이론	정체성의 이론
×	한국사의 체계화

보듯이 『국사신론』 「서론」에서는 「반도적 성격론」, 「사대주의론」, 「당파성의 문제」, 「문화적 독창성의 문제」, 「정체성의 이론

정리해 보고자 하는 생각으로 쓴 것이었다. 비록 이러한 저자의 의도가 충분히 살려지지는 못하였지만, 저자의 뜻한 바가 적지 않이 독자의 공감을 얻게 되었던 것은 큰 기쁨이 아닐 수 없었다.

　그러나 저자로서는 좀더 명확하게 한국사의 흐름을 체계화시키지 못한 점들에 대한 개정이 언제고 행해져야 하리라는 생각을 늘 지니고 있었다. 최근 한국사학계의 새로운 연구성과가 축적되어 감에 따라서 이러한 개정의 필요성은 더욱 커지게 되었다. 다른 연구계획들을 뒤로 미루고, 게으른 몸에 채찍질을 하여 개정에 착수하게 된 까닭이 여기에 있었다."

」 등의 사론을 기술하였다. 그 후『한국사신론』초판에 이르러서는「서론」이 아닌「서장」을 설정하여 그 아래「주체성의 인식」, 「한국사와 민족성」, 「한국사의 체계화」 등의 3개 절로 나눈 뒤 앞서『국사신론』「서론」에서 썼던 사론에다가「한국사의 주체성」, 「한국사의 체계화」 등의 사론을 첨가하여, 주체성과 체계화를 더욱 강조하여 드러내게 되었던 것이다. 이럴 정도로 이기백은『국사신론』「서론」과『한국사신론』초판「서장」을 통해 무엇보다도 식민주의사관을 본격적으로 반박하여 타파하는 사론을 전면적으로 서술하였던 것이다. 그러면서도 애초부터 염두에 두었던 개설서 집필의 목적으로 삼았던 한국사의 체계화를 더욱 강조하기에 힘 기울였음을 도드라지게 드러냈다.『국사신론』「서론」과『한국사신론』초판「서장」에 실었던 이와 같은 사론을 이기백은 그 후 간행한 자신의 첫 번째 사론집史論集『민족과 역사』에「식민주의적 한국사관 비판」이라 제목을 붙여 옮겨서 실었다.7) 이러한 사실 역시 그가 이『국사신론』「서론」과『한국사신론』초판「서장」의 내용 자체가 자신의 사론이었음을 스스로 분명하게 각인시켜준 것이라 하지 않을 수가 없을 것이다.

그런 후 그것 대신『한국사신론』개정판에서는「서장」를 설정하여 사론을 새로이 써서, 그 제목을「한국사의 새로운 이해」라고 하여 역시 여실히 '신론'임을 밝혔다. 이후 신수판을 내면서도 이 사론의 체재를 유지하면서도 거기에다가 한 항목을 추가하기도 하였는데, 이러한 점들을 살피고자『한국사신론』개정판·신수판·한글판「서장」의 구성을 비교하여 표로 작성한 게 다음의 〈표 2〉다.

---

7)『민족과 역사』, 1971, pp.2-11.

<표 2> 『한국사신론』 개정판·신수판·한글판 「서장」 구성 비교

『한국사신론』 개정판改正版	『한국사신론』 신수판新修版	『한국사신론』 한글판
서장 한국사의 새로운 이해	서장 한국사의 새로운 이해	서장 한국사의 새로운 이해
제1절 근대 한국사학의 전통	제1절 근대 한국사학의 전통	제1절 근대 한국사학의 전통
×	식민주의사관의 청산	식민주의사관의 청산
근대사학의 전통	근대사학의 전통	근대사학의 전통
전통의 계승과 발전	전통의 계승과 발전	전통의 계승과 발전
제2절 한국사의 체계적 인식	제2절 한국사의 체계적 인식	제2절 한국사의 체계적 인식
인간 중심의 이해	인간 중심의 이해	인간 중심의 이해
보편성과 특수성	보편성과 특수성	보편성과 특수성
한국사의 시대구분	한국사의 시대구분	한국사의 시대구분

『한국사신론』 개정판 「서장 한국사의 새로운 이해」 안에 제1절 「근대 한국사학의 전통」」과 제2절 「한국사의 체계적 인식」을 설장하고, 각각 「근대사학의 전통」, 「전통의 계승과 발전」 그리고 「인간 중심의 이해」, 「보편성과 특수성」, 「한국사의 시대구분」이라는 세부 항목을 구성하여 자신의 사론들을 정리하여 제시하였던 것이다. 여기에서도 역시 전통과 그 계승 못지않게 '체계적 인식'을 무게 있게 다루고 있음을 주목해 마땅하겠다. 이후 신수판에서는 「식민주의사관의 청산」을 추가함으로써, 개정판 이후 식민주의사관이 채 청산되지 않은 현실에 안타까움을 표하면서 이에 대한 심각한 반성이 있어야 함을 다시금 환기시키는 사론을 재차 삽입하였던 것이다.[8]

아울러 신수판에서는 이전과는 다른 또 하나의 새로운 면모가 덧붙여졌음이 그 「서문」에 기록되었다. 그것은 다름이 아니라 바로 본문에도 사론을 첨가하고 그 사실을 특기特記하였던 것이다. 다음의 대목에서 이러한 사실이 확인된다.

---

8) 그의 이러한 심정은 신수판에 정리되기 이전부터 이미 「식민주의사관을 다시 비판한다」, 『동아일보』 1982년 10월 7일; 『연사수록』, 1994, pp.88-92 및 「식민주의사관 논쟁」, 『한림학보』 1985년 4월 16일; 『한국사상韓國史像의 재구성再構成』, 1993, pp.88-92 등에 잘 담겨져 있다.

신수판을 냄에 있어서 가장 마음을 쓴 것은, 새로운 연구성과를 보다 많이 반영시키는 것이었다. 아직도 진행 중인 논쟁에 대해서조차도 되도록 이를 소개하기로 하였다. 그리고 이러한 새 학설에 대하여 저자의 의견을 첨부하기도 하였는데, 그것이 한 사람의 학자로서의 책임이라고 믿었기 때문이다. 이러한 결과로 각 소절小節마다에 있는 '참고'난이나 부록의 '참고서목參考書目'이 양적으로 크게 늘어나게 되었다. 그러므로 이 책은 장차 한국사를 깊이 알아보려고 하는 사람들에게 하나의 입문서 入門書 구실도 할 수 있으리라고 기대해 본다.[9]

여기에서 "새로운 연구 성과를 보다 많이 반영"하여, "장차 한국사를 깊이 알아보려고 하는 사람들에게 하나의 입문서 구실도 할 수 있"게 하고자 했음은, 예전과 그리 별반 크게 달라진 것이라고까지 할 수는 없을 것이다. 하지만 "새 학설에 대하여 저자의 의견을 첨부하기도" 하였다고 적은 것은 전에는 전혀 찾아볼 수 없었던 새로운 내용이라 하지 않을 수가 없다.[10]

이에 따라 본문에서 새 학설에 대한 저자의 의견 곧 사론이 곁들여진 부분들은 일일이 조사하여 본 결과, 해당 부분이 적지 않을뿐더러 그 내용 역시 그리 간단하지도 않음을 파악할 수 있었다. 그런데다가 그러한 본문 사론이 담긴 부분을 여러 판본의 해당 내용과 샅샅이 대조해가며 살펴본 결과, 결코 신수판에만 국한되지 않고 그 이전의 판본들에서도 이미 그러한 본문에 사론이 담긴 부분들을 발견할 수 있음을 알 수가 있었다. 그러므로 이와 같이 파악하게 된 이기백의 『국사신론』·『한국사신론』 본문에 기술된 사론들에 대해서 집중적으로 검토해보고자 하는 것이다.

---

9) 「서」, 『한국사신론』 신수판, 1990, p.iv.
10) 노용필, 「이기백 『국사신론』·『한국사신론』의 체재와 저술 목표」 (하), 『한국사학사학보』 20, 2009, pp.12-14.

2. 본문 사론의 내용

우선 『국사신론』·『한국사신론』 본문의 사론들을 모두 조사하여 차례별로 항목을 정리하였다. 여기에서 '차례별'이라고 함은, 『국사신론』·『한국사신론』의 모든 판본을 통틀어 기술된 차례를 가리키는 것이다. 그리하여 『국사신론』·『한국사신론』의 판본에 따라 비단 시대구분이 달리 시도되고 또한 그에 따라 장章·절節의 구성과 순서가 변화되었더라도 그와 상관하지 않고 기술된 차례에 따라 정리한 것인데, 그것이 다음의 〈표 3〉으로, 이를 통해 본문 사론이 기술된 항목명과 그 전체 수효를 확인할 수가 있다.

〈표 3〉 본문 사론의 차례별 항목

일련 번호	차례별 항목
1	구석기시대의 유적 발견과 그 연대
2	구석기인의 혈통
3	중석기시대의 시기 설정과 그 연대
4	한국 민족의 형성과 계통
5	신석기시대의 모계사회(모계제)설
6	신석기시대의 사회조직
7	태양신·태양숭배 그리고 샤머니즘
8	금석병용기金石倂用期의 설정
9	즐문토기인櫛文土器人과 무문토기인無文土器人의 종족상 차이 그리고 그 계통의 구별
10	부족국가설部族國家說과 성읍국가설城邑國家說
11	고조선古朝鮮의 건국 위치와 영역 경계 설정
12	단군왕검檀君王儉의 성격 문제
13	부족국가연맹체설部族國家聯盟體說과 연맹왕국론聯盟王國論
14	고조선의 사회적 발전 파악에 대한 비판
15	기자동래설箕子東來說 및 기자조선설箕子朝鮮說 비판
16	위만衛滿의 실체와 위만조선의 성격 문제
17	한사군漢四郡의 위치 문제
18	삼한三韓의 위치와 문화 단계 설정
19	초기국가의 노예제사회설奴隷制社會說 비판
20	삼국의 건국 시기에 관한 『삼국사기三國史記』의 기록 비판
21	삼국시대 농민층의 분화와 유인遊人의 실체 파악

22	삼국시대 향鄕·부곡민部曲民의 천민설賤民說 및 노예사회설 비판
23	고려의 관료제사회설官僚制社會說 비판
24	묘청妙淸의 난 성격에 관한 견해
25	무인정권의 역사적 평가에 대한 견해
26	조선의 양천제사회설良賤制社會說 비판
27	서원의 기능에 대한 견해
28	당쟁에 대한 견해
29	실학의 성격에 관한 견해
30	경세치용학파經世致用學派의 중농주의설重農主義說 비판
31	이용후생학파利用厚生學派의 중상주의설重商主義說 비판
32	천주교 수용과 유행의 역사적 의미에 대한 견해
33	동학의 교리 내용에 대한 견해
34	동학 봉기의 역사적 성격에 대한 견해 : 농민반란·농민전쟁에서 혁명운동으로, 그리고 반항운동으로
35	동학군 집강소執綱所의 성격과 역할에 대한 견해
36	독립협회 활동 방향에 대한 견해
37	광무개혁光武改革의 근대사주류설近代史主流說 비판
38	항일의 제형태諸形態와 성과에 관한 견해
39	6·25동란의 '한국전쟁'설 비판
40	민주국가건설론 : 자유·통일 지향에서 자유·평등 지향으로

이 〈표 3〉을 통해 본문 사론의 항목이 40에 달한다는 점과 또한 본문 사론이 어느 특정 시대 및 주제에 국한된 게 아니라는 점이 살펴진다. 이 〈표 3〉을 바탕으로 삼아, 각 항목의 세부적이고 구체적인 분석을 위해, 무엇보다도 먼저 본문 사론의 차례별 내용을 일일이 점검하기로 하겠다.

1)구석기시대의 역사적 의미, 유적의 발견 그리고 그 연대

1960년 초중반, 그러니까 이기백이 처음으로 『국사신론』의 초판을 내던 1961년과 그것의 재판을 출간하던 1965년까지도 구석기시대에 관한 한국인에 의해 이루어진 독자적인 고고학考古學의 연구 성과가 거의 없다시피 하던 실정에, 이에 대해 개설서에서 논한다는 것은 필설筆舌로 다하기 어려운 일이었던 것으로 헤아려

진다. 이런 당시의 상황 속에서도 그는, 예전에 일본의 식민주의 사학자들이 악의적으로 제시한 한국에는 구석기시대가 존재하지 않았다고 하는 학설을 타파하기 위해서도 기왕의 발굴 보고서 및 연구 업적에 대한 분석과 재검토를 토대로 이에 대한 사론을 이미 『국사신론』 초판에서부터 서술하고 있었음을 어렵지 않게 발견할 수 있다. 그리고 또한 이후의 판본에서도 지속적으로 보다 상론하고 있음을 찾아볼 수가 있다. 아래의 부분들에서 그렇다.

(1)한국사의 주인공인 한국민족이 반도의 무대에 등장한 정확한 연대를 헤아릴 수는 없다. 구석기시대의 것으로 생각되는 유적으로는 반도 북단인 두만강豆滿江 기슭의 동관진潼關鎭에서 발견된 것이 있을 뿐이다. 이 유적에서는 포유동물哺乳動物의 화석과 함께 인공이 가해졌다고 생각되는 한 개의 석기와 약간의 골각기骨角器가 발견되었던 것이다. 하지만 이 부근에는 신석기시대 유적이 많이 산재散在해 있어서 그것과 서로 혼효混淆되었을 가능성이 있으므로 동 유적 출토의 유물을 곧 화석과 연결시켜서 구석기시대의 것으로 단정하기를 꺼려 왔었다. 그러나 유물이 출토하는 황토층黃土層의 지질적 성격이나 동물의 화석 및 유물 등을 만주滿洲·화북華北 등의 그것과 비교 연구한 결과 그것이 구석기시대의 유적일 것이라고 추정하는 긍정적인 견해도 있다. 반도에는 빙하기氷河期에 얼음으로 덮인 부분이 지극히 적어서 인류의 서식棲息을 방해하지는 않았을 것이라는 자연적 조건은 한국에도 구석기시대가 있었으리라는 견해를 뒷받침하고 있다. 화북·만주·일본 등 한국을 에워싼 여러 지역에서 구석기시대의 존재가 확실하게 알려지고 있으므로 인류의 서식이 가능했던 한국에만 구석기시대인이 살지 않았으리라고는 생각되지 않는다. 다만 현재로서는 그들의 구체적인 생활상이 거의 미지未知의 세계에 속한다고 할 수 밖에 없다.[11]
(2)한국사의 주인공인 한국민족이 그의 역사 무대에 등장한 정

11) 「구석기시대」, 『국사신론』, 태성사, 1961; 제일출판사, 1963, p.11.

확한 연대를 헤아릴 수는 없다. 몇 해 전만 하더라도, 구석기시대의 유적으로는 함북咸北 두만강 기슭 동관진의 것이 보고되었을 뿐이었다. 이 유적에서는 맘모스 등 포유동물의 화석과 함께 인공이 가해졌다고 생각되는 몇 개의 석기와 골각기가 발견되었던 것이다. 하지만, 이 부근에는 신석기시대의 유적이 많이 흩어져 있어서 그것과 혼동될 가능성이 있기 때문에, 그 유적에서 나온 유물들을 곧 화석과 연결시켜서 구석기문화에 속하는 것으로 단정하기를 꺼려하는 사람도 있었다. 그런데, 최근에는 여기저기서 구석기시대의 유적이 보고되기 시작하였다. 그러므로, 가까운 장래에 한국의 구석기문화에 대한 정확한 지식을 얻게 될 것이 틀림없다고 믿는다.

원래 한국에는 빙하氷河가 거의 습래하지 않았기 때문에, 그 시대에도 사람이 살 수 있는 충분한 자연적 조건을 갖추고 있었던 것이다. 게다가 한국을 에워싼 시베리아·중국·일본 등의 여러 지역에서 확실한 구석기시대의 유적이 발견되고 있으므로, 한국에 구석기시대가 존재했으리라는 것은 거의 확실시되기에 이르렀다. 그리고, 이제 실제 유적들이 점점 알려지기 시작한 것이다. 다만, 현재로서는 아직 상세한 보고를 얻지 못하고 있으므로, 구석기문화의 구체적인 모습을 자세히 이야기할 수는 없다.[12]

(3)한국이라는 역사 무대에 사람이 살기 시작한 정확한 연대를 지금 헤아릴 수는 없다. 얼마 전만 하더라도, 구석기시대의 유적으로는 함북 종성鐘城의 동관진 것이 보고되었을 뿐이었다. 이 유적에서는 맘모스 등 포유동물이 화석과 함께 인공이 가해졌다고 생각되는 몇 개의 석기와 골각기가 발견되었던 것이다. 하지만 이 부근에는 신석기시대의 유적이 많이 흩어져 있어서 그것과 혼동될 가능성이 있기 때문에, 그 유적에서 나온 유물들을 곧 화석과 연결시켜 구석기시대에 속하는 것으로 단정하기를 꺼리는 학자도 있었다. 그런데. 최근에는 여기저기서 구석기시대의 유적이 보고되어 한국의 구석기시대를 그 윤곽이나마

---

12) 「구석기문화」, 『한국사신론』 초판, 1967, p.13.

짐작할 수가 있게 되었다.

현재 알려져 있는 구석기시대의 유적으로는 함북 웅기雄基의 굴포리屈浦里, 평남平南 중화中和의 상원읍祥原邑, 충남忠南 공주 公州의 석장리石壯里, 충북忠北 제천堤川의 포전리浦田里(점말동굴) 등의 것이 유명하다. 그리고 이 밖에도 조사가 진행되고 있는 구석기시대 유적이 몇 군데 있다. 이러한 보고들에 의하면 구석기시대의 유적은 거의 전국적으로 분포되어 있으며, 따라서 구석기인은 전국 각지에 널리 살고 있었음을 알 수가 있다.

구석기시대의 연대는 아직 분명하지가 않다. 그러나 석장리의 후기구석기시대에 속하는 두 문화층의 연대가 각기 약 3만 년 전과 2만년 전의 것으로 알려진 것을 기준으로 해서 대체적인 짐작을 할 수가 있게 되었다. 아마 구석기인은 수십만 년 전의 전기구석기시대부터 살기 시작하여 오랜 세월을 거치는 동안에 점점 그들의 생활과 문화를 향상시켜 나갔을 것으로 생각된다.[13]

(4)한국의 역사도 물론 구석기시대부터 시작되며, 이것은 오늘날 하나의 움직일 수 없는 학문적 상식으로 되어 있다. 그러므로 왕조를 중심으로 해서 고조선의 건국으로부터 한국사를 시작하려는 것은 잘못된 낡은 생각이다. 널리 알려진 바와 같이 홍적세에는 4번의 빙하기氷河期가 있었지만, 한국에는 거의 빙하가 덮인 곳이 없었으므로, 빙하기에도 다른 지방보다는 생활조건이 좋은 편이었다. 그러나 한국의 구석기시대가 확실하게 알려진 것은 그리 오랜 옛날 일이 아니다. 얼마 전만 하더라도 구석기시대의 유적으로는 1933년에 조사된 함북 종성의 동관진 유적이 보고되었을 뿐이었다. 이 유적에서는 홍적세에 살다가 이미 멸종한 맘모스·코뿔소(서犀) 등 포유동물의 화석과 함께, 인공이 가해졌다고 생각되는 몇 개의 석기와 골각기가 발견되었던 것이다. 그런데 부근의 신석기시대 유적의 유물과 혼동될 가능성이 있다고 하여 이를 구석기시대 유적으로 인정하는 것을 꺼리는 견해가 있었다. 그러나 한국인의 조상이 오래 전부

---

13) 「구석기시대」, 『한국사신론』 개정판, 1976, pp.9-10.

터 살고 있던 만주에서는 1931년에 조사된 흑룡강성黑龍江省 하르빈의 고향둔顧鄕屯유적을 비롯하여 많은 구석기시대 유적이 발견되고 있다. 그리고 동관진에서 그리 멀지 않은 두만강 북쪽 길림성吉林省 안도安圖의 석문산촌石門山村동굴에서도 구석기시대 유적이 발견되었다. 그러므로 동관진의 유적도 구석기시대의 것임이 확실하다고 생각된다.

한국의 구석기시대 유적에 대한 조사 발굴이 활발하게 진행된 것은 1960년대에 들어와서의 일이다. … 이들 유적에 대한 조사 보고에 의하면 구석기시대의 유적은 전국적으로 분포되고 있으며, 따라서 구석기인은 전국 각지에 널리 분포되어 살고 있었음을 알 수가 있다.

한국 구석기시대의 연대는 여러 가지 학설이 나오고 있으나, 아직 단정해서 말할 단계에까지는 이르지 못하고 있다. 다만 석장리의 후기 구석기시대에 속하는 두 문화층의 연대가 각기 약 3만 년 전과 2만 년 전의 것으로 판명되었다. 그러나 전기 구석기시대의 유적도 여럿이 보고되고 있으므로, 적어도 50만 년 전 정도까지 그 연대가 올라갈 수 있을 것으로 추측된다. 그러므로 구석기인은 수십만년의 오랜 세월을 거치는 동안에 점점 그들의 생활과 문화를 향상시켜 나갔던 것이다.[14]

『국사신론』에서는 이미 발굴된 동관진 유적을 기왕에는 (1)"구석기시대의 것으로 단정하기를 꺼려 왔었"지만, "긍정하는 견해도 있다"고 정리하고, "한국에만 구석기시대인이 살지 않았으리라고는 생각되지 않는다"고 자신의 견해를 밝혔다. 그러더니 『한국사신론』 초판본에서는 (2)"최근에는 여기저기서 구석기시대의 유적이 보고되기 시작"하여 "이제 실제 유적들이 점점 알려지기 시작"하였다고 서술하였다. 그 후 개정판에서는 (3)"구석기시대의 유적은 거의 전국적으로 분포되어 있으며, 따라서 구석기인은 전국

14) 「구석기시대」, 『한국사신론』 신수판, 1990, pp.10-11; 「구석기시대」, 『한국사신론』 한글판, 1999, pp.11-12.

각지에 널리 살고 있었음을 알 수가 있다"고 적고 나서, "아마 구석기인은 수십만 년 전의 전기구석기시대부터 살기 시작"하였을 것으로 전망하였는데, 드디어 신수판에 이르러서는 "전기 구석기시대의 유적도 여럿이 보고되고 있으므로, 적어도 50만 년 전 정도까지 그 연대가 올라갈 수 있을 것으로 추측된다"고 수정하였다. 이와 같은 그의 〈(1)구석기시대의 역사적 의미, 유적의 발견 그리고 그 연대〉에 관한 사론은, 기존의 연구 성과에 대한 재검토를 통해 자신의 견해를 제시하고, 이에 그치지 않고 새로운 연구 성과를 반영하여 이를 입증하려고 함은 물론 앞으로의 전망까지 예언하듯이 제시하였고, 결과적으로 그것이 발굴 결과 사실로 입증되기에 이른 것임을 읽을 수 있다.

2)구석기인의 혈통

구석기인의 혈통血統이 과연 현재의 한국인과 연결되는 것인지에 대해서도 관심을 기울였는데, 이에 대해서는 정리가 어려웠던 듯 『한국사신론』 개정판 이후에서부터야 기술하였다. 아래에 보듯이 개정판에서는 분명하지가 않다고만 하였다가, 신수판에 이르러 구체적인 발굴 결과를 소개하고 나서도 부정적임을 밝혔다.

(1)그러나 그들의 혈통이 오늘의 한국민족에 계승되어 내려온 것인지 어떤지는 분명하지가 않다.15)
(2)[구석기시대에 살던 사람의 뼈도 여럿 발견되었다. 덕천의 승리산동굴에서는 두 개의 이빨이 박혀 있는 35살 가량 되는 남자의 아래턱뼈 1점이 발견되었고 평양의 만달리동굴에서는 24~30살가량 되는 남자의 거의 완전한 머리뼈 1점과 아래턱뼈 2점이 발견되었으며, 청원의 두루봉동굴에서는 3~4살 되는 어린이 2사람의 모든 뼈가 발견되었다. 이밖에도 인골의 파편이

---

15) 「구석기시대」, 『한국사신론』 개정판, 1976, p.10.

더 발견되고 있으므로 점차로 구석기시대에 살던 사람들의 모습이 발전하여 온 양상도 알 수가 있게 될 것으로 기대된다.] 그러나 이들 구석기인의 혈통이 오늘의 한국인에 계승되어 내려온 것인지 어떤지는 분명하지가 않으며, [오히려 부정적인 견해가 지배적이다.]16)

〈인용문 일러두기 : 인용문 속의 [   ]는 쉬이 구별되도록, 앞뒤의 판본과 비교해서 새로이 추가된 부분이거나 표현이 변경된 경우를 표시한 것으로, 이하도 그러하다〉

이 부분에서 주목되는 바는, 북한에서 발굴된 덕천 승리산동굴, 평양 만달리동굴의 인골 및 남한에서 발굴된 청원 두루봉동굴의 인골 등의 경우를 각각 나이까지 제시할 정도로 상세히 거론하여 매우 구체적인 서술을 하였음은 물론 "이밖에도 인골의 파편이 더 발견되고 있으므로 점차로 구석기시대에 살던 사람들의 모습이 발전하여 온 양상도 알 수가 있게 될 것으로 기대된다"고 전망이 담긴 예언까지 제시하고 있음이다. 그러면서도 "오히려 부정적인 견해가 지배적이다"라는 자신의 사론을 끝내 붙여두었던 것이다.

3)중석기시대의 역사적 의미, 시기의 설정 그리고 그 연대
한국에서 출판된 여느 개설서에도 전혀 서술된 바가 없는 사실을 기술한 항목이 바로 이 중석기시대中石器時代와 관련된 것이다. 그것도 초기의 어느 판본에서도 시도하지 않다가, 신수판에 와서야 비로소 다음과 같이 비교적 상세히 서술하였다.

---

16) 「구석기인의 생활과 문화」, 『한국사신론』 신수판, 1990, p.13; 「구석기인의 생활과 문화」, 『한국사신론』 한글판, 1999, pp.12-14.

B.C. 8000년 경에 홍적세는 끝나고 충적세가 시작되었으며, 동시에 빙하기도 끝나고 기후가 따뜻해졌다. 이에 따라 빙하가 녹은 물로 말미암아서 해면이 점점 상승하게 되었고, 맘모스와 같은 짐승은 북쪽 한대寒帶로 옮아간 대신 토끼와 같은 빠른 짐승이 등장하였다. 이러한 빠른 짐승을 잡기 위하여 활을 만들어 쓰게 되었고, 또 잔석기(세석기細石器)를 뼈나 나무에 판 홈에 꽂아서 낫이나 작살처럼 사용하는 모듬연장(복합도구複合道具)도 만들어 쓰게 되었다. 이 시기를 중석기시대라고 하는데, 구석기시대로부터 신석기시대로 넘어가는 과도기에 해당한다. 한국에서는 아직 확실한 중석기 유적이 발견되지 않고 있으나, 그것이 존재했을 것임은 거의 의심이 없다. 경남 상노대도上老大島의 조개더미(패총貝塚)의 최하층 유적 같은 것이 그러한 예의 하나라고 지목되고 있다.[17]

선사시대와 관련하여 이와 같은 중석기시대의 설정이 세계 고고학계에서는 일반화되어 있는 게 사실이었고,[18] 김원룡金元龍의 『한국고고학개설韓國考古學槪說』에도 이미 서술되었지만[19], 그러다가 경남 상노대도 유적의 발굴 결과 이를 중석기시대의 것으로 여기는 보고가 발표되고 또 이와 관련된 정리가 1983년에 이르러 시도되자[20], 진작부터 이러한 점을 익히 터득하고 있었을 그

---

17) 「신석기인의 등장」, 『한국사신론』 신수판, 1990, p.15; 「신석기인의 등장」, 『한국사신론』 한글판, 1999, p.15.
18) 고고학 분야에서의 중석기시대의 설정과 그 개념에 관해서는 John J. Gowlett 지음, 배기동 옮김, 「용어해설」, 『문명의 여명—옛 인류의 고고학』, 범양사, 1988, pp.200-201 그리고 그 구체적인 양상 등에 상세한 내용은 에드워드 파이도크 · 헨리 호지스 지음, 노용필 옮김, 「중석기시대 물가생활 / 중석기시대 황야생활」, 『고대 브리튼, 그들은 어떻게 살았을까』, 일조각, 2009, pp.22-28 등에서 확인할 수 있다.
19) 김원룡, 「구석기 및 중석기문화의 문제」, 『한국고고학개설』 초판, 일지사, 1973; 제3판, 「중석기문화」, 제3판, 1986, pp.20-21.
20) 최복규의 이 연구 성과는 『한국사신론』 신수판, 1990, p.18의 〈참고〉 란에 '최복규, 「중석기문화」(『한국사론』 12, 국편위, 1983)'라고 소개되어

로서는[21] 평소 세계사 속의 한국사를 강조하는 지론에 입각해서 이런 상황을 타개하기 위해서라도 중석기시대에 대한 서술을 1990년의 신수판에서 설정하여 구체화하기에 이르렀던 것 같다. 즉 연구자들의 구체적인 발굴 조사 보고서에 이에 관한 게 거의 없는 상태에서 이를 거론하기 어려웠을 것이므로, 1976년의 개정 판까지도 이에 관해 기술을 하지 못하다가, 드디어 1990년의 신수판에서 처음으로 중석기시대에 관한 개념 소개와 더불어 자신의 견해를 펼쳐보였던 것이라 가늠된다.

다만 한 가지 아쉬운 것은, 항목에 있어서 중석기시대를 독립되게 설정하지 못하고, 〈신석기인의 등장〉이라는 항목 앞부분에서 1개의 단락으로 언급하는 데에 그쳤음이다. 기왕의 연구 성과가 부족한 데에 따라 단독 항목으로는 설정하기가 마뜩치 않으므로 고육책으로서 그리한 것이라 여겨진다. 비록 그렇다손 치더라도, 이후 현재까지도 이에 대한 본격적인 연구 성과가 거의 없는 형편이고 또 여느 개설서에서도 전혀 언급이 없는 주제인 것을 보면, 한국사학의 사학사적인 큰 흐름의 측면에서는 그가 오히려

있다.

21) 니시무라 신지西村眞次, 「原人の生活と中石器時代」, 『文化人類學』, 早稻田大學出版部, 1924, pp.33-43에서 이미 중석기시대의 설정은 물론 그 특징까지 비교적 상세히 논하고 있었음을 찾아볼 수 있는데, 이기백이 와세다대학早稻田大學 사학과에 진학한 1942년에도 여전히 니시무라 신지의 강의가 진행되고 있었으며, 이기백 역시 이 강의를 수강하였으므로 이때부터 이미 중석기시대에 대한 지식을 지니며 깊은 관심을 기울이고 있었을 것임에 거의 틀림이 없을 것이다. 이기백 자신이 니시무라 신지의 강의를 수강했었다는 사실을 그의 글 가운데 직접 밝힌 것은 「국가와 종교를 보는 하나의 시각—순교자의 문제—」, 역사학회 편, 『역사상의 국가권력과 종교』, 일조각, 2000; 『한국전통문화론』, 일조각, 2002, pp.122-123의 "제가 와세다早稻田대학 사학과에 진학한 것이 1942년 가을 학기입니다. 그때가 일제 말기라서 한 학기 단축이 되어 가을 학기에 진학하게 되었는데, 그 첫 학기에 들은 강의 중에 니시무라 신지 선생의 인류학개론이 있었습니다"라고 한 대목이다.

다소 시대를 앞서 갔다고 하지 않을 수 없지 않나 하는 느낌조차 든다.

4)한국 민족의 형성과 계통

한국 민족이 언제부터 형성되기 시작하였으며, 그 계통은 어찌 되는 것인가에 대해서는 한국사에 관심이 조금이라도 있는 이들이 매우 궁금해 하는 점이기에, 어느 개설서에서나 의당 다루어야 할 문제였음은 두말할 나위가 없을 것이다. 그러므로 『국사신론』·『한국사신론』에서도 그러하였는데, 그 서술의 내용도 판본에 따라 변함은 말할 것도 없고, 그에 따라 사론의 내용도 변화되고 있음이 눈에 띈다.

(1-가)이 때에 등장한 신석기시대인이 현재의 한국민족의 조상임은 분명하다. 한국민족의 계통은 언어로써 대략이나마 짐작할 수가 있다. 한국어는 언어학상 알타이(Altai)어에 속하고 있다. 알타이어를 사용하고 있는 민족으로서는 서쪽의 토이기족土耳其族으로부터 시작하여 시베리아의 제민족諸民族·몽고족蒙古族·통고사족通古斯族·일본족日本族 등이 있다. 한국민족도 이들과 계통을 같이하는 알타이어족語族에 속하는 것이다.
그들은 일정한 시기에 1회에 한하여 반도로 이동해온 것은 아니었다. 수천년의 긴 세월을 거치면서 여러 차례 파상적波狀的인 이동을 하여왔었다. 또 비록 같은 알타이어족에 속한다 하드라도 그 간에는 약간의 종족적 문화적 차이가 있었던 것이다. 그러한 여러 요소가 복잡한 역사적인 과정을 거치는 동안에 융합融合되어서 드디어 한국민족을 형성하기에 이르른 것이다.[22]
(1-나)이 때에 등장한 신석기인이 현재의 한국민족의 조상임은 분명하다. 한국민족의 계통은 언어로써 대략이나마 짐작할 수가

---

22)「신석기시대인의 등장」, 『국사신론』, 태성사, 1961; 제일출판사, 1963, p.12.

있다. 한국어는 언어학상 알타이(Altai)어에 속하고 있다. 알타이어를 사용하고 있는 민족으로서는 서쪽의 토이기족으로부터 시작하여 시베리아의 여러민족, 몽고족·퉁구스족·일본족 등이 있다. 한국 민족도 이들과 계통을 같이하는 알타이어족에 속하는 것이다.

그들은 일정한 시기에 한 번에 이동해 온 것이 아니었다. 수천 년의 긴 세월을 거치면서 여러 차례 파상적인 이동을 하여 왔었다. 또, 비록 같은 알타이어족에 속한다 하더라도, 그 사이에는 종족적으로나 문화적으로 약간의 차이가 있었던 것이다. 그러한 여러 요소가 복잡한 역사적인 과정을 거치는 동안에 융합되어서, 드디어 한국민족을 형성하기에 이른 것이다.[23]

(2)이 같은 신석기문화의 파상적인 이동으로 말미암아 한국의 신석기시대는 세 차례의 큰 변화를 겪었다. 이들 신석기인의 혈통은, 구석기인과는 달리, 끊기지 않고 계승되어 한국민족의 형성에 참여한 것으로 보인다. 이들은 오랜 역사적인 과정을 거치는 동안에 서로 융합되고 [또 청동기시대의 새 요소들과 결합되어서] 한국민족을 형성하기에 이르렀던 것으로 생각된다.[24]

(3)이 같은 토기의 변화를 통하여 미루어 볼 때에 한국의 신석기시대는 세 차례의 큰 변화를 겪었던 셈이다. 현재 이 신석기인, 특히 빗살무늬토기인을 고古아시아족으로 보는 경향이 농후하지만, 아직은 확실하게 증명된 사실이 아니다. 다만 중국과는 다른 북방계통의 인종인 것만은 분명하다. 그들은 필시 여러 차례에 걸쳐 파상적인 이동을 해왔을 것으로 생각된다. 이들 신석기인의 혈통은, 구석기인과는 달리 끊기지 않고 계승되어 한국민족의 형성에 참여한 것으로 보인다. 이들은 오랜 역사적인 과정을 거치는 동안에 서로 융합되고 또 청동기시대의 새 요소들과 결합되어서 한국 민족을 형성하기에 이르렀을 것이다.[25]

---

23)「신석기인의 등장」,『한국사신론』초판, 1967, p.14.
24)「신석기인의 등장」,『한국사신론』개정판, 1976, pp.11-13.
25)「신석기인의 등장」,『한국사신론』신수판, 1990, pp.17-18;「신석기인의 등장」,『한국사신론』한글판, 1999, p.18.

한국 민족의 '조상'을 『국사신론』 및 『한국사신론』 초판까지는 (1-가)'신석기시대인' 혹은 (1-나)'신석기인'으로 기술하였으나, 『한국사신론』 개정판 이후에는 (2)(3)"신석기인의 혈통은, 구석기인과는 달리 끊기지 않고 계승되어 한국 민족의 형성에 참여한 것으로" 보고, "또 청동기시대의 새 요소들과 결합되어서 한국 민족을 형성하기에 이르렀을 것"으로 서술하였다. 한편 그 계통은 『국사신론』 및 『한국사신론』 개정판까지에서는 언어학상 알타이족으로 보고 있는 반면에, 신수판에 이르러서는 "신석기인, 특히 빗살무늬토기인을 고아시아족으로 보는 경향이 농후하지만, 아직은 확실하게 증명된 사실이 아니다"라고 수정하였음이 주목되어야 할 것이다. 이는 민족의 계통을 종래와는 사뭇 다르게 보고 있는 것이므로, 신수판 및 그것을 그대로 잇고 있는 한글판의 사론에 나타난 커다란 변화의 하나였다고 해서 지나치지 않을 것이다.

5) 신석기시대의 모계사회(모계제)설

신석기시대의 한국사회 역시 모계제사회母系制社會였다는 유물사관唯物史觀의 의견이 주된 학설로 자리잡고 있었던 초기의 연구성과를 취해 이기백도 『국사신론』 초판에서는 그렇게 본 것 같다.[26] 그러면서도 아울러 조심스럽게 이후에는 점차 부계사회로 전환한다는 점을 함께 거론하였다. 다음에서 확인이 된다.

---

26) 유물사관과 관련한 이러한 그의 이해와 관련하여서는 「학문적 고투의 연속」, 『한국사 시민강좌』 제4집, 1989; 『연사수록』, 1994, p.240에서, "해방 이후 심하게 불어 닥친 정치계의 변화와 함께, 역사학에서도 유물사관에 대한 관심이 고조되었다. 이것은 나에게는 전혀 새로운 세계였던 것이다. 그래서 그에 관한 책들을 열심히 읽게 되었다. 당시 맑스가 제시한 아시아적·고대적(노예적)·봉건적·자본주의적인 사회발전이 필연적이었다는 소위 유물사관공식에 대한 글들이 쏟아져 나왔었다. 그런 글들은 한결 같이 이 공식에 충실하는 것이 과학적인 역사라고 강조하였다"라고 하였음이 참고가 된다.

(1)그리고 신석기시대의 일정한 시기에는 낳은 자식이 아버지의 씨족氏族에 속하는 것이 아니라 어머니의 씨족에 속하는 모계사회母系社會였던 것 같다. 고구려의 서옥제婿屋制, 신라의 낭서계위제娘壻繼位制, 무가巫家의 모계적 경향 등등이 모두 이러한 사실을 증명해주는 것으로 생각된다. 그러나 뒤에 점차 부계사회父系社會로 넘어가게 되었다.27)

(2)그리고 신석기시대의 일정한 시기에는 자식이 아버지의 씨족에 속하는 것이 아니라, 어머니의 씨족에 속하는 모계제가 행해졌던 것같다. 고구려의 서옥제 같은 것이 이러한 사실을 반영시켜 주는 것으로 생각된다. [그러나, 뒤에 점차 부계제로 넘어가게 되었다.]28)

(3)그리고, 신석기시대의 일정한 시기에는 모계제가 행해졌던 것으로 믿어져 왔다. 결혼한 뒤에 남자가 여가女家에 가서 여자 부모의 허락을 받아야 서옥에서 아내와 같이 잘 수 있고, 자식을 낳아 큰 뒤에야 아내를 데려갈 수 있었다는 고구려의 서옥제 같은 것은 그 유제일 것으로 생각되었다. [그러나 최근에는 이 모계제의 존재에 회의적인 의견들도 제시되고 있다.]29)

(4-가)그리고 신석기시대의 일정한 시기에는 모계제가 행해졌던 것으로 믿어져 왔다. 결혼한 뒤에 남자가 여자집에 가서 여자 부모의 허락을 받아야 서옥에서 아내와 같이 잘 수 있고, 자식을 낳아 큰 뒤에야 아내를 데려가 살 수 있었다는 고구려의 서옥제 같은 것은 그 유제일 것으로 생각되었다. 그러나 최근에는 이 모계제의 존재에 회의적인 의견들이 제시되고 있다.30)

(4-나)그리고 신석기시대의 일정한 시기에는 모계제가 행해졌던 것으로 믿어져 왔다. 결혼한 뒤에 남자가 여자집에 가서 여자 부모의 허락을 받아야 [신부집의 뒤꼍에 사위를 위해 지은 조그만 집](서옥婿屋)에서 아내와 같이 잘 수 있고, 자식을 낳아 큰 뒤에야 아내를 데려살 수 있었다는 고구려의 서옥제 같은

---

27) 「씨족사회」, 『국사신론』, 태성사, 1961; 제일출판사, 1963, p.17.
28) 「씨족 공동체의 사회」, 『한국사신론』 초판, 1967, p.17.
29) 「씨족 공동체의 사회」, 『한국사신론』 개정판, 1976, p.16.
30) 「씨족 공동체의 사회」, 『한국사신론』 신수판, 1990, pp.21-22.

것은 그 유제일 것으로 생각되었다. 그러나 최근에는 이 모계
제의 존재에 회의적인 의견들이 제시되고 있다.[31]

곧 『국사신론』에서는 (1)'부계사회' 그리고 『한국사신론』 초판
에서는 (2)'부계제'로 넘어간다고 썼던 것이다. 하지만 개정판부터
줄곧 "최근에는 이 모계제의 존재에 회의적인 의견들이 제시되고
있다"라는 사론을 덧붙이고 있는 것이다. 이는 초판 출간 이후에
발표된 새로운 학술 논문의 성과를 반영한 것으로 판단되는데[32],
서옥제의 경우를 더 이상 모계제와 연결지워 보지 않는 근자의
연구 성과[33]에 의해서도 올바른 견해였음이 입증되고 있다고 하
겠다.

6)신석기시대의 사회조직

신석기시대의 사회조직에 관해 논하면서 그것이 씨족氏族만 있었
던 게 아니라 그것이 연결되어 부족部族이라는 보다 큰 사회를 형
성하게 된다고 보았던 견해를 『국사신론』 초판 이후 『한국사신론』
한글판까지도 줄곧 견지하였다. 그러면서도 세부적인 논의에서는
변화가 조금씩 나타나고 있었고, 또한 신수판에 이르러서는 기본적
인 사회조직이 과연 무엇이었는가에 대한 사론이 덧붙여졌다.

---

31) 「씨족공동체의 사회」, 『한국사신론』 한글판, 1999, p.21.
32) 이는 개정판, 1976, p.17의 〈참고〉 란에 '최재석, 「한국 고대 가족에
   있어서의 모계·부계의 문제」(『한국사회학』 4, 1968)'라고 한 데에서 읽
   을 수 있다.
33) 이와 관련하여서는 이기동, 「민족학적으로 본 문화계통」, 『한국사』 1
   총설, 국사편찬위원회, 2002, p.129에서 "고구려 조에는 서옥제가 기술되
   어 있는데, 이 같은 혼인습속은 이른바 '일시적 처방혼妻訪婚temporay
   matrilocal marriage'의 일종으로 볼 수 있으며, 반드시 모계제를 이야기
   하는 것이 아님은 물론이다"라고 한 지적이 참고가 된다.

(1)(하지만) 씨족은 신석기시대의 유일한 사회형태인 것은 아니었다. 인구의 증가로 인하여 분열된 동계同系의 씨족, 혹은 혼인관계로 가까운 관계에 있는 씨족 등등이 연결하여서 부족이라는 보다 큰 사회를 형성하게 되었기 때문이다. 이 부족은 현재의 군郡 정도의 크기를 가진 사회로서 점차 지연적地緣的인 경향을 농후하게 가지게 되었지마는, 그 사회 구성의 원칙에 있어서는 씨족과 대동소이한 것이었다. 즉 부족장은 소속 씨족장들에 의하여 선거되었다. 신라의 6촌 촌장들이 모여서 혁거세赫居世를 추대하였다거나, 가야의 9간九干이 모여서 수로首露를 추대한 것 등은 이러한 부족장 선거의 사실을 설화화說話化한 것으로 생각된다. 부족장의 선거 뿐아니라 부족 전체에 관계되는 중요한 일들은 모두 이 씨족장회의에서 결정되었던 것이다.[34]

(2)(하지만,) 씨족은 신석기시대의 유일한 사회 형태였던 것은 아니다. 인구의 증가로 인하여 분열된 동계同系의 씨족이나, 혼인 관계로 해서 가까운 사이에 있는 씨족 등이 연결하여서 부족이라는 보다 큰 사회를 이루게 되었기 때문이다. 이 부족은 [현재의 군 정도의 크기를 가진 사회로서], 점차 지연적인 경향을 가지게 되었다. 그러나, 그 사회 구성의 원칙은 씨족과 대체로 마찬가지였다. 즉, 부족 전체에 관계되는 일들은 모두 씨족장들의 회의에서 결정되었던 것이다. 그리고, 부족장은 이들 씨족장에 의하여 선거되었다. 신라의 6촌 촌장들이 모여서 혁거세를 추대하였다거나, 가야의 9간이 모여서 수로를 추대하였다거나 하는 것 등은 이러한 부족장 선거의 사실을 설화화한 것으로 생각된다.[35]

(3)(하지만) 씨족은 신석기시대의 유일한 사회 형태였던 것은 아니다. 인구의 증가로 인하여 분열된 씨족이나, 혼인 관계로 해서 가까운 사이에 있는 씨족 등이 연결하여서 부족이라는 보다 큰 사회를 이루게 되었기 때문이다. 이 부족은 지연적인 경

---

34) 「씨족사회」, 『국사신론』, 태성사, 1961; 제일출판사, 1963, p.17.
35) 「씨족 공동체의 사회」, 『한국사신론』 초판, 1967, p.18.

향을 가지게 되었으나 그 사회 구성의 원칙은 씨족과 대체로 마찬가지였다. 즉, 부족 전체에 관계되는 일들은 모두 씨족장들이 회의에서 결정하였던 것이다. 그리고, 부족장은 이들 씨족장에 의하여 선거되었다. 신라의 6촌 촌장들이 모여서 혁거세를 추대하였다거나, 가야의 9간이 모여서 수로를 추대하였다거나 하는 것 등은 이러한 부족장 선거의 사실을 설화화한 것으로 생각된다.[36]

(4)(하지만) 씨족은 신석기시대의 유일한 사회 형태였던 것은 아니다. 인구의 증가로 인하여 분열된 씨족이나, 혼인관계로 해서 가까운 사이에 있는 씨족 등이 연결하여서 부족이라는 보다 큰 사회를 이루게 되었기 때문이다. … 가야의 9干이 모여서 수로를 추대하였다거나 하는 것 등은 이러한 부족장 선거의 사실을 설화화한 것으로 생각된다. [최근에는 이 부족이 신석기시대의 기본적인 사회조직인 것으로 보는 견해가 나오고 있다. 그러나 신석기시대의 기본이 되는 사회단위는 가족이나 부족이 아니며, 종래와 같이 씨족이었다고 보는 것이 정당하다고 생각한다.][37]

부족에 대해서 설명하면서 『국사신론』부터 『한국사신론』 한글판에 이르기까지는 "사회 구성의 원칙은 씨족과 대체로 마찬가지였다"고 일관되게 기술하였는데, 다만 『국사신론』 및 『한국사신론』 초판까지는 "현재의 군 정도의 크기를 가진 사회"라는 대목이 있었으나, 그 이후 개정판부터에서는 그것이 제외되었다. 아마도 이러한 서술의 내용 수정은 개정판 이후 성읍국가론을 제기하면서 그 규모를 오늘날의 군 정도의 크기로 상정하고 있었던 자신의 견해와 상충되기 때문이었지 않았나 추측된다.

뿐더러 『한국사신론』 신수판에 이르러서는, 이전에는 전혀 없

---

36) 「씨족 공동체의 사회」, 『한국사신론』 개정판, 1976, pp.16-17.
37) 「씨족 공동체의 사회」, 『한국사신론』 신수판, 1990, p.22; 「씨족공동체의 사회」, 『한국사신론』 한글판, 1999, p.21.

던 사론 즉, "최근에는 이 부족이 신석기시대의 기본적인 사회조직인 것으로 보는 견해가 나오고 있다. 그러나 신석기시대의 기본이 되는 사회단위는 가족이나 부족이 아니며, 종래와 같이 씨족이었다고 보는 것이 정당하다고 생각한다"는 대목이 첨가되었다. 이는 신석기시대의 기본 사회단위를 가족이나 부족이라고 하는 견해에 대해서, 그렇지 않고 종래와 같이 씨족이라고 보는 게 옳다는 자신의 견해를 명백히 제시한 것이다.

7)태양신 · 태양숭배 그리고 샤머니즘

태양신太陽神의 존재를 인정하고 그를 숭배하는 태양숭배崇拜 그리고 이러한 원시적 종교 형태에 관한 서술에 있어서도 동일한 내용으로 시종일관하지 않았다. 판본마다 고쳐 적었을 뿐만 아니라 특히 샤머니즘과 관련해서는 거의 매번 달리 서술하였던 것이다.

(1)인간 뿐 아니라 우주의 삼라만상이 모두 영혼靈魂을 가지고 있는 것으로 그들은 믿고 있었던 것 같다. 그러한 것 중에는 신격화神格化되어 신앙信仰의 대상이 된 것도 있었다. 태양 같은 것은 그 대표적인 것이었다. 이 태양숭배의 신앙은 시체屍體를 동침東枕으로 하여 매장埋葬하였다는 데에도 나타나지마는 특히 난생설화卵生說話에서 이를 알 수 있다. 주몽朱蒙의 모母 유화柳花는 태양의 빛이 몸에 비친 뒤에 잉태하여 주몽을 낳았는데 알로 낳았다. 또 알에서 나온 혁거세는 몸에서 빛을 발하기 때문에 이름을 밝(박朴, 불거내弗炬內, 혁赫)이라고 하였던 것이다. 이들은 모두 그들의 위대한 시조始祖를 태양의 아들로 생각했음을 나타내는 것이다. 이 태양으로써 대표되는 선신善神은 인간에게 행복을 준다고 생각되었으나 반면에 암흑暗黑에 사는 귀류鬼類 같은 악신惡神은 인간에게 질병疾病 · 기근饑饉 등의 화禍를 가져오는 것으로 믿었다. … 이 무격巫覡신앙과 같은 유형의 원시적인 종교형태는 동북아시아 일대에 공통적으로 발

견되는 것이며 이를 일반적으로 샤머니즘(Shamanism)이라고 부르고 있다.[38]

(2-가)산이나 강이나 나무와 같은 자연물들의 영혼도 인간의 그 것과 마찬가지인 것으로 생각하였다. 그런 것 중에는 신격화한 것도 있었다. 태양은 그 대표적인 것이었다. 태양숭배의 신앙이 가장 잘 나타나 있는 것은 난생설화인데, 이러한 예는 허다하게 찾아볼 수 있다. 가령 유화는 태양의 빛이 몸에 비친 뒤에 잉태하여 주몽을 낳았는데 알로 낳았다고 한다. 또, 알에서 나온 혁거세는 몸에서 빛을 발하기 때문에 이름을 '밝'(박·혁·불구내弗矩內)이라 하였다고 전한다. 이들은 모두 위대한 인물을 태양의 아들로 생각했음을 나타내는 것이다.

태양으로 대표되는 선신은 인간에게 행복을 가져다준다고 생각되었으나, 반면에 암흑에 사는 귀류鬼類와 같은 악신은 인간에게 불행을 가져오는 것으로 믿었다. 이 무격신앙과 같은 유형의 원시적인 종교 형태는 동북아시아 일대에 공통적으로 발견되는 것이며 이를 일반적으로 샤머니즘(Shamanism)이라고 부르고 있다.[39]

(2-나)산이나 강이나 나무와 같은 자연물들의 영혼도 인간의 그 것과 마찬가지인 것으로 생각하였다. 그런 것 중에는 신격화한 것도 있었다. 태양은 그 대표적인 것이었다. 태양숭배의 신앙이 가장 잘 나타나 있는 것은 난생설화인데, 이러한 예는 허다하게 찾아볼 수 있다. 가령 유화는 태양의 빛이 몸에 비친 뒤에 잉태하여 주몽을 낳았는데 알로 낳았다고 한다. 또, 알에서 나온 혁거세는 몸에서 빛을 발하기 때문에 이름을 '밝'(박·혁·불구내)이라 하였다고 전한다. 이들은 모두 위대한 인물을 태양의 아들로 생각했음을 나타내는 것이다.

태양으로 대표되는 선신은 인간에게 행복을 가져다준다고 생각되었으나, 반면에 암흑에 사는 귀류鬼類와 같은 악신은 인간에게 불행을 가져오는 것으로 믿어졌다. … 이 무격신앙과 같

---

38) 「무격신앙」, 『국사신론』, 태성사, 1961; 제일출판사, 1963, p.18.
39) 「무격신앙」, 『한국사신론』 초판, 1967, pp.18-19.

은 유형의 원시적인 종교 형태는 [세계 어디서나 공통적으로 발견되는 것이지만,] 동북아시아 일대에서는 이를 일반적으로 샤아머니즘(Shamanism)이라고 부르고 있다.[40]

(3)산이나 강이나 나무와 같은 자연물들의 영혼도 인간의 그것과 마찬가지인 것으로 생각하였다. [그러므로 그들은 스스로의 생각을 가지고 활동을 하며 인간과 접촉을 하는 것으로 생각하였다. 그런데 그들 중에는 인간에게 행복을 가져다주는 선한 것이 있는가 하면, 인간에게 불행을 가져다주는 악한 것도 있는 것으로 믿었다.] 그리고 때로는 그런 것들이 신격화되는 경우도 있었다. 〔그런데 종래 태양신은 인간에게 행복을 가져다주는 선신의 대표적인 것으로 신석기인들이 믿었으리라고 일반적으로 생각해 왔다. 그러나 최근에는 이러한 태양숭배의 신앙이 신석기시대에 존재했으리라는 데에 회의적인 견해도 나타나고 있다.〕 … [우리는 이를 보통 무격신앙이라고 부르고 있는데,] 이와 동일한 유형의 원시적인 종교형태를 동북아시아 일대에서는 일반적으로 샤머니즘Shmanism이라 부르고 있다. [그러나 이와 비슷한 종교형태는 세계 어디서나 공통적으로 발견되는 것으로서 반드시 동북아시아에 국한된 현상은 아니다.][41]

(4)산이나 강이나 나무와 같은 자연물들의 영혼도 인간의 그것과 마찬가지인 것으로 생각하였다. 그러므로 그들은 스스로의 생각을 가지고 활동을 하며 인간과 접촉을 하는 것으로 생각하였다. 그런데 그들 중에는 인간에게 행복을 가져다주는 선한 것이 있는가 하면, 인간에게 불행을 가져다주는 악한 것도 있는 것으로 믿었다. 그리고 때로는 그런 것들이 신격화되는 경우도 있었다. 그런데 종래 태양신은 인간에게 행복을 가져다주는 선신의 대표적인 것으로 신석기인들이 믿었으리라고 일반적으로 생각해 왔다. 그러나 최근에는 이러한 태양숭배의 신앙이 신석기시대에 존재했으리라는 데에 회의적인 견해도 나타나고 있다. … [이를 무술巫術신앙이라고 부르는 것이 적절하게 생각

---

40) 「무격신앙」, 『한국사신론』 개정판, 1976, pp.17-18.
41) 「무격신앙」, 『한국사신론』 신수판, 1990, p.23.

되는데,] 이와 동일한 유형의 원시적인 종교형태를 동북아시아 일대에서는 일반적으로 샤머니즘Shamanism이라 부르고 있다. 그러나 이와 비슷한 종교형태는 세계 어디서나 공통적으로 발견 되는 것으로서 반드시 동북아시아에 국한된 현상은 아니다.42)

태양신과 그에 대한 태양숭배에 관해, 『국사신론』 초판부터 『한국사신론』 개정판까지는 그것이 신석기인의 무격신앙으로 여겨 오다가, 신수판에 이르러서는 (3)"종래 … 신석기인들이 믿었으리 라고 일반적으로 생각해 왔다. 그러나 최근에는 이러한 태양숭배 의 신앙이 신석기시대에 존재했으리라는 데에 회의적인 견해도 나타나고 있다"고 다른 견해를 소개하였던 것이다. 더욱이 이와 같이 사용하던 무격신앙이라는 용어를 버리고 한글판에서부터는 (4)"이를 무술巫術신앙이라고 부르는 것이 적절하게 생각되는데"라 고 하여, 무술신앙이라는 용어를 비로소 사용하기 시작하였다. 게 다가 샤머니즘에 대해서도 줄곧 "이와 동일한 유형의 원시적인 종 교형태를 동북아시아 일대에서는 일반적으로 샤머니즘Shamanism 이라 부르고 있다"고 기술하였는데, 신수판 이후에는 여기에다가 (3)(4)"그러나 이와 비슷한 종교형태는 세계 어디서나 공통적으로 발견되는 것으로서 반드시 동북아시아에 국한된 현상은 아니다"라 는 사론을 덧붙이고 있음에 유의해야 한다. 이는 아마도 샤머니즘 을 전 세계적인 문화 현상으로 파악하고 있는 미르치아 엘리아데 의 *Shamanism*을 접하고 나서 그 내용을 숙독하여 반영한 게 아 닌가 추정된다.43)

---

42) 「무술신앙」, 『한국사신론』 한글판, 1999, p.22.

43) Mircia Eliade, *Shamanism—Archaic Techniques of Ecstasy*, Princeton University Press, 1974. 한글 번역은 이윤기 역, 『샤머니즘—고대적 접신 술』, 까치, 1992 참조. Eliade의 이 책 한글 번역본이 국내에서 출간되기 이전에, 이기백은 영문판으로 이미 보았음이 거의 틀림이 없을 것이다. 필 자는 1979년 1학기에 학부생으로서 이기백 교수의 〈한국사개설〉 강의를

8) 금석병용기의 설정

『국사신론』의 두 판본에서만 오로지 서술되어 있었던 게 바로 이 금석병용기金石倂用期의 설정 항목이었다. 당시에는 여직 한국에서의 청동기 및 철기시대에 관한 발굴이 본격적으로 이루어진 적이 거의 없었던 소치였다. 다음과 같다.

> 금속문화의 전래는 한국사회의 면목을 크게 새롭게 하였다. 그러나 금속기의 전래가 신석기시대의 모습을 전면적으로 변화시킨 것은 아니었다. 동기銅器 · 청동기青銅器 · 철기鐵器 등의 새로운 도구가 사용되고, 지석묘支石墓 · 옹관甕棺 등 새로운 양식의 분묘墳墓가 만들어졌으나 한편 석기 · 수혈竪穴 · 패총貝塚 등의 신석기시대 이래의 전통을 그냥 유지해오는 것도 있었다. 이리하여 이를 고고학상 금석병용기라고 부른다.[44]

이 금석병용기에 대한 서술은 일본인들의 해방 이전 연구 성과에서는 거의 일반화되어 있는 실정이었고[45], 또한 해방 이후에도 여전히 그런 분위기였기 때문에 그에 따른 바였다고 보여진다. 하지만 청동기 및 철기 시대에 대한 본격적인 발굴 결과들이 속속 발표됨으로써, 이는 타파되기에 다다랐고, 그러므로 그 이후의 『한국사신론』 초판에서부터 이에 대해 전혀 언급조차 하지 않게 되었다. 한 가지 이채로운 것은, 새로운 도구로서 청동기와 철기 외에 동기를 들고 있는데, 이 역시 일본 고고학계의 일반적인 설명을 대학 시절 수강을 통해 익히 알고 있었기에[46] 그랬던 게

수강한 바가 있는데, 당시 샤머니즘과 관련하여 엘리아데의 영문판 서명을 제시하며 설명을 하였으므로 서강대학교 로욜라도서관에서 이를 찾아 읽어본 적이 있었음을 지금도 또렷이 기억하고 있음으로 해서 그러하다.

44) 「금석병용기」, 『국사신론』, 태성사, 1961; 제일출판사, 1963, p.20.
45) 니시무라 신지西村眞次, 「금석병용기」, 『문화인류학』, 와세다早稲田대학 출판부, 1924, pp.33-43.
46) 니시무라 신지, 「금속기시대」, 『문화인류학』, 1924, p.55. 이러한 점과

아닌가 짐작된다.

9)즐문토기인과 무문토기인의 종족상 차이 그리고 그 계통의 구별

한국에서의 고고학이 서서히 발달함에 따라 『국사신론』에서 구체적인 서술이 별로 뚜렷하지 못하던 게 『한국사신론』 초판 이후부터는 비교적 상세히 서술되기에 이른다. 이러한 경우에 해당되는 대표적인 사례가 바로 즐문토기인櫛文土器人과 무문토기인無文土器人에 관한 것인데, 이 역시 이후에도 거듭 새로운 내용으로 손질되었다.

(1)한국의 신석기시대에는 현재 그 선후관계를 분명히 알 수 없는 두 계통의 사회가 존재하고 있었다. 그 하나는 시베리아 지방과 연결되는 즐문토기 제작인의 사회였다. … 이 즐문토기는 신석기시대의 유적에서만 나오고 있으므로 금석병용기로 들어서면서 소멸된 것으로 보인다.

즐문토기문화를 가진 사회와 공존하던 다른 하나는 무문토기 제작인의 사회였다. 이 무문토기문화의 사회는 전자前者와는 달리 만주지방과 연결을 가지는 것이었다. … 이 무문토기는 금석병용기의 유적에서도 출토되고 있으므로 이들은 신석기시대 이후까지도 그 문화를 유지하고 있었음을 알 수가 있다.

이같이 성격이 다른 계통의 문화를 가진 두 사회는 서로 고립되어 있었던 것 같다. 그것은 두만강 유역에서는 즐문토기와 무문토기의 유적이 거리가 근접해 있는 경우에라도 이를 분명히 구별할 수 있다는 점에서 알 수 있다. 그러나 시기가 뒤지는 유적에서는 양자兩者가 혼재混在하는 경우도 있으므로 상호간에 접촉을 가지게 되었음을 알 수 있다. 그러나 금석병용기

관련해서는 앞의 각주 21)에서 제시한 바가 있는 「국가와 종교를 보는 하나의 시각—순교자의 문제—」, 『한국전통문화론』, 2002, pp.122-123를 참조하시라.

의 유적에서는 무문토기는 출토하지만 즐문토기는 찾아볼 수 없는 것을 보면 무문토기문화의 사회는 즐문토기문화의 사회를 동화하여 금석병용기로 넘어간 것 같다.[47]

(2)새로이 등장한 무문토기인들은 즐문토기인들과는 다른 조건 밑에서 살고 있었다. 그들의 유적은 아무리 거리가 근접해 있는 경우라도 즐문토기인의 유적과는 뚜렷이 구별되고 있는 것이다. 그런데, 시기가 뒤지는 유적에서 가끔 이들 토기가 섞여 나오는 것을 보면, 두 사회는 뒤에 서로 접촉을 가지게 되었음을 알 수 있다. 그러나, 청동기시대에는 즐문토기의 유적을 찾아볼 수 없으므로, 무문토기인은 즐문토기인을 정복하거나 혹은 동화하여 새로운 사회의 주인공이 된 것 같다.[48]

(3)이들 청동기인과 신석기인과의 관계는 분명하지가 않다. 다만 즐문토기 유적과 무문토기 유적은 아무리 거리가 근접해 있는 경우라도 뚜렷이 구별되고 있다. 이 사실은 양자가 다른 생활 조건 밑에서 살았으며, 종족상으로도 차이가 있었으리라는 사실을 나타내 준다. 그러나 이 두 토기가 섞여서 나오는 경우가 있는 것은 교체기의 접촉 현상을 나타내준다. 즐문토기의 무늬가 비파형동검琵琶形銅劍이나 다뉴세문경多鈕粗紋鏡의 무늬에 계승되는 것도 양자의 문화적 전승 관계를 말해 준다. 그러나 청동기시대에 들어서면 즐문토기의 유적이 자취를 감추고 만다. 이것은 결국 청동기인이 새로운 사회의 주인공이 되었음을 의미하는 것으로 해석된다.[49]

(4)이들 청동기인과 신석기인과의 관계는 분명하지가 않다. … 이것은 결국 청동기인이 새로운 사회의 주인공이 되었음을 의미하는 것으로 해석된다. [이러한 교체 현상을 고아시아족으로부터 알타이족으로의 변화로 보는 견해가 현재 비교적 널리 행해지고 있으나, 아직은 이를 증명할 확실한 근거를 찾기는 힘들다. 이것은, 같은 알타이족 내부의 다른 종족의 교체 현상으로 이해할

47) 「유적과 유물에 나타난 생활상」, 『국사신론』, 태성사, 1961; 제일출판사, 1963, pp.12-14.
48) 「청동기문화」, 『한국사신론』 초판, 1967, p.20.
49) 「청동기의 사용」, 『한국사신론』 개정판, 1976, pp.20-21.

수는 있는 것이어서, 장차의 남은 숙제로 되어 있다.]50)

『국사신론』에서는 방금 앞의 〈(8)금석병용기의 성격〉항목에서 언급하였듯이 금석병용기를 설정하고 있었으므로, 그 인식의 영향이 아무래도 끼쳐질 수밖에 없어, 예컨대 "즐문토기는 신석기시대의 유적에서만 나오고 있으므로 금석병용기로 들어서면서 소멸된 것"으로 보고, 또 "무문토기는 금석병용기의 유적에서도 출토되고 있으므로 이들은 신석기시대 이후까지도 그 문화를 유지"하는 등의 약간의 착오가 드러나게 되었던 것으로 가늠된다. 이를 극복하여 『한국사신론』 초판에서부터는 (2)와 (3)에서 보듯이 신석기시대에는 즐문토기, 청동기시대에는 무문토기가 각각 사용되는 것으로 정리하여 서술되기에 이르렀다. 그러다가 신수판 이후에는 신석기인과 청동기인의 관계를 설명하면서, 예전에는 볼 수 없었던 전혀 새로운 내용을 담아냈는데, 신석기인에서 청동기인으로의 이러한 교체 현상을 (4)"고아시아족으로부터 알타이족으로의 변화로 보는 견해가 현재 비교적 널리 행해지고 있으나, 아직은 이를 증명할 확실한 근거를 찾기는 힘들다. 이것은, 같은 알타이족 내부의 다른 종족의 교체 현상으로 이해할 수는 있는 것이어서, 장차의 남은 숙제로 되어 있다"고 하여 매우 유보적이면서도 한편으로는 자신의 견해를 뚜렷이 제시해놓고 있음을 볼 수가 있다.

10)부족국가설과 성읍국가론

학술 용어의 정확한 사용을 매우 중시하던51) 이기백은 『국사

---

50) 「청동기의 사용」, 『한국사신론』 신수판, 1990, pp.25-26; 「청동기의 사용」, 『한국사신론』 한글판, 1999, pp.24-25.
51) 이에 대한 구체적인 언급은 뒤의 〈5. 본문 사론의 대세〉 가운데서도 특히 '학술 용어의 정확한 개념 파악과 설정에 끊임없는 관심을 경주하여 판을 거듭할수록 그 정도가 심화되었다는 점' 부분에서 다루어질 것이다.

신론』과 『한국사신론』 초판에서는 한국 최초의 국가 형태를 부족국가部族國家로 규정하다가 『한국사신론』 개정판에서부터는 성읍국가城邑國家로 수정하였다. 학문적으로 그게 옳다고 믿어 과감히 그런 것이다.

(1)고조선사회에 부족국가라고 부르는 부족 단위의 정치적 사회가 형성되는 연대나 과정은 오늘날 정확히 알 길이 없다. 그러나 대동강 유역 일대에는 부족장급에 속하는 많은 세력가들이 산재散在해 있어서 이들은 각기 조그마한 규모에서나마 원시적인 국가형태를 가지게 되었던 것이다. 그 중에서 가장 주목할 만한 것이 평양平壤지방의 조선이었다. …
대동강 유역 일대에 산재하던 여러 부족국가들은 그 중 가장 유력한 자를 중심으로 연합해서 하나의 연맹체聯盟體를 형성하기에 이른 것으로 생각된다.[52]
(2)지석묘支石墓는 처음으로 정치적 지배자가 탄생했다는 것을 말하여 주는 좋은 기념물이다. 이제 부족의 족장들은 그 대표자가 아니라, 이를 지배하는 권력자가 되었다. 바야흐로 정치적 사회가 싹트고 있음을 알 수 있다. 이것을 단순한 부족이라고 부르기보다는, 오히려 부족국가라고 불러야 할 것이다.[53]
(3)[이들 정치적 지배자가 다스리는 영토는 그리 넓지가 못했을 것이다. 나지막한 구릉丘陵 위에 토성土城을 쌓고 살면서 성 밖의 평야에서 농경農耕에 종사하는 농민들을 지배해 나가는 정도의 것이었다고 생각된다.] 이러한 소국小國은 종래 흔히 부족국가라고 불러 왔으나, 오히려 성읍국가라고 부르기에 알맞은 존재들이다. [비록 부족적인 전통을 가지고 있었다 하더라도 부족 이외의 다른 요소들까지도 포함한 지연地緣 중심의 정치적 기구를 지니고 있었을 것이기 때문이다. 이 성읍국가는 한국에 있어서의 최초의 국가였으며, 따라서 한국에서의 국가의 기원은

---

52) 「고조선사회의 태동 / 고조선 부족연맹의 성립」, 『국사신론』, 태성사, 1961; 제일출판사, 1963, pp.24-25.
53) 「청동기문화」, 『한국사신론』 초판, 1967, p.22.

성읍국가로부터 잡아야 할 것이다.)54)

(4)이들 정치적 지배자가 다스리는 영토는 그리 넓지가 못했을 것이다. 나지막한 구릉 위에 토성이나 목책木柵을 만들고 스스로를 방위하면서 그 바깥 평야에서 농경에 종사하는 농민들을 지배해 나가는 정도의 것이었다고 생각된다.

[이러한 정치적 단위체를 종래 흔히 부족국가라고 불러 왔다. 그러나 부족국가는 원시적 개념인 부족과 그와는 상치되는 새 개념인 국가와의 부자연스런 결합이어서, 이는 학문적으로 부적합하다는 것이 현 학계의 일반적인 견해이다. 그 대신 도시都市국가 혹은 성읍국가라는 용어를 새로이 사용하였고, 최근에는 일부 인류학자들이 국가 형성의 전 단계를 지칭하는 데 이용한 chiefdom을 번역한 족장族長사회 · 추장酋長사회 · 군장君長사회 등의 용어도 사용하고 있다. 그런데 도시국가는 인구가 밀집한 도시다운 면모를 필요로 한다는 점에서 호응을 얻지 못하고 있다. 또 chiefdom은 국가의 앞 단계로 추정되고 있으나 실상 국가와의 차이가 명백하지 못한 흠을 가지고 있다. 그래서 최근에는 군장국가라고도 하고 있으나, 이는 문자상 왕국과 별반 차별이 없는 것이어서 왕국의 전 단계를 표현하는 용어로서는 부적당한 것이다. 그 대신 성읍이란 말은 우리나라의 옛 기록에 초기국가를 멸하고 개편한 행정구획의 명칭으로 사용된 예가 있기 때문에, 그 전 단계의 국가를 지칭하는 데 이를 사용하는 것이 매우 자연스럽다. 마치 신라의 신분제도를 카스트제라고 하지 않고 골품제骨品制라고 부르듯이, 우리나라의 초기국가를 성읍국가라고 부르는 것이 가장 적절한 것으로 생각한다.] 이 성읍국가는 한국에 있어서의 최초의 국가였으며, 따라서 한국에 있어서의 국가의 기원은 성읍국가로부터 잡아야 할 것이다.55)

부족 단위의 정치적 사회이기에 (1)의 『국사신론』과 (2)의 『한

---

54) 「성읍국가의 성립」, 『한국사신론』 개정판, 1976, pp.25-26.
55) 「성읍국가의 성립」, 『한국사신론』 신수판, 1990, pp.32-33; 「성읍국가의 성립」, 『한국사신론』 한글판, 1999, pp.29-30.

국사신론』초판에서는 이를 부족국가라고 불러야 할 것이라고 하였지만, 그 개정판에서는 (3)"이러한 소국은 종래 흔히 부족국가라고 불러 왔으나, 오히려 성읍국가라고 부르기에 알맞은 존재들"이라고 하였던 것이다. 그러면서 아울러 "이 성읍국가는 한국에 있어서의 최초의 국가였으며, 따라서 한국에서의 국가의 기원은 성읍국가로부터 잡아야 할 것"임을 천명하였다. 그 후 신수판에서는 (4)와 같이 부족국가 · 도시국가 · 성읍국가 · 족장국가 · 추장사회 · 군장사회 그리고 그것의 영문 표기인 chiefdom 등의 용어를 열거하고 그 하나하나의 단점 등을 구체적으로 지적한 뒤 그 중에서 성읍국가를 가장 적절한 것으로 생각하는 이유까지도 자상하게 기술하는 사론을 쓰고 있음을 살펴야 하겠다.

11)고조선의 건국 위치와 영역 경계

고조선의 역사에 관해 기술한 게 이 항목에서가 처음이 아니었다. 사실은 이미 구석기시대를 설명하면서, 앞서 〈1)구석기시대의 역사적 의미, 유적의 발견 그리고 그 연대〉항목에서 이미 제시하였듯이, "한국의 역사도 물론 구석기시대부터 시작되며, 이것은 오늘날 하나의 움직일 수 없는 학문적 상식으로 되어 있다. 그러므로 왕조를 중심으로 해서 고조선의 건국으로부터 한국사를 시작하려는 것은 잘못된 낡은 생각이다"라고 지적한 바가 있었던 것이다. 그러므로 이러한 인식의 바탕 위에서 그 건국 위치와 영역 경계에 대해 기술하고 있음을 알아야 할 것이다.

> (1)(그러나) 대동강 유역 일대에는 부족장급部族長級에 속하는 많은 세력가들이 산재해 있어서 이들은 각기 조그마한 규모에 서나마 원시적인 국가형태를 가지게 되었던 것이다. 그 중에서 가장 주목할 만한 것이 평양지방의 조선이었다.56)

---

56) 「고조선사회의 태동」, 『국사신론』, 태성사, 1961; 제일출판사, 1963, p.24.

(2)고조선은 대동강 유역의 평양에 자리잡고 있었던 것 같다. 곰 토템 씨족의 족장을 군장君長으로서 받드는 이 부족국가는 군郡 하나 정도를 지배하는 조그마한 정치적 사회였을 것이다. …

이 고조선 부족국가는 이어 대동강과 요하遼河 유역 일대에 흩어져 있는 여러 부족 국가들과 연합해서, 하나의 커다란 연맹체를 형성하기에 이르렀다.57)

(3)성읍국가로서의 고조선은 원래 대동강 유역의 평양에 자리잡고 있었던 것 같다. 이 성읍국가는 평양 부근의 평야를 지배하는 조그마한 정치적 사회였을 것이다. …

이 고조선 성읍국가는 이어 대동강과 요하 유역 일대에 흩어져 있는 여러 성읍국가들과 연합해서 하나의 커다란 연맹체를 형성하고 그 통치자는 왕이라고 칭하기에 이르렀다.58)

(4)성읍국가로서의 고조선은 아사달阿斯達에 건국하였다고 한다. [아사달은 곧 훗날의 왕검성일 터이지만, 그 위치는 원래 대동강 유역의 평양이었던 것으로 전해져 왔다. 그런데 최근에는 요하 유역이었다고 주장하는 설도 대두하고 있으며, 혹은 처음 요하 유역에 있다가 뒤에 대동강 유역으로 옮겼다는 설도 나타나고 있다.] 이 고조선 성읍국가는 아사달 일대의 평야를 지배하는 조그마한 정치적 사회였을 것이다. …

이즈음에 고조선은 연을 칠 계획을 하고 있었다고 하는데, 이것도 연맹왕국으로의 성장 없이는 불가능한 일이다. 이때 연과는 요하 내지 대릉하大凌河를 경계선으로 하고 서로 대립하고 있었으며, 연이 고조선을 교만하고 잔인하다고 한 것을 보면 고조선이 독자적인 세력을 자랑하며 강한 군사력을 갖고 있었음을 알 수가 있다.59)

---

57) 「고조선사회의 성장」, 『한국사신론』 초판, 1967, p.23.
58) 「고조선사회의 성장」, 『한국사신론』 개정판, 1976, pp.26-27.
59) 「고조선사회의 성장」, 『한국사신론』 신수판, 1990, pp.33-34; 「고조선사회의 성장」, 『한국사신론』 한글판, 1999, pp.30-31.

고조선의 건국 위치에 대하여, 『국사신론』에서부터 『한국사신론』 개정판까지는 평양의 대동강 유역인 것으로 여겨오다가, 신수판에 이르러서는 아사달을 주목하면서 그 위치에 관한 학설을 정리하여 제시하고 있다. 즉 (4)"아사달은 곧 훗날의 왕검성일 터이지만, 그 위치는 원래 대동강 유역의 평양이었던 것으로 전해져 왔다. 그런데 최근에는 요하 유역이었다고 주장하는 설도 대두하고 있으며, 혹은 처음 요하 유역에 있다가 뒤에 대동강 유역으로 옮겼다는 설도 나타나고 있다"고 하였던 것이다. 게다가 신수판에서는 연燕과의 경계선을 '요하 내지 대릉하'라고 하여, 이것역시 학설 채택에 있어 신축성을 보이고 있다. 자신의 주장을 내세우기보다는 여러 학설을 소개하는 데에 그치는 듯한 인상이 짙으나, 아무래도 의견이 분분하므로 그리하였던 것으로 보인다.

12)단군왕검의 성격 문제

고조선의 단군왕검檀君王儉에 대해 성격을 어떻게 규정하는가 하는 문제에 대해서도 많은 고민을 했을 것으로 보여진다.[60] 다름 아니라 이 항목과 관련된 서술에 있어서도 판본마다 새로운 정리를 가미하고 있음을 발견할 수 있기 때문이다.

(1)그 군장君長은 곰(웅熊)토템씨족의 족장이었던 듯하며 아마도 단군왕검이라 칭했던 것 같다. 단군이라 함은 제사장祭司長을 말한다. 왕검이라 함은 정치적 군장을 뜻하는 것으로 생각되므로, 단군왕검은 제정祭政을 겸하는 존재가 아니었던가 한다. 단군이 하느님(태양신)을 나타내는 것으로 여겨지는 환인桓因의

---

60) 단군신화에 대한 그의 학문적 관심 표명은 「단군신화의 문제점」, 『서강타임스』 1963년 9월 21일; 『한국고대사론』, 탐구당, 1975; 증보판, 일조각, 1995, pp.14-20은 물론이고, 이 글과 함께 여러 학자들의 단군신화에 관한 논고論攷를 편집하여 정리한 『단군신화론집』, 새문사, 1988; 증보판, 1990의 간행에도 잘 집약되어 있다.

손자였다는 것은 일반 민중과는 다른 군장으로서의 위엄과 권력을 가지고 있었음을 상징코자 한 것이었다.

　단군에 관한 기록은 물론 문자 그대로를 믿을 수가 없는 신화神話인 것이다. 그러나 신화라고 해서 이를 허황한 후대의 조작으로 돌린다며는 한국의 씨족사회에 토테미즘이 있었다는 귀중한 역사적 진실을 찾아내지 못하고 말 것이다. 더욱이 고려 이후에 단군은 전민족의 시조로 추대되어 민족의 독립정신 및 통일의식을 상징하여 온만큼 그가 지니는 바 민족적 의의는 큰 바가 있다. 단지 현재 전하고 있는 단군신화는 원시적인 요소와 후대의 윤색이 섞여 있는만큼 이해에 조심스러운 점이 많다. 또 비록 완전히 그 내용이 파악된다고 하더라도 이것만으로써는 고조선의 형성과정을 충분히 이해할 수 있는 것이 아니라는 점을 아울러 알아야할 것이다.[61]

(2)그 군장은 단군왕검이라고 칭했던 것 같은데, 그는 곧 제정을 겸하는 존재가 아니었던가 한다. 단군이 하느님, 즉 태양신을 나타내는 것으로 여겨지는 환인의 손자였다는 것은 그가 정치적 지배자로서의 위엄과 권력을 가지고 있음을 상징코자 한 것 같다.[62]

(3)그 군장은 단군왕검이라고 칭했던 것 같은데, 그는 곧 제정을 겸하는 존재가 아니었던가 한다. 단군왕검이 태양신을 나타내는 것으로 여겨지는 환인의 손자였다는 것은 그가 정치적 지배자로서의 위엄과 권력을 가지고 있음을 상징코자 한 것 같다.[63]

(4)그 정치적 지배자는 단군왕검이라고 칭했던 것 같은데, 그는 곧 제사祭祀를 겸해서 맡은(제정일치祭政一致) 존재가 아니었던가 한다. 단군왕검이 하늘에 있는 태양신을 나타내는 것으로 여겨지는 환인의 손자였다는 것은, 그가 정치적 지배자로서의 위엄과 권력을 가지고 있음을 상징코자 한 것 같다. [하늘에 대한 신앙, 태양에 대한 신앙이 이렇게 해서 발생하였다는 주장

---

61) 「고조선사회의 태동」, 『국사신론』, 태성사, 1961; 제일출판사, 1963, p.24.
62) 「고조선사회의 성장」, 『한국사신론』 초판, 1967, p.23.
63) 「고조선사회의 성장」, 『한국사신론』 개정판, 1976, p.26.

은 매우 흥미롭다.][64]

단군신화에서 단군왕검의 할아버지로 되어 있는 환인을 『국사신론』에서는 '하느님(태양신)' 그리고 『한국사신론』 초판에서는 '하느님, 즉 태양신'으로 표현하였다가, 이후에는 '하느님'을 제외하고 '태양신'으로만 표현한 것부터가 고민이 많았음을 드러내주는 것이라 여겨진다. 더욱이 단군왕검에 대해서도 『국사신론』에서는 "단군이라 함은 제사장을 말한다. 왕검이라 함은 정치적 군장을 뜻하는 것으로 생각"한다고 정리하였다가, 이후에는 이 설명을 일절 제외시키고 "곧 제정을 겸하는 존재가 아니었던가 한다"고 쓰고 있음도 그러한 사정을 풍기고 있다고 보인다. 그러다가 신수판 이후에는 "하늘에 대한 신앙, 태양에 대한 신앙이 이렇게 해서 발생하였다는 주장은 매우 흥미롭다"고 자신의 논평을 덧붙이고 있음 역시 주의 깊게 살펴야 할 점이라고 생각한다.

13)부족국가연맹체설과 연맹왕국론

처음에 '부족국가'설을 채택하였다가 나중에 '성읍국가'설로 수정한 것의 연장선상에서, '부족국가연맹체'설을 주장하던 것을 '연맹왕국'설로 바꾸게 됨은 피할 수 없는 일이었던 것 같다. '부족국가'설을 포기하였는데, 거기에서 발전한 다음 단계의 국가 단계를 논하면서 여전히 '부족국가'를 삽입하여 '부족국가연맹체'설을 내세울 수는 없는 이치였던 것이다. 그래서 '성읍국가'들이 '연맹'을 이루어 결국 '왕국'으로 발전된다는 구도를 설정하기에 이르렀던 데에 따른 것이었다고 가늠된다.

---

64) 「고조선사회의 성장」, 『한국사신론』 신수판, 1990, p.34; 「고조선사회의 성장」, 『한국사신론』 한글판, 1999, p.31.

(1)대동강 유역 일대에 산재하던 여러 부족국가들은 그 중 가장 유력한 자를 중심으로 연합해서 하나의 연맹체를 형성하기에 이른 것으로 생각된다.[65]

(2)이 고조선 부족국가는 이어 대동강과 요하 유역 일대에 흩어져 있는 여러 부족 국가들과 연합해서, 하나의 커다란 연맹체를 형성하기에 이르렀다. 그러므로 같은 고조선이라고 하지마는, 여기에는 커다란 사회적 발전이 있었음을 알 수 있다. 이러한 발전의 시기를 확인할 도리는 없으나, 늦어도 B.C. 4세기 경이었을 것으로 생각된다. 그것은 주周가 쇠약해지고 연燕이 왕을 칭할 무렵에 고조선에서도 스스로 왕을 칭하였다고 하는 데서 알 수 있다. 이 왕이라는 칭호는 조그마한 부족국가의 군장에게보다는 부족연맹장에게 적합한 표현이기 때문이다. 더구나, 이 즈음에 고조선은 연을 칠 계획을 하고 있었다고 하는데, 이것도 부족연맹체로의 성장 없이는 불가능한 일인 것이다. 이 때 연과는 요하를 경계선으로 하고 서로 대립하고 있었던 것 같으며, 연이 고조선을 교만하고 잔인하다고 한 것을 보면 고조선이 강대한 독자적 세력을 자랑하고 있었음을 알 수가 있다.[66]

(3)이 고조선 성읍국가는 이어 대동강과 요하 유역 일대에 흩어져 있는 여러 성읍국가들과 연합해서 하나의 커다란 연맹체를 형성하고 그 통치자는 왕이라고 칭하기에 이르렀다. 이 단계의 고조선은 연맹왕국이라고 부르는 것이 적합할 것이다. 따라서 같은 고조선이라고 하지만 여기에는 커다란 사회적 발전이 있었음을 알 수 있다. 이러한 사회적 변화의 시기를 확인하기 힘드나, B.C. 4세기 이전이었을 것임은 분명하다. 그것은 주가 쇠약해지고 연이 왕을 칭할 무렵에 고조선에서도 스스로 왕王을 칭하였다고 하였기 때문이다. 이 왕이라는 칭호는 조그마한 성읍국가의 군장에게보다는 연맹왕국의 지배자에게 적합한 표현이다. 이즈음에 고조선은 연을 칠 계획을 하고 있었다고

---

65) 「고조선 부족연맹의 성립」, 『국사신론』, 태성사, 1961; 제일출판사, 1963, p.25.
66) 「고조선사회의 성장」, 『한국사신론』 초판, 1967, pp.23-24.

하는데, 이것도 연맹왕국으로의 성장 없이는 불가능한 일이다. 이 때 연과는 요하를 경계선으로 하고 서로 대립하고 있었으며, 연이 고조선을 교만하고 잔인하다고 한 것을 보면 고조선이 강대한 독자적 세력을 자랑하고 있었음을 알 수가 있다.[67]

(4)이 고조선 성읍국가는 이어 대동강과 요하 유역 일대에 흩어져 있는 여러 성읍국가들과 연합해서 하나의 커다란 연맹체를 형성하게 되었는데, 이러한 성장과정에서 그 통치자를 일컫는 왕의 칭호는 ['기자'라고 부르게 되었던 것으로 생각된다. 중국의 은殷이 망했을 때 기자箕子가 한국으로 왔다는 설화는 이 양자의 발음이 동일한 데서 말미암은 잘못된 전승이다.] 이 단계의 고조선은 연맹왕국이라고 부르는 것이 적합할 것이다. …

　이러한 사회적 발전의 시기를 확인하기는 힘드나, B.C. 4세기 이전이었을 것임은 분명하다. 그것은 주가 쇠약해지고 연이 '왕'을 칭할 무렵에 고조선에서는 스스로 '왕'을 칭하였다고 하였기 때문이다. 이 B.C. 4세기경에는 중국의 철기문화를 받아들이게 되었으므로, 고조선은 더 한층 국가적인 발전을 이룩하였다고 생각된다. 그러나 연맹왕국의 골격은 그대로 유지되었다고 보이는데, 후일 위만衛滿에 대한 처우 같은 것을 보면 이를 대강 짐작할 수가 있다. 이즈음에 고조선은 연을 칠 계획을 하고 있었다고 하는데, 이것도 연맹왕국으로의 성장 없이는 불가능한 일이다. 이때 연과는 요하 내지 대릉하大凌河를 경계선으로 하고 서로 대립하고 있었으며, 연이 고조선을 교만하고 잔인하다고 한 것을 보면 고조선이 독자적인 세력을 자랑하며 강한 군사력을 갖고 있었음을 알 수가 있다.[68]

『국사신론』에서는 고조선의 경우를 언급하며 연맹체를 형성하였다는 점을 제시하였을 뿐 별다른 구체적 언급이 없었으나, 『한국사신론』 초판에서는 당시 고조선의 지배자가 왕을 칭하였다는

---

67) 「성읍국가의 성립」, 『한국사신론』 개정판, 1976, pp.26-27.
68) 「고조선사회의 성장」, 『한국사신론』 신수판, 1990, p.34; 「고조선사회의 성장」, 『한국사신론』 한글판, 1999, p.31.

중국 측 문헌 기록을 거론하면서 "이 왕이라는 칭호는 조그마한 부족국가의 군장에게보다는 부족연맹장에게 적합한 표현"이라 하여 부족연맹체로 성장하였음을 처음으로 기술하기 시작하였다. 그러다가 개정판에 와서는 "이 왕이라는 칭호는 조그마한 성읍국가의 군장에게보다는 연맹왕국의 지배자에게 적합한 표현"이라고 수정하고 있는 것이다. 이후 신수판에 이르러서는 더욱이 "그 통치자를 일컫는 왕의 칭호는 '기자'라고 부르게 되었던 것으로 생각된다. 중국의 은이 망했을 때 기자가 한국으로 왔다는 설화는 이 양자의 발음이 동일한 데서 말미암은 잘못된 전승이다"라는 사론을 삽입하여, 이른바 기자동래설箕子東來說을 부정하는 데에까지 이르고 있음을 주목해야 할 것이다.

14)고조선의 사회적 발전 파악에 대한 비판

방금 본 바대로 고조선이 성읍국가에서 연맹왕국으로 발전하였음을 『한국사신론』 개정판 이후 서술하였는데, 여기에서 더 나아가 고조선에 있어서 이렇게 커다란 발전이 있었다는 점을 신수판에서 강조하면서도 더불어 주의를 요하는 점에 대해 아래와 같이 각별히 자신의 견해를 제시하고 있음을 지나쳐서는 안 된다.

> 이 고조선 성읍국가는 이어 대동강과 요하 유역 일대에 흩어져 있는 여러 성읍국가들과 연합해서 하나의 커다란 연맹체를 형성하게 되었는데, … 이 단계의 고조선은 연맹왕국이라고 부르는 것이 적합할 것이다.
> [따라서 같은 고조선이라고 하지만 여기에는 커다란 사회적 발전이 있었음을 알 수 있다. 고조선이 마치 건국 초기부터 만주와 한반도 북부에 걸친 대제국이었다고 생각하는 것은 역사의 발전을 무시한 잘못된 생각이다.][69]

---

69) 「고조선사회의 성장」, 『한국사신론』 신수판, 1990, p.34; 「고조선사회의

이와 함께 고조선의 역사에 대한 비판 사론으로서는, 앞의 〈(1) 구석기시대의 역사적 의미, 유적의 발견 그리고 그 연대〉에서 이미 제시하였듯이, "한국의 역사도 물론 구석기시대부터 시작되며, 이것은 오늘날 하나의 움직일 수 없는 학문적 상식으로 되어 있다. 그러므로 왕조를 중심으로 해서 고조선의 건국으로부터 한국사를 시작하려는 것은 잘못된 낡은 생각이다"라고 지적한 것을 함께 염두에 두고 살펴야 할 것이다. 정리하자면, 마치 고조선에서부터 한국사가 시작된다고 보는 것도, 고조선이 건국 초기부터 만주와 한반도 북부에 걸친 대제국이었다고 생각하는 것에 대해서도 "잘못된 생각"임을 드러내놓고 철저히 비판하고 있는 것이라 하겠다.

15)기자동래설 및 기자조선설 비판

앞 〈(13)부족국가연맹체설과 연맹왕국론〉 항목에서도 곁들여 이미 언급한 바 있듯이, 소위 기자동래설에 대해서 『한국사신론』 신수판에 이르러서 본격적으로 비판하였지만, 그렇다고 해서 그 이전에는 그것을 인정한 것은 결코 아니었다. 이 같은 기자동래설에 대한 비판은 『국사신론』에서도 이미 행해지고 있었음을 아래에서 찾아볼 수 있다.

(1-가)… 초기의 금속문화는 다양성을 띠고 있었다. 그러므로 명도전明刀錢 등 중국화폐의 유입을 예시하여 이 시기의 금속문화가 한족漢族의 유이민流移民에 의하여 재래齋來되고, 따라서 대동강 유역이 금속문화의 전래와 더불어 한족의 지배를 받은 것같이 생각하여 소위 기자조선의 존재를 인정하려고 하는 것은 잘못이다. 그것은 이 금석병용기의 유물들이 중국적인 영향을 받은 것이면서도 중국제中國製와는 스스로 차이가 있는 데에

성장」, 『한국사신론』 한글판, 1999, p.31.

서도 알게 된다. 더구나 동검銅劍·동탁銅鐸·다뉴세문경多鈕細
紋鏡 등의 용범鎔范이 출토되는 것은 그들이 출토지에서 만들어
졌다는 것을 말하는 것이다. 이러한 점은 북방계의 이질적인
요소가 개재介在한다는 점과 아울러 토착사회의 독자적인 문화
수용을 말하여주는 것이다. 더욱 이 금석병용기에 지배적이었던
지석묘와 같은 분묘양식이 결코 한족의 것일 수 없다는 점에서
도 위의 결론은 분명한 것이다.[70]

(1-나)대동강 유역 일대에 산재하던 여러 부족국가들은 그 중
가장 유력한 자를 중심으로 연합해서 하나의 연맹체를 형성하
기에 이른 것으로 생각된다. 이러한 사회적인 발전은 어쩌면
기자전설에 약간이나마 반영된 바가 있는 것인지도 모른다. 전
설에 의하면 중국 은말殷末(B.C. 12세기)에 기자가 와서 단군조
선의 뒤를 이어 새로운 왕조 기자조선을 건설하였다고 한다.
그러나 서기전 12세기에는 한국은 아직 신석기시대의 씨족사회
여서 부족연맹이 형성되기 이전이었으며, 한민족의 주周라 하더
라도 그 무대가 황하黃河 중류 지방에 한하였던 시대였으므로
기자라는 개인이 반도까지 와서 왕이 되었다는 것은 도시 있을
수 없는 일이다. 아마 고조선의 왕실이 그 계보를 장식裝飾하려
는 의도에서거나 혹은 후의 낙랑군樂浪郡시대에 한족의 식민정
책을 관념적으로 합리화하기 위한 필요에서 이 기자동래설이
조작되었을 것이다. [오히려 위만에게 멸망을 당하던 당시의 왕
실 성이 한씨韓氏였다는 점이 나타나고 있으므로 이를 기자조
선이라기 보다는 한씨조선이라고 명명命名하여 부르는 것이 나
을 것 같다.]

이 한씨조선과 소위 단군조선과의 왕실관계의 연결은 분명하
지가 않으며 혹은 그 사이에 지배부족의 교대가 있었음직도 하
다는 추측이 가능할 뿐이다. 만일 이러한 교대가 있었다며는
그것은 단순한 지배부족의 교체에 그치는 것이 아니라 사회적
인 발전을 뜻하는 것인지도 모른다. 그리고 그것은 상기上記한
부족연맹체의 형성 그것을 말하는 것이리라고 해석할 수도 있

---

70)「금석병용기」,『국사신론』, 태성사, 1961; 제일출판사, 1963, pp.20-21.

게 된다. 이러한 변화의 시기를 확인할 수는 없으나 늦어도 전국초戰國初(B.C. 4세기)에는 이 연맹장은 중국식의 왕을 칭하였던 것으로 알려지고 있다.[71]

(2)이 새로운 금속문화가 중국문화의 영향을 농후하게 받고 있음은 무엇보다도 명도전과 같은 중국 화폐의 발견이 이를 증명해 주고 있다. [그러나, 이를 근거로 해서 대동강 유역이 철기문화의 전래와 함께 한족의 정치적 지배를 받은 것 같이 생각하여, 기자조선의 전설을 새로운 의미로 해석하려는 것은 잘못이다.] 퉁구스 계통의 다뉴세문경과 같은 많은 북방문화의 요소와 함께 중국의 영향을 받으면서도 이를 독특하게 변형시킨 세형동검細形銅劍이나 동과銅戈 등의 존재가 이를 증명하고 있다. 그리고, 각지에서 많은 용범이 발견되는 것도 새로운 금속문화가 식민문화 아닌 토착문화였음을 말해 주는 것이다.[72]

(3)이 새로운 금속문화가 중국문화의 영향을 농후하게 받고 있음은 무엇보다도 명도전과 같은 중국화폐의 발견이 이를 증명해 주고 있다. 그러나, 이를 근거로 해서 대동강 유역이 철기문화의 전래와 함께 한족의 정치적 지배를 받은 것 같이 생각하여, 기자조선의 전설을 새로운 의미로 해석하려는 것은 잘못이다. 독자적인 세형동검이나 청동과 및 다뉴세문경 등이 이 시기의 문화적 주류를 이루고 있고, 또 스키타이 계통의 동물형대구動物形帶鉤와 같은 많은 북방문화의 요소가 존재하는 사실이 이를 반증하고 있다. 그리고, 각지에서 많은 용범이 발견되는 것도 이 금속문화가 식민지문화가 아닌 토착문화였음을 말해 준다.[73]

(4-가)이 고조선 성읍국가는 이어 대동강과 요하 유역 일대에 흩어져 있는 여러 성읍국가들과 연합해서 하나의 커다란 연맹체를 형성하게 되었는데, [이러한 성장과정에서 그 통치자를 일컫는 왕의 칭호는 '기자'라고 부르게 되었던 것으로 생각된다.

---

71) 「고조선 부족연맹의 성립」, 『국사신론』, 태성사, 1961; 제일출판사, 1963, p.25.
72) 「철기문화의 전래」, 『한국사신론』 초판, 1967, pp.25-26.
73) 「철기의 사용」, 『한국사신론』 개정판, 1976, p.29.

중국의 은(殷)이 망했을 때 기자가 한국으로 왔다는 설화는 이 양자의 발음이 동일한 데서 말미암은 잘못된 전승이다.) 이 단계의 고조선은 연맹왕국이라고 부르는 것이 적합할 것이다.74)

(4-나)이 새로운 금속문화가 중국문화의 영향을 농후하게 받고 있음은 무엇보다도 명도전과 같은 중국화폐의 발견이 이를 증명해 주고 있다. 그러나, 이를 근거로 해서 고조선이 철기문화의 전래와 함께 중국의 정치적 지배를 받은 것 같이 생각하여, 기자조선의 전설을 새로운 의미로 해석하려는 것은 잘못이다. 독자적인 세형동검이나 청동과 및 다뉴세문경 등이 이 시기의 문화적 주류를 이루고 있고, 또 스키타이 계통의 동물 모양의 띠고리와 같은 많은 북방문화의 요소가 존재하는 사실이 이를 반증하고 있다. 그리고 이들 금속도구를 만든 거푸집(용범)이 많이 발견되는 것도 이 금속문화가 식민지문화가 아닌 토착문화였음을 말해 준다.75)

『국사신론』에서는 특히 기자조선의 존재 자체를 부정하였다. 즉 (1-가)"대동강 유역이 금속문화의 전래와 더불어 한족의 지배를 받은 것같이 생각하여 소위 기자조선의 존재를 인정하려고 하는 것은 잘못이다"라고 하였던 것이다. 이로써도 『국사신론』에서부터 자신의 사론을 제시하고 있음을 명백히 확인하게 된다. 그리고 이는 이후 신수판 나아가 한글판에까지도 지속적으로 서술되었으므로 그의 지론이었음을 알겠다. 다만 『국사신론』의 다른 부분에서는 (1-나)"아마 고조선의 왕실이 그 계보를 장식하려는 의도에서거나 혹은 후의 낙랑군시대에 한족의 식민정책을 관념적으로 합리화하기 위한 필요에서 이 기자동래설이 조작되었을 것이다. 오히려 위만에게 멸망을 당하던 당시의 왕실 성이 한씨였

---

74) 「고조선사회의 성장」, 『한국사신론』 신수판, 1990, p.34; 「고조선사회의 성장」, 『한국사신론』 한글판, 1999, p.31.
75) 「철기의 사용」, 『한국사신론』 신수판, 1990, p.36; 「철기의 사용」, 『한국사신론』 한글판, 1999, p.33.

다는 점이 나타나고 있으므로 이를 기자조선이라기 보다는 한씨
조선이라고 명명하여 부르는 것이 나을 것 같다"고 하여 당시에
일부에서 제기되었던 '한씨조선'설76)에 동조하기도 하였음은 비판
꺼리가 된다고 본다. 물론 이후에는 일체 두 번 다시 기술하지
않았지만.

16)위만의 실체와 위만실체의 성격 문제

앞서 살핀 바대로 기자동래설 및 기자조선설에 대해서는 비판
하였으나 위만衛滿의 실체와 위만조선 자체에 대해서는 그렇지가
않았다. 그 실체를 부정하거나 비판하기보다는 되레 이를 긍정하
고, 이를 당시 사회 발전과 연관을 지워 적극적으로 해석하였던
것이다.

1)진秦은 중국을 통일한지 불과 10여년만에 망하고 한漢이 이
에 대신하였다. … 이렇게 어수선한 정국이 전변轉變하는 동안
중국으로부터 동방으로 망명하여 오는 자가 더욱 많아졌다. 그
중의 한 사람인 위만은 천여명의 무리를 이끌고 왔다고 한다.
위만은 처음 고조선의 준왕準王을 달래어 북방 수비의 임을 맡
더니 유망민流亡民들의 세력을 기반으로 그 힘이 커지자 준왕
을 축출하고 스스로 왕王이 되었다(B. C. 194~180). 이 때 준
왕은 남분南奔하여 진국辰國으로 가서 한왕韓王이라고 칭하였다
한다.
서기전 4세기에서 3세기로 바뀔 무렵에 행해진 연燕의 침략
에서 비롯하여 한족의 정치적 · 군사적 · 경제적 세력은 쉬지않

76) 이병도, 「기자조선의 정체와 소위 기자팔조교箕子八條敎에 대한 신고찰」,
『한국고대사연구』, 박영사, 1976, pp.53-54. 특히 p.53 중에서는 "기箕는
원래 기자의 씨성氏姓이 아니기 때문에 한韓으로써 창씨創氏한 것이니와
…" 그리고 p.54 중에서는 "이러한 것을 고려해서 나는 년래에 종래 소
위 「기자조선」을 한씨조선韓氏朝鮮이라고 일컬어 왔던 것이다"고 하였음
에서 이러한 주장을 읽을 수 있다.

고 동방으로 진출하고 있었다. 이러한 대세의 추이가 드디어는 위만으로 하여금 한족 세력을 배경으로 하는 새로운 왕조를 건설케 한 것이었다. 그러나 이 위씨조선이 순전한 중국인 이주자들에 의하여 지배되는 식민지정권이었다는 과거의 통념은 최근 학자들에 의하여 비판을 받고 있다. 그러한 비판의 근거는 첫째 위만이라는 인물이 연인燕人이 아니라 조선인이었으리라는 점에 있다. 그가 조선으로 올 때에 상투를 짜고 조선복을 입었다는 것, 그가 국호를 여전히 조선이라고 했다는 것이 위만의 민족적 소속에 대한 새로운 주장의 근거이다. 둘째로 그의 정권에는 토착 조선인이 고위를 차지하고 있었다는 점이다. 니계상尼谿相 참參은 그 뚜렷한 존재이다. [그러나 비록 기록상에는 나타나지 않더라도 위씨조선 당시에 토착민의 족장 세력은 지방에 여전히 건재하고 있었던 것이다. 그것은] 연대가 위씨조선 시대와도 겹치는 지석묘군이 대동강 유역 일대에서 많이 발견되는 것[으로 증명된다. 가령 평남平南 용강龍岡의 석천산石泉山 같은 데에는 각기 31·43·47기로 되는 3군의 지석묘군이 군재群在하고 있다. 이러한 지석묘군은 수백년간 토착하는 지방 세력이 유지되고 있었음을 뜻하는 것이다. 이상의 여러가지 점에서 미루어 생각할 때에 위씨조선은 비록 금속문화에 보다 친숙한 중국인 유망민의 세력을 배경으로 했다고 하더라도 중국인의 식민지정권일 수는 없다. 오히려 토착하는 조선인의 족장 세력을 온존溫存하는 부족연맹적인 정권이었다. 이리하여 고조선사회는 대륙의 금속문화 세력과 타협하여 새로운 양상을 띠며 일단의 비약을 하게되었다.[77]

2)(그러나,) 진은 중국을 통일한지 불과 10여년만에 망하고 한이 이에 대신하였다. … 이렇게 정국이 뒤바뀌는 동안, 중국으로부터 동쪽으로 망명하여 오는 자가 더욱 많아졌다. 그 중의 한 사람인 위만은 천여명의 무리를 이끌고 왔다고 한다. 위만은 처음 고조선의 준왕을 달래어 북방 수비의 임무를 맡더니 유망민들의 세력을 기반으로 그 힘이 커지자 준왕을 축출하고

---

77) 「위씨조선」, 『국사신론』, 태성사, 1961; 제일출판사, 1963, pp.26-27.

스스로 왕이 되었다(B. C. 194—180). 이 때 준왕은 남쪽 진국으로 가서 한왕이라고 칭하였다 한다.

　B.C. 4세기에서 3세기로 바뀔 무렵에 행해진 연의 침략에서 비롯하여 한족의 정치적·군사적·경제적 세력은 쉬지 않고 동쪽으로 진출하고 있었다. 이러한 대세의 추이가 드디어는 위만으로 하여금 한족 세력을 배경으로 하는 새로운 왕조를 건설케 한 것이었다. 그러나, 이 위씨조선이 순전한 중국인 이주자들에 의하여 지배되는 식민지 정권이었다는 과거의 통념은 최근 학자들에 의하여 비판을 받고 있다. 그러한 비판의 논거는, 첫째 위만이라는 인물이 연인燕人이 아니라 조선인이었으리라는 점에 있다. 그가 조선으로 올 때에 상투를 짜고 조선옷을 입었다는 것, 그가 국호를 여전히 조선이라고 했다는 것이 위만의 민족적 소속에 대한 새로운 주장의 근거이다. 둘째, 그의 정권에는 토착 조선인이 고위를 차지하고 있었다는 점이다. 니계상 참은 그 뚜렷한 존재이다. [뿐 아니라, 연대가 위씨조선 시대와도 겹치는 지석묘군이 대동강 유역 일대에서 많이 발견되는 것은 토착하는 지방 세력이 여전히 유지되고 있었음을 뜻하는 것이다.] 이러한 점으로 미루어 생각할 때에 위씨조선은 비록 철기문화에 보다 친숙한 중국인 유망민의 세력을 배경으로 했다고 하더라도, 중국인의 식민지 정권일 수는 없다. 오히려 토착하는 조선인의 족장 세력을 온존하는 부족연맹적인 정권이었다. 이리하여, 고조선사회는 [대륙의 철기문화 세력과 타협하여] 새로운 양상을 띠며 일단의 비약을 하게 되었다.[78]

3)(그러나,) 진은 중국을 통일한지 불과 10여년 만에 망하고 한이 이에 대신하였다. … 이렇게 정국이 뒤바뀌는 동안, 중국으로부터 동쪽으로 망명하여 오는 자가 더욱 많아졌다. 그 중의 한 사람인 위만은 천여명의 무리를 이끌고 왔다고 한다. 위만은 처음 고조선의 준왕으로부터 변경을 수비하는 임무를 맡더니 유망민들의 세력을 기반으로 그 힘이 커지자 준왕을 축출하고 스스로 왕이 되었다(B. C. 194—180). 이 때 준왕은 남쪽

---

78)「위씨조선」, 『한국사신론』 초판, 1967, pp.26-27.

진국으로 가서 한왕이라고 칭하였다 한다.

　B.C. 4세기에서 3세기로 바뀔 무렵에 행해진 연燕의 침략에서 비롯하여, 한족의 정치적 · 군사적 · 경제적 세력은 쉬지 않고 침투해 들어오고 있었다. 이러한 대세의 추이가 드디어는 위만으로 하여금 한족 세력을 배경으로 하는 새로운 왕조를 건설케 한 것이었다. [[그러나, 이 위씨조선이 순전한 중국인 이주자들에 의하여 지배되는 식민지 정권이었다는 과거의 통념은 최근 [여러] 학자들에 의하여 비판을 받고 있다. 그러한 비판의 논거는, 첫째 위만이라는 인물이 연인이 아니라 조선인이었으리라는 점에 있다. 그가 조선으로 올 때에 상투를 틀고 조선옷을 입었다는 것, 그가 국호를 여전히 조선이라고 했다는 것이 위만의 민족적 소속에 대한 새로운 주장의 근거이다. 둘째, 그의 정권에는 고조선인으로서 높은 직위를 차지하는 자가 많았다는 점이다. 니계상 참은 그 뚜렷한 존재이다. 이러한 점들로 미루어 생각할 때에]] 위씨조선은 비록 철기문화에 보다 친숙한 중국인 유망민의 세력을 배경으로 했다고 하더라도, 중국인의 식민지 정권일 수는 없다. 오히려 고조선인의 세력을 바탕으로 한 연맹왕국적인 정권이었다. [이리하여, 고조선사회는 새로운 양상을 띠며 일단의 비약을 하게 되었다.]79)

4)(그러나,) 진은 중국을 통일한지 불과 10여년 만에 망하고 한이 이에 대신하였다. … 이렇게 정국이 바뀌는 동안, 중국으로부터 동쪽으로 망명하여 오는 자가 더욱 많아졌다. 그러한 망명자 중의 한 사람인 위만은 천여 명의 무리를 이끌고 왔다고 한다. 위만은 처음 고조선의 준왕으로부터 변경을 수비하는 임무를 맡더니 유망민들의 세력을 기반으로 그 힘이 커지자 준왕을 축출하고 스스로 왕이 되었다(B.C.194~180). 이 때 준왕은 남쪽 진국으로 가서 한왕이라고 칭하였다 한다.

　B.C. 4세기에서 3세기로 바뀔 무렵에 행해진 연의 침략에서 비롯하여 중국의 정치적 · 군사적 · 경제적 세력은 쉬지 않고 침투해 들어오고 있었다. 이러한 대세의 추이가 드디어는 위만으

---

79) 「위씨조선」, 『한국사신론』 개정판, 1976, p.30.

로 하여금 중국인 유망민 세력을 배경으로 하는 새로운 왕조를 건설케 한 것이었다. 그러나, 위만은 중국으로부터의 망명인이었을 뿐이므로 그의 왕조는 중국의 식민정권은 아니었다. 그는 자기의 취약한 왕권을 유지하기 위하여 고조선의 토착세력과 결합할 필요가 있었다. '상相'이라는 직명으로 나오는 인물들이 바로 그러한 토착세력가였던 것으로 생각된다. 그러므로 위만조선은 비록 철기문화에 보다 친숙한 중국인 유망민의 세력을 배경으로 했다고 하더라도, 중국인의 식민정권일 수는 없다. 오히려 고조선인의 세력을 바탕으로 한 연맹왕국적인 정권이었다.[80]

『국사신론』 초판에서부터 '대세의 추이'임을 내세우면서 "위만으로 하여금 한족 세력을 배경으로 하는 새로운 왕조를 건설케 한 것"이라고 하고는, 이 (1)"위씨조선이 순전한 중국인 이주자들에 의하여 지배되는 식민지정권이었다는 과거의 통념은 최근 학자들에 의하여 비판을 받고 있음"을 소개하면서, 이어서 구체적인 점을 들고 낱낱이 이를 설명하였는데, 여기에서도 자신의 사론을 적극적으로 전개하고 있음을 우리는 목격하게 된다. 이후 이 사론은 『한국사신론』 초판 이후에도 지속되더니, 신수판에서부터는 빠졌다. 그러고는 (4)"위만은 중국으로부터의 망명인이었을 뿐이므로 그의 왕조는 중국의 식민정권은 아니었다. 그는 자기의 취약한 왕권을 유지하기 위하여 고조선의 토착세력과 결합할 필요가 있었다. '상相'이라는 직명으로 나오는 인물들이 바로 그러한 토착세력가였던 것으로 생각된다"고만 서술하는 데에 그쳤을 뿐이었다. 아마도 이러한 자신의 사론이 이미 앞서의 『국사신론』 및 『한국사신론』의 여러 판본에서 줄곧 펼쳐졌고 또한 이러한 내용이 일반에게 널리 알려졌다고 여겨, 이렇게 간단히 종합하여 정리해 서술하였던 게 아닐까 헤아려진다.

---

80) 「위만조선」, 『한국사신론』 신수판, 1990, pp.37-38; 「위만조선」, 『한국사신론』 한글판, 1999, pp.33-34.

17)한사군의 위치

한사군漢四郡의 위치에 관한 서술에 있어서는 거의 동일한 내용을 줄곧 기술하였다. 그러면서도 약간의 손질만이 행해졌는데, 그 차이점을 살피기 위해서는 면밀히 대조해보아야지만 찾아낼 수 있을 정도였다.

(1)(그러다가) 한漢은 위씨조선을 멸망시킨 그 해(B.C.108)에 위씨조선의 판도 안에다 낙랑樂浪 · 진번眞番 · 임둔臨屯의 세 군郡을 두고, 그 다음 해(B.C.107)에 예맥濊貊의 땅에 현토군玄菟郡을 두어 소위 한사군이 성립되었다. 다만, 사군의 위치에 대하여는 고래로 이설이 많아 지금껏 학계에서 공인되는 통설이 나타나지 못하고 있다. 그러나, 대략 낙랑군은 대동강 유역의 조선 고지故地, 진번군은 자비령慈悲嶺 이남 한강漢江 이북의 진번 고지, 임둔군은 함경남도의 임둔 고지, 현토군은 압록강 중류 동가강佟佳江 유역의 예맥 고지─앞서 창해군滄海郡이 개척되던 지방─에 설치된 것으로 생각된다. 이 설에 의하면, 한의 사군은 한강 이북의 지역에 한하였던 것으로 되지만, 반도의 독립된 토착사회들을 단위로 하고 설치되었다는 흥미있는 결론에 도달하는 셈이다.[81]

(2)(그러다가) 한은 위씨조선을 멸망시킨 그 해(B.C.108)에 위씨조선의 판도 안에다 낙랑 · 진번 · 임둔의 세 군을 두고, 그 다음 해(B.C.107)에 예맥의 땅에 현토군을 두어 소위 한사군이 성립되었다. [다만, 사군의 위치에 대하여는 예로부터 이설이 많아 지금껏 학계에서 공인되는 통설이 나타나지 못하고 있다.] 그러나, 대략 낙랑군은 대동강 유역의 조선 고지, 진번군은 자비령 이남 한강 이북의 진번 고지, 임둔군은 함경남도의 임둔 고지, 현토군은 압록강 중류 동가강 유역의 예맥 고지[─앞서 창해군이 개척되던 지방─]에 설치된 것으로 생각된다. 이 설에 의하면, [한의] 사군은 한강 이북의 지역에 한하였던 것으로 되

---

81) 「군현의 변천」, 『국사신론』, 태성사, 1961; 제일출판사, 1963, pp.30-31.

지만, [반도의] 독립된 [토착사회들을 단위로 하고 설치되었다는 흥미있는 결론에 도달하는 셈이다.[82]

(3)한은 위씨조선을 멸망시킨 그 해(B.C.108)에 위씨조선의 판도 안에다 낙랑·진번·임둔의 세 군을 두고, 그 다음 해(B.C. 107)에 예의 땅에 현토군을 두어 소위 한사군이 성립되었다. 그 위치는 낙랑군이 대동강 유역의 고조선 지방, 진번군이 자비령 이남 한강 이북의 옛 진번 지방, 임둔군이 함남의 옛 임둔 지방, 현토군은 압록강 중류 동가강 유역의 예 지방에 설치된 것으로 생각된다. 이 설에 의하면, 사군은 한강 이북의 지역에 한하였으며, 일정한 독립된 사회들을 단위로 하고 설치되었다는 흥미있는 결론에 도달하는 셈이다.[83]

(4)한은 위만조선을 멸망시킨 그 해(B.C.108)에 위만조선의 판도 안에다 낙랑·진번·임둔의 세 군을 두고, 그 다음 해(B.C. 107)에 예의 땅에 현토군을 두어 소위 한의 사군이 성립되었다. 그 위치는 낙랑군이 대동강 유역의 고조선 지방, 진번군이 자비령 이남 한강 이북의 옛 진번 지방, 임둔군이 함남의 옛 임둔 지방, 현토군은 압록강 중류 동가강 유역의 예 지방이었던 것으로 생각된다. 이 설에 의하면, 4군은 한강 이북의 지역에 한하였으며, 일정한 독립된 사회들을 단위로 하고 설치되었다는 흥미있는 결론에 도달하는 셈이다.[84]

그 차이점의 첫째는 "다만, 사군의 위치에 대하여는 고래로 이설이 많아 지금껏 학계에서 공인되는 통설이 나타나지 못하고 있다"고 한 대목이 『국사신론』과 『한국사신론』 초판에서만 들어 있을 뿐이지, 그 외에서는 제외되고 있음이다. 이는 이설異說이 분분함을 고려하여 그랬던 것으로 사료된다. 그리고 그 차이점의 둘째는 "이 설에 의하면, 한의 사군은 한강 이북의 지역에 한하

---

82) 「군현의 성립」, 『한국사신론』 초판, 1967, p.30.
83) 「한의 군현」, 『한국사신론』 개정판, 1976, p.32.
84) 「한의 군현」, 『한국사신론』 신수판, 1990, p.40; 「한의 군현」, 『한국사신론』 한글판, 1999, p.36.

였던 것으로 되지만, 반도의 독립된 토착사회들을 단위로 하고 설치되었다는 흥미있는 결론에 도달하는 셈이다"라고 『국사신론』과 『한국사신론』 초판에서는 서술했던 것을, 그 이후에는 그 가운데 밑줄 그은 "반도의"와 "토착" 부분을 삭제한 것이다. 이 역시 한사군의 위치를 한반도만으로 국한해서 파악하려는 데에 대해서 많은 이론異論들이 제기되고 있음을 의식하고 반영한 결과가 일 듯싶다.

18) 삼한의 위치와 문화 단계 설정

삼한三韓의 위치와 그 문화 단계의 설정과 관련하여서는 3가지 점에서 각 판본의 서술 내용을 주목해 보아야 한다고 생각한다. 첫째는 그 위치에 대한 기술이고, 둘째는, 그 문화의 구체적인 내용에 대한 파악이며, 셋째는 그 문화의 단계에 관한 규정이다,

> (1) 한사군의 설치가 진국辰國에 끼치는 영향은 큰 것이었다. 금속문화의 광범한 전파가 한강 이남지역의 사회적 발전에 중요한 역할을 하였음을 이미 한 군현의 영향을 논할 때에 언급한 바가 있었다. 이즈음 도작稻作이 행해진 것도 이와 아울러 주목되어야 할 것이다. [이들은 비록 우마牛馬를 농경에 이용할 줄은 몰랐으나 철제농구는 사용하고 있었다.] 한편, 유이민의 이주도 더욱 증가되었다. 이들 유이민은 그들이 가지는 정치적 방법과 금속문화에 대한 지식으로서 토착사회와 결합하여 점차 그 세력을 키워가게 되었다. 이러한 결과 새로 개편된 것이 마한 · 진한 · 변한의 삼한이었을 것이다. 삼한의 위치에 대하여는 [말썽많은] 논의가 거듭되고 있는데, 종래 마한은 경기 · 충청 · 전라 지방, 진한은 경상도의 낙동강 동부, 변한은 경상도의 낙동강 서부로 생각되어 왔었다. 그러나 진한을 한강 유역에 비정比定하는 새로운 견해도 있다.[85]

---

85) 「삼한의 분립」, 『국사신론』, 태성사, 1961; 제일출판사, 1963, p.51.

(2)한사군의 설치가 진국에 끼치는 영향은 큰 것이었다. 금속문화의 광범한 전파가 한강 이남 지역의 사회적 발전에 중요한 구실을 하였음을 이미 한 군현의 영향을 논할 때에 언급한 바가 있었다. 이즈음 도작이 더욱 발달한 것은 이와 아울러 주목되어야 할 것이다. 한편, 유이민의 이주도 더욱 증가되었다. 이들 유이민은 그들이 가지는 정치적 방법과 금속문화에 대한 지식으로서 토착사회와 결합하여 점차 그 힘을 키워가게 되었다. 이러한 결과 새로 개편된 것이 마한·진한·변한의 삼한이었을 것이다. 삼한의 위치에 대하여는 논의가 거듭되고 있는데, 종래 마한은 경기·충청·전라 지방, 진한은 경상도의 낙동강 동쪽, 변한은 경상도의 낙동강 서쪽으로 생각되어 왔었다. 그러나 진한을 한강 유역에 비정하는 새로운 견해도 있다.[86]

(3)철기문화의 광범한 전파는 한강 이남 지역의 사회적 발전에 중요한 구실을 하였다. [김해패총金海貝塚에서 탄화炭化된 쌀이 나오는 것으로 알 수 있듯이,] 이즈음 벼농사(도작)가 더욱 발달한 것은 이와 아울러 주목되어야 할 것이다. 한편, 유이민의 이주도 더욱 증가되었다. 이들 유이민은 그들이 가지는 정치적 방법과 금속문화에 대한 지식으로서 진국의 토착 세력과 결합하여 점차 그 힘을 키워가게 되었다. 이러한 결과 새로 개편된 것이 마한·진한·변한의 삼한이었다. 삼한의 위치에 대하여는 논의가 거듭되고 있는데, 종래 마한은 경기·충청·전라 지방, 진한은 경상도의 낙동강 동쪽, 변한은 경상도의 낙동강 서쪽으로 생각되어 왔었다. 그러나 진한을 한강 유역에 비정하는 새로운 견해도 있다.[87]

(4)철기문화의 광범한 전파는 한강 이남 지역의 사회적 발전에 중요한 구실을 하였다. 김해패총에서 탄화된 쌀이 나오는 것으로 알 수 있듯이, 이즈음 벼농사(도작)가 더욱 발달한 것은 이와 아울러 주목되어야 할 것이다. [최근 B.C. 1세기로 추정되는 경남 의창 다호리茶戶里의 토광목곽묘土壙木槨墓에서 나온 철제

---

86) 「삼한의 분립」, 『한국사신론』 초판, 1967, p.49.
87) 「진국과 삼한」, 『한국사신론』 개정판, 1976, p.39.

농구나 청동검·칠기고배漆器高杯·붓 등도 이미 농경이 크게 발달하고 문자를 사용할 줄 하는 이 시기의 높은 문화수준을 증명하여 주는 것이다.] 한편, 유이민의 이주도 더욱 증가되었다. 이들 유이민은 그들이 가지는 정치적 방법과 금속문화에 대한 지식으로서 진국의 토착세력과 결합하여 점차 그 힘을 키워가게 되었다. 이러한 결과 새로 개편된 것이 마한·진한·변한의 삼한이었다. 3한의 위치에 대하여는 논의가 거듭되고 있는데, 종래 마한은 경기·충청·전라도 지방, 진한은 경상도의 낙동강 동쪽, 변한은 경상도의 낙동강 서쪽으로 생각되어 왔었다. 그러나 진한을 한강 유역에 비정하는 견해도 있다. [이 시기를 국가 이전의 chiefdom 단계로 보는 견해도 있으나, 이 견해는 경남 다호리 유적의 발굴 결과로 이제는 그 설 땅을 잃었다고 해도 지나친 말이 아니다.][88]

첫째 삼한의 위치에 대해서는 일관되게 "3한의 위치에 대하여는 논의가 거듭되고 있는데, 종래 마한은 경기·충청·전라도 지방, 진한은 경상도의 낙동강 동쪽, 변한은 경상도의 낙동강 서쪽으로 생각되어 왔었다. 그러나 진한을 한강 유역에 비정하는 견해도 있다"고 서술하고 있음을 알 수가 있다. 앞의 것, 즉 마한은 경기·충청·전라도 지방, 진한은 경상도의 낙동강 동쪽, 변한은 경상도의 낙동강 서쪽으로 비정하는 것은 다산茶山 정약용丁若鏞 이래 거의 그대로 좇고 있는 게 아닌가 싶은데, 이에 반해 "진한을 한강 유역에 비정하는 견해"는 임창순任昌淳의 논문[89]에서 제기된 견해로서, 이를 줄곧 소개하고 있는 게 꽤 이채롭다고 여겨진다. 다만 『국사신론』에서만 "말썽 많은 논의"라는 표현을 구사했다가 『한국사신론』 초판이후에서는 단지 "말썽 많은"을 빼버리

88) 「진국과 삼한」, 『한국사신론』 신수판, 1990, p.48; 「진국과 삼한」, 『한국사신론』 한글판, 1999, pp.41-42.
89) 임창순, 「진한위치고」, 『사학연구』 6, 1959.

고 "논의"라고만 썼음도 지적할 수 있겠다.

둘째, 문화의 구체적인 내용에 대한 파악에 있어서 주목되는 바는, 『국사신론』에서만 "이들은 비록 우마를 농경에 이용할 줄은 몰랐으나 철제농구는 사용하고 있었다"고 기술하였던 것을 『한국사신론』 초판 이후에서는 이를 제외시키고 있다는 점이다. 초기에는 농업생산력의 발달에도 관심을 크게 기울이고 있던 터였기에 이러한 내용의 서술을 넣었던 것 같은데, 논란의 여지가 생길까 하여 제외시킨 것 같다. 다만 아쉬운 것은 여기에서 우마의 축력 이용을 농경에 이용할 줄 몰랐다고 상정한 게 역사적 사실과는 배치되는 것이므로, 제외시킨 게 잘못 되었다고는 생각되지 않으나, 다만 축력의 종류에서 소와 말을 함께 상정한 것은 탁견이었지 않았나 여겨진다. 이러한 기술이 우경뿐만이 아니라 마경까지도 염두에 두었던 서술이었다고 볼 때에, 꽤 흥미로운 견해를 표방한 게 되기 때문이라고 하겠다.[90] 이러한 점과 더불어 신수판에 이르러 "최근 B.C. 1세기로 추정되는 경남 의창 다호리의 토광목곽묘에서 나온 철제농구나 청동검·칠기고배·붓 등도 이미 농경이 크게 발달하고 문자를 사용할 줄 하는 이 시기의 높은 문화수준을 증명하여 주는 것이다"라고 기술하였음 역시 기억되어야 할 사실이다.

그리고 셋째, 삼한 문화의 단계에 관한 규정과 관련하여, 이전에는 전혀 찾아볼 수 없던 서술을, 신수판에 이르러서 "이 시기를 국가 이전의 chiefdom 단계로 보는 견해도 있으나, 이 견해는 경남 다호리 유적의 발굴 결과로 이제는 그 설 땅을 잃었다고 해도 지나친 말이 아니다"라고 확신에 찬 어조로 서술하였던 것을 괄목해 보아야 할 것이다. 이는 앞서 〈10〉부족국가설과 성읍

---

90) 한국 고대 사회에서 우경牛耕뿐만 아니라 마경馬耕이 행해졌을 가능성에 대한 지적은, 노용필, 「고구려·신라의 중국 농법農法 수용과 한국 농법의 발전」, 『한국도작문화연구』, 한국연구원, 2012, pp.146-151 참조

국가론〉항목에서 이미 검토한 바와 같이 성읍국가설을 주창하고
있는 것과 정면적으로 배치되는 것이라 그랬다고 여겨지며, 또한
그 앞에서 기술한 바대로 경남 창원시 다호리 유적의 실제 면모
로 볼 때 그것이 단연코 chiefdom 단계로는 결코 설정할 수 없
겠다는 신념에서 내린 판단이었다고 보인다.

19)초기국가의 노예제사회설 비판

여기에서 '초기국가'라고 함은 성읍국가가 형성되고 연맹왕국으
로 발전한 시기로, 아직 고구려, 백제, 신라 등의 중앙집권적 귀
족국가로 발전되기 이전의 시기를 통틀어 지칭하는 의미로, 세계
고고학계에서는 때론 이를 영문으로 'early state'라고 표기하는
것을 직역하여 편의상 사용한 것이다. 어쨌든 이 무렵의 사회적
성격에 대해 유물사관에서는 노예제奴隸制사회라는 견해가 지금도
생명력이 있다고 믿는 모양이나, 한국사에서도 그러려니 여기는
견해에 대해 문제를 지적하는 사론을 신수판에 이르러 다음과 같
이 기술하였다.

> 성읍국가 내지 연맹왕국 시대의 사회는 이 농민들의 거주지인
> 촌락을 기반으로 하고 그 위에 서 있었다. 그러므로 이 사회를
> 노예제사회였다고 하는 것은 사실과 일치하지 않는다. 비록 소
> 수의 지배층이 많은 노예를 순장殉葬하였다 하더라도, 그들이
> 그 사회의 주된 생산담당자였다고는 할 수가 없을 것이기 때문
> 이다.[91]

당시 사회에 노예가 있었고 또 그들이 순장되었다고 하더라도
그것은 일부에 그칠 뿐, 다수인 농민들이 "그 사회의 주된 생산

---

91) 「촌락과 농민」, 『한국사신론』 신수판, 1990, p.50; 「촌락과 농민」, 『한
국사신론』 한글판, 1999, p.44.

담당자"였기에 노예제사회라고는 결코 볼 수 없다는 지적인 것이다. 즉 순장제가 있었다고 해서 그것이 곧 노예제사회라고는 볼 수 없다는 견해를 표방한 것으로[92], 이는 유물사관 자체를 이러한 사안을 구체적인 사례로 삼아 비판하고 있는 것이라 하겠다.

20)삼국의 건국 시기에 관한 『삼국사기』의 기록 비판

삼국의 건국 시기에 관한 『삼국사기三國史記』의 기록 자체에 문제가 있음은 널리 알려져 있는 사실일 것이다. 이러한 사료적인 문제점에 대해서도 처음의 『국사신론』에서는 나름의 비판을 가하는 기술을 하였다.

삼국사기에 의하면 삼국 중 가장 먼저 건국한 것은 서기전 57년의 신라요 그 뒤에 고구려와 백제가 약 20년의 간격을 두고 서기전 37년과 18년에 각기 건국한 것으로 되어있다. 여기의 건국을 고대국가의 그것으로 생각한다면 그것은 터무니없는 거짓이 된다. 이를 부족연맹체의 형성으로 생각하더라도 고구려를 제외하고는 그 연대를 신용하기가 힘든다. 결국 삼국사기의 건국 연대에는 후대의 조작이 있는 것이 분명하다. 아마 삼국을 통일한 신라가 고구려보다 앞선 첫 갑자년甲子年(B.C. 57)으로써 그 건국 연대를 잡고 백제는 맨 뒤로 돌리게 된 것 같다.[93]

---

92) 순장殉葬이 행해지고 있었다고 해서 이를 당시의 사회가 노예제사회라는 증거로 볼 수 없음은 후일 그가 「유물사관적 한국사관」, 『현대 한국사학과 사관』, 1991; 『한국사상韓國史像의 재구성』, 1991, pp.197-198에서 상세히 논한 바가 있다. 한편 고구려 왕릉 순장자들의 경우를 중심으로 살펴서, 고구려 사회가 노예제사회였다고 하는 주장에 대한 비판은 노용필, 「고구려 왕릉 순장자의 사회적 처지—고구려사회의 노예제설 비판의 일환으로—」, 『한국고대사회사상사탐구』, 한국사학, 2007, pp.49-72 참조.
93) 「고대국가」, 『국사신론』, 태성사, 1961; 제일출판사, 1963, pp.57-58.

결국 "고구려를 제외하고는 그 연대를 신용하기가 힘든다. 결국
삼국사기의 건국 연대에는 후대의 조작이 있는 것이 분명하다"고
하였던 것이다. 이러한 『삼국사기』 초기 기록에 대한 사료 비판
의 사론은, 하지만 너무나 일반적으로 널리 알려져 있는 점이라
굳이 서술하는 게 개설서에서는 적합하지 않은 것으로 판단하여,
이후의 『한국사신론』 여러 판본에서는 일체 재론하지 않았다고
살펴진다.

21)농민층의 분화와 유인의 실체 파악

삼국시대 농민의 사회적 비중을 높이 평가하여 그들의 사회적
분화에 대한 관심을 표명함으로써 당시 사회의 실상을 서술하기
도 하였다. 그러면서 고구려의 경우를 중심으로 그 과정에서 발
생하는 용민傭民과 유인遊人에 대한 학설을 소개하면서 자신의 견
해를 포함시키기도 하였다.

> (그러나,) 신분적으로 양인인 자영自營농민들이 차지하는 사회적
> 비중은 절대적인 것이었으며, 이들은 각기 자기들의 자영지를
> 경작하고 있었다. 이러한 자영농민들은 국가에서 직접 파악하고
> 있었으며, 조세租稅·공부貢賦와 역역力役의 부과 대상이 되었
> 다. 즉 처음에는 인두人頭를 단위로 해서, 뒤에는 재산을 기준
> 으로 3등으로 나뉜 호戶를 단위로 해서 국가에 포布와 곡穀을
> 냈으며, 일정한 기간의 방수防戍나 축성築城·축제築堤와 같은
> 역역에도 동원되었다.
> 촌락에 거주하는 농민들은 마전麻田의 경우에서와 같이 아직
> 공동경작을 하기도 하였으므로 공동체적인 유제를 지니고 있는
> 셈이다. 그러나 이들은 원칙적으로 각자의 자영지를 경작하는
> 자영농민이었고, 따라서 농민층의 사회적 분화가 크게 진행되었
> 다. 농민들 중에는 그 결과 때로 토지를 잃고 용민으로 전락되
> 기도 하였다. 고구려의 을불乙弗(미천왕美川王)이 수실촌水室村의

호민豪民이었을 음모陰牟의 집에서 용작傭作하던 때의 모습에서
이를 짐작할 수 있다. 이들은 용작에 의해서 그들의 생활을 이
어 나가는 빈민이었으며, 고구려의 유인遊人 같은 것은 그런 층
이었을 것이다. 그러므로, 이들에 대한 세금징수도 자영농민보
다는 가벼웠던 것이다. 춘궁기에 곡식을 빌려 주었다가 추수기
에 받아들이는 진대법賑貸法 같은 것이 행해지게 되는 것도 이
러한 사회적 배경 속에서 이해되어야 할 것이다. 그러나 유인
에 대해서는 이를 말갈靺鞨·거란契丹 등의 부용민附庸民을 말하
는 것이라는 주장도 있다.[94]

　신분이 양인인 자영농민의 사회적 비중을 "절대적인 것"으로
파악하고, 이들은 "원칙적으로 각자의 자영지를 경작하는 자영농
민"이었음을 설파하였다. 그리고 이러한 농민들이 사회적 분화가
크게 진행되어 그 결과 용민으로 전락하기도 하였으며, 고구려의
유인이 그러한 경우였을 것으로 서술하였다. 그러면서도 이 유인
에 대해 "이를 말갈·거란 등의 부용민을 말하는 것이라는 주장
도 있다"고 덧붙여 소개하고 있다. 이는 곧바로 뒤에서 보게 되
는 바와 같이 삼국시대 농업생산력의 근원이 이들에게 있었음을
말하여, 결국에는 당시 사회가 노예의 노동력이 중심이 되었던
노예제사회가 아님을 지적하고자 하였던 것이라 가늠된다.

　22)삼국시대 향·부곡민의 천민설 및 노예사회설 비판
　거듭 삼국시대 농업 생산력을 양인 신분의 자영농민이 담당했
었다는 점을 강조하면서, 종래에 천민의 거주지로 여겨졌던 향
鄕·부곡部曲에 대해서도 그 주민이 일반 군郡·현縣의 그것과 같
이 양인의 거주지였다는 주장을 소개하며, 당시의 사회가 결코

───────────────

94)「촌주와 농민」,『한국사신론』신수판, 1990, p.86;「촌주와 농민」,『한
　국사신론』한글판, 1999, pp.73-74.

노예사회가 아니었다는 자신의 견해를 전개하기도 하였다. 다음이 그렇다.

> 신라에는 촌만이 아니라 향·부곡 등으로 불리는 지방행정구획이 또한 설정되어 있었다. 종래 군·현·촌이 양인의 거주지인데 대하여, 향·부곡은 노비적인 신분을 가진 천민의 거주지로 생각되어왔다. 그러나 향·부곡에도 군·현에서와 마찬가지 장관이 임명되고 그 주민도 군·현의 주민과 마찬가지로 인식되고 있었다는 주장이 나와서 주목되고 있다. 그러므로 신라에서 농경에 종사하는 노동인구의 대부분을 차지한 것은 일반 자유민인 자영농민自營農民이었음이 분명하다. 또 건축이나 주종鑄鐘 등 기술직에 종사하는 사람들도, 강고내미强古乃未가 나마奈麻의 관등을 받고 있는 것과 같이 그 신분이 하급 귀족에 속하고 있는 경우도 있을 정도여서, 결코 천민만은 아니었다. 따라서 이 시대를 노예사회라고 하는 주장은 잘못된 것임을 알 수가 있다.[95]

더더군다나 금석문 자료에서 찾아지는 신라의 강고내미라고 하는 실존 인물의 경우를 예로 들면서 기술직에 종사하는 사람들 가운데는 하급 귀족에 속하는 경우도 있을 정도였으므로, "결코 천민만은 아니었다"는 주장을 펼쳤다. 그러면서 "따라서 이 시대를 노예사회하고 하는 주장은 잘못된 것임"을 지적하였던 것이다. 지금까지 보아온 이상과 같은 일련의 서술은 궁극적으로는 한국 고대사회가 노예제사회였다고 보는 유물사관 자체를 부정하고[96], 정확한 실상을 규명하기 위함이었다고 보아 틀림이 없다.

---

95) 「민중생활」, 『한국사신론』 신수판, 1990, pp.114-115; 「민중생활」, 『한국사신론』 한글판, 1999, pp.97-98.
96) 유물사관에 대한 상세한 비판은 그의 글 가운데 보기 드물 정도의 장문인 「유물사관적 한국사관」, 『현대 한국사학과 사관』, 1991; 『한국사상韓國史像의 재구성』, 1991, pp.174-212에서 행해졌다.

23)고려의 관료제사회설 비판

고려사회의 성격 규정과 관련된 핵심 논쟁은 그 사회를 귀족사회貴族社會로 볼 것인가 아니면 관료제官僚制사회로 볼 것인가 하는 문제였다. 1973년 역사학회 월례발표회에서부터 시작되어[97] 10여년 이상 지속되었던 이 논쟁에 대해서도 핵심 내용을 정리하여 제시한 후, 이에 관한 자신의 의견을 개진해두었다.[98] 이런

97) 애초에 이 논쟁은 1973년 『역사학보』 제58집에 박창희朴菖熙와 김의규金毅圭가 각자의 관련 논문을 역사학회의 월례발표회에서 구두 발표 내용을 게재한 데서 촉발되었는데, 월례 발표회에 거의 빠짐없이 참석하는 등 당시 임원으로서 역사학회의 운영에 깊이 간여하던 이기백 자신의 의중이 발표 주제는 말할 것도 없고 발표자 선정에도 상당히 깊이 반영되었던 게 거의 틀림이 없을 것이다.

98) 이러한 고려시대의 성격 규정 학술 논쟁과 관련하여서는 그가 다음과 같이 지적하고 있음 역시 참고가 되어 마땅할 것이라고 보아, 직접 관련된 부분만을 중심으로 일부 소개하고자 한다.

"최근의 한국사학계에는 몇 가지 두드러진 학문적 논쟁이 있었다. 커다란 문제만을 적어 보더라도 구석기문화를 에워싼 문제들을 위시해서, 고려의 가산관료제家産官僚制사회설과 귀족사회설, 조선 초기의 민본民本사회설과 양반兩班사회설, 사림파士林派의 성격 규정 문제, 공전公田과 사전私田의 개념에 관한 문제 등등 이루 셀 수 없이 많이 있다. … 그러나 결론이 틀린 학설이라도 만일 논문으로서의 기본성격을 갖추고 있는 경우에는, 그렇지가 못한 논문이 결론만을 옳게 내리고 있는 경우보다도 학계에 유익을 끼칠 수 있다는 점을 알아야 한다. 가령 고려사회가 가산관료제사회였느냐 귀족사회였느냐 하는 논쟁의 경우를 들어보자면, 어느 한쪽 혹은 양쪽 모두가 틀렸는지도 모르지만, 그러나 양쪽 주장은 모두 고려사회에 대한 이해를 더욱 깊이하고 정밀하게 하였다는 점에서 학계에 크게 기여하였다고 할 수가 있다. … 명확하지 않은 개념을 가지고서는 학문이 성립될 수가 없는 것이다. 그런데 논쟁에서 종종 개념규정을 불분명하게 하는 경향을 드러내곤 하였다. 예컨대 가산관료제란 말은 베버가 사용한 것이었지만, 처음 이 개념이 명확하게 인식되었던 것으로는 보이지가 않는다. 그러므로 자연히 논쟁은 초점이 맞지 않는 것과 같은 느낌이었다. 그러다가 점차 그 개념이 명확하게 되면서 논쟁도 더욱 분명하게 되었음은 물론이다. 필자 자신도 관련되어 있던 문제였기 때문에 손쉽게 생각되어 여기서 가산관료제의 예를 들었지만, 이 점은 다른 논

이유로 해서 1990년 간행의 신수판에서 처음으로 이 사론이 삽입되게 되었음은 말할 것도 없다.

　　최근 고려를 관료제사회로 보는 새 견해가 제기되고 있다. 그
　　러나, 고려는 혈통을 존중하는 신분제사회였고, 상위 신분층이
　　사회의 지배세력을 형성하고 있었으므로, 이를 귀족사회라고 이
　　해하는 것이 옳다고 생각한다.[99]

　　신수판의 이 내용 바로 밑 〈참고〉란에 그 사이에 발표된 이에 관한 박창희朴菖熙, 김의규金毅圭, 박용운朴龍雲, 한충희韓忠熙의 논문은 물론 이기백 자신의 논문 그리고 박창희와 김의규의 재검토 논문 등이 상세하게 기입되어 있음을 찾아볼 수 있다. 그래서 고려사회의 성격 규정에 관한 학설을 위에서와 같이 간결하게 정리한 후 결론적으로 "귀족사회라고 이해하는 것이 옳다고 생각한다"고 언급하였던 것이라고 생각된다.

　24)묘청의 난 성격에 대한 견해
　　『국사신론』과 『한국사신론』에서는 일관되게, 고려 전기 문벌 중심의 귀족 사회를 크게 동요하게 한 사건으로 이자겸李資謙의 난과 묘청妙淸의 난을 꼽았다. 이 중에서도 묘청의 난에 관해서는 서경파·풍수지리설파·배타주의파(배외파)인 묘청 일파와 개경

───────────────

　　쟁의 경우에도 다름이 없었다고 생각한다. … 논쟁이 없는 학계는 침체
　　된 학계라고 할 수가 있다. 논쟁은 더욱 더 권장되어야 할 것이다. 그러
　　나 학문적 논쟁은 학문의 발전에 기여하는 방향에서 이루어져야지 이를
　　저해하는 방향에서 이루어져서는 안 된다. 그러기 위해서는 논쟁이 지켜
　　야 할 원칙들에 관심을 쏟아야 하리라고 믿는다"「과학적 한국사학을 위
　　한 반성과 제의」, 『역사학보』 104, 1984; 『한국사상의 재구성』, 1991,
　　pp.124-125.
99)「귀족정치의 지향」, 『한국사신론』 신수판, 1990, p.157; 「귀족정치의
　　지향」, 『한국사신론』 한글판, 1999, p.132.

파 · 유학파 · 사대주의파인 김부식 일파의 대립으로 상세히 기술
하고 있다.

> (1)이상과 같이 서경파西京派 · 풍수지리설파風水地理說派 · 배타주
> 의파排他主義派로 지목되는 묘청妙淸 일파의 주장은 김부식金富
> 軾을 그 대표로 하는 개경파開京派 · 유학파儒學派 · 사대주의파事
> 大主義派의 공격의 적的이 되었다. 그들의 미신적 행위는 더욱
> 비난의 재료가 된 것이다. … 그러나 김부식의 지휘를 받는 관
> 군에게 1년만에 서경이 함락하고 난은 진압되었다.
> [이 묘청의 난은 지방 대립, 사상 대립, 대외정책의 대립 등
> 일련의 흥미있는 사실을 우리에게 제공하여 주고 있다. 특히
> 묘청 일파의 칭제稱帝 건원建元의 주장 및 정금론征金論을 과대
> 평가하여 묘청의 실패를 독립사상의 패배라고 분개憤慨하는 논
> 자까지 나오고 있는 것이다. 이러한 견해는 전혀 무시할 수는
> 없다 하더라도 묘청 등의 견해가 진정한 독립사상이었느냐 하
> 는데는 의심이 없을 수 없다. 오히려 묘청의 주장은 배타주의
> 라고 해야 할 것이다. 국제관계의 정당한 인식과 자타自他의 실
> 력에 대한 정확한 판단이 결여되었고 따라서 실력의 양성을 토
> 대로 한 것이 아니라 풍수의 덕에 힘입으려는 미신에 근거를
> 둔 정금론이었기 때문이다. 요컨대 묘청의 난은 서경세력의 개
> 경세력에 대한 반항에서 일어난 것이었다고 보는 것이 가장 타
> 당할 것이다.]100)
> (2)이상과 같이, 서경파 · 풍수지리설파 · 배타주의파로 지목되는
> 묘청 일파의 주장은 김부식을 그 대표로 하는 개경파 · 유학
> 파 · 사대주의파의 공격의 대상이 되었다. 그들의 미신적 행위는
> 더욱 비난의 재료가 된 것이다. … 그러나, 김부식의 지휘를 받
> 는 관군에게 1년만에 서경이 함락하고 난은 진압되었다.101)
> (3)이상과 같이, 서경파 · 풍수지리설파 · 배외파로 지목되는 묘
> 청 일파의 주장은 김부식을 그 대표로 하는 개경파 · 유학파 ·

---

100)「묘청의 난」,『국사신론』, 태성사, 1961; 제일출판사, 1963, p.163.
101)「이자겸의 난」,『한국사신론』초판, 1967, p.147.

사대파의 공격의 대상이 되었다. 서경파의 미신적 행위는 더욱 비난의 재료가 된 것이다. … 그러나, 김부식의 지휘를 받는 관군에게 1년 만에 서경이 함락되고 난은 진압되었다.[102]

(4)이상과 같이 서경파·풍수지리설파·배외파로 지목되는 묘청 일파의 주장은 김부식을 그 대표로 하는 개경파·유학파·사대파의 공격의 대상이 되었다. 서경파의 비합리적 사고와 행위는 더욱 비난의 재료가 된 것이다. … 그러나, 김부식의 지휘를 받는 관군에게 1년 만에 서경이 함락되고 난은 진압되었다.[103]

『국사신론』에서는 유달리 상론하였음이 크게 눈에 띄는데, "특히 묘청 일파의 칭제 건원의 주장 및 정금론을 과대 평가하여 묘청의 실패를 독립사상의 패배라고 분개하는 논자까지 나오고 있는 것이다"라고 한 대목에서 이 논자는 곧 신채호申采浩를 말하는 것으로 여기에서 상론한 글은 바로 그의 「조선역사상 일천년래 제일대사건」이었다. 그러면서 이에 대해 자신의 논평 역시 개진하였으니, "이러한 견해는 전혀 무시할 수는 없다 하더라도 묘청 등의 견해가 진정한 독립사상이었느냐 하는 데는 의심이 없을 수 없다. … 요컨대 묘청의 난은 서경세력의 개경세력에 대한 반항에서 일어난 것이었다고 보는 것이 가장 타당할 것이다"라고 기술하였던 것이다. 그런 후 이후의 판본에서는 이러한 자신의 사론은 일체 제외시켜 버리고 그 골격의 내용만을 추려서 정리하여 서술하였다.

25)무인정권의 역사적 평가에 대한 견해

『국사신론』에만 기술하였을 뿐 이후의 여타 판본에서는 더 이상 기술하지 않았던 사론의 하나가 바로 이것이다. 『국사신론』

---

102) 「묘청의 난」, 『한국사신론』 개정판, 1976, p.168.
103) 「묘청의 난」, 『한국사신론』 신수판, 1990, p.191; 「묘청의 난」, 『한국사신론』 한글판, 1999, p.159.

초판이 발행된 1961년과, 재판이 발행된 1963년 이후, 그것도 『한국사신론』 초판이 발행되는 1967년 어간의 당시 상황과 깊은 관련이 있어 그런 게 아니었을까 싶다.

> 최씨의 무인정권이 외세의 압력을 받음이 없이 순탄한 발전을 수행하였다면 한국 역사의 발전은 어떠한 방향을 걷게 되었을 것인가. 이것은 물론 어리석은 질문임에는 틀림이 없으나 또 적이 궁금한 수수께끼가 아닐 수 없다. 비록 여러 가지 차이점이 있을 것이지마는 거의 동시에 무인막부武人幕府를 건설한 일본의 경우와 대비할 때에 더욱 그러하다. 하여튼 무인정권은 그 독재의 기초가 확립될 지음 커다란 대외적인 시련을 겪지 않으면 안되었으니 그것이 곧 몽고蒙古의 침입이었다. 그리고 이 시련에 과감히 항거하던 무인정권은 결국 그 시련을 끝까지 이겨내지 못하고 말았던 것이다.[104]

무인정권이 "순탄한 발전을 수행하였다면 한국 역사의 발전은 어떠한 방향을 걷게 되었을 것인가"라는 명제를 제시하며 기술한 이 사론을 통해 그가 일본의 경우까지 제시하면서 펼쳐보이고자 했던 자신의 내밀한 생각은 무엇이었을까? "시련에 과감히 항거하던 무인정권"이 "그 독재의 기초"를 '확립'하여 "그 시련을 끝까지 이겨내"었더라면 하는 아쉬움을 일면 지니고 있었던 게 아닐까? 그래서 한국 역사의 발전에 계기가 되었더라면 좋았겠다는 자신 내면의 한 자락을 조심스레 펼쳐보였던 게 아니었던가 짐작된다. 원고 집필 당시의 매우 혼란된 정치 상황을 겪으면서 지녔을 이러한 상념의 나래를 1961년의 『국사신론』 간행 때에는 용기 내어 그대로 두었으나, 하지만 더 이상 그대로 두게 되면 많은 오해를 불러일으킬 수도 있다는 조심스러움에 접어 버리고, 1967의 『한국사신론』 초판부터에서는 전혀 내색도 하지 않게 되었던 게

---

104) 「몽고와의 항쟁」, 『국사신론』, 태성사, 1961; 제일출판사, 1963, p.171.

아니었나 추측할 뿐이다.

26)조선의 양천제사회설 비판

『국사신론』 초판부터 『한국사신론』 개정판까지에서는 조선사회가 양반사회라고 하는 사실에 대해 의문의 여지가 없다고 믿어왔던 것 같다. 그러다가 그 신수판에 이르러서는 이에 반대되는 학설이 제기된 것에 대해 관심조차 표명하지 않으면 옳지 않다는 판단을 내리고 극력으로 이에 대해 논평을 서슴지 않았던 듯하다.

(1)이조李朝의 사회를 움직여 나간 지배적인 사회층은 사대부士大夫였다. 사대부들은 결국 관직을 얻으면 문반文班이나 무반武班의 양반兩班에 속하게 되는 것이다. 이로 인해서 뒤에 양반이란 말은 문무의 관직을 차지할 수 있는 사회적 신분층에 대한 칭호로 광범하게 사용되기에 이르렀다. 그리고, 이조 사회의 정치·경제·문화를 움직여나간 사회층이 바로 이들이었던 까닭에 이를 양반사회라고 불러 마땅할 것이다.[105]

(2)이조의 사회를 움직여 나간 지배적인 사회 계층은 사대부였다. 사대부들은 결국 관직을 얻으면 문반이나 무반의 양반에 속하게 되는 것이다. 이로 인해서 뒤에 양반이란 말은 문무의 관직을 차지할 수 있는 사회적 신분층에 대한 칭호로 광범하게 사용되기에 이르렀다. 그리고, 이조사회의 정치·경제·문화를 움직여나간 계층이 바로 이들이었던 까닭에 이를 양반사회라고 불러 마땅할 것이다.[106]

(3)조선의 사회를 움직여 나간 지배적인 사회계층은 사대부였다. 사대부들은 결국 관직을 얻으면 문반이나 무반의 양반에 속하게 되는 것이다. 이로 인해서 양반이란 말은 문무의 관직을 차지할 수 있는 사회적 신분층에 대한 칭호로 사용되기에 이르렀다. 그리고 조선사회의 정치·경제·문화를 움직여 나간

---

105)「양반사회」, 『한국사신론』 초판, 1967, p.203.
106)「양반사회」, 『한국사신론』 개정판, 1976, pp.209-210.

계층이 바로 이들이었던 까닭에, 이를 양반사회라고 불러 마땅할 것이다. [최근 조선 초기의 신분제가 크게 양인良人과 천인賤人으로 갈라질 뿐이며, 양반과 상민常民은 모두 같은 양인으로서 그 사이에는 신분상 차이가 없었다고 주장하는 새로운 견해가 나타나고 있다. 그러나 이러한 주장은 법조문法條文과 사회의 실제와를 구별하여 보지 않는 데서 일어난 잘못이다.]107)

신수판에서 "최근 조선 초기의 신분제가 크게 양인과 천인으로 갈라질 뿐이며, 양반과 상민은 모두 같은 양인으로서 그 사이에는 신분상 차이가 없었다고 주장하는 새로운 견해가 나타나고 있다. 그러나 이러한 주장은 법조문과 사회의 실제와를 구별하여 보지 않는 데서 일어난 잘못이다"라고 명명백백하게 비판하는 사론을 달아두었던 것이다. 여기에서는 이 주장을 학술적으로 뭐라 하는지도 밝히지 않았는데, 밝힘으로써 오히려 혼란을 가중시키는 게 아닐까 하는 염려에서 그런 것으로 살펴진다. 이 학설에 대해서 이기백은 '민본제民本制사회설'이라는 학술 용어를 사용하였는데, 이에 대해서는 구체적으로 "물론 그러한 신분제를 어떻게 이해하느냐 하는 데는 반드시 의견이 일치하지가 않아서, 가령 고려의 사회가 가산관료제사회였다든가, 혹은 조선의 초기사회는 양천良賤의 두 신분으로 구성된 민본제사회였다든가 하는 학설이 제기되기도 하였다108)"라고 한 데에서나 또한 "최근의 한국사학계에는 몇 가지 두드러진 학문적 논쟁이 있었다. 커다란 문제만을 적어 보더라도 구석기문화를 에워싼 문제들을 위시해서, 고려의 가산관료제사회설과 귀족사회설, 조선 초기의 민본사회설과 양반사회설, 사림파의 성격 규정 문제, 공전公田과 사전私田의 개념

107) 「양반사회」, 『한국사신론』 신수판, 1990, p.236; 「양반사회」, 『한국사신론』 한글판, 1999, p.196.
108) 「현대의 한국사학」, 『한국학보』 41, 1985; 『한국사상의 재구성』, 1991, p.104.

에 관한 문제 등등 이루 셀 수 없이 많이 있다[109])"고 한 데에서 찾아진다.

27)서원의 기능에 대한 견해

조선시대 서원書院의 기능에 대한 견해는 『국사신론』 초판부터 『한국사신론』 개정판까지에서는 무척이나 부정적인 경향이 농후했다가, 그 이후 차츰 긍정적인 측면을 고려한 듯하다. 즉 사회 발전에 도움이 되지 않고 오히려 저해한 것으로 보다가, 후에는 그러한 면을 굳이 강하게 드러내지 않는 쪽으로 서술의 태도를 전환하였다고 살펴지는 것이다.

(1)(그러나) 서원은 [그것이 국가의 경제를 침식하여 경제적인 문제를 야기시켰다는 데에 중요한 의미가 있는 것은 아니다.] 사화士禍에 의하여 강압을 받은 유학자들이 그들의 활로를 서원에서 개척했다는 데에 [보다] 중요한 사실이 있다. 주자학朱子學의 융성은 이 서원을 터전으로 하고 이루어진 것이었다. 그러나 당쟁黨爭이 격심하여지면서 이 서원은 단순한 학문의 도장이 아니라 붕당朋黨의 근거지가 되었다. 동족同族의 자제子弟를 모아서 교육을 하므로써 맺어진 사제지간이란 혈연에 의하여 맺어진 부자지간과 마찬가지로 인간을 속박하는 중요한 제약이 되었다. 스승의 설은 비록 그릇된 것이라 하더라도 제자가 이를 반대하지 못하였다. 이황李滉의 계통인 영남학파嶺南學派는 의례히 주리파主理派여야 하고 이이李珥의 계통인 기호학파畿湖學派는 의례히 주기파主氣派여야 한다. [독창이 죽은 학문이 대를 이어 계승될 뿐이었다. 중국의 명대明代에 새로운 양명학陽明學이 일어나고 청대淸代에는 고증학考證學이 일어났건만 이조의 유학이 의연히 주자학에 고착하여 질식하고만 것은 이러한

---

109) 「과학적 한국사학을 위한 반성과 제의」, 『역사학보』 104, 1984; 『한국사상의 재구성』, 1991, p.124.

침체된 학풍學風에 말미암는 것이었다.] 또 같은 스승을 섬긴 제자들 사이에도 그 유대는 든든한 것이었다. 그들은 동문계同門契 등을 통하여 동학의 의誼를 두텁게 할 뿐만 아니라 당쟁에 있어서나 출세에 있어서나 모두 시비是非를 초월해서 결합할 수 있었다. [그러므로 서원은 이조 주자학의 온상이기도 하였지마는 동시에 학문을 진취성 없고 독창성 없는 죽은 것으로 만든 곳이기도 하였다.]110)

(2)(그러나) 서원은 무엇보다도 사화에 의하여 강압을 받은 사림들에게 그들의 활로를 서원에서 개척했다는 데에 중요한 의미가 있다. 주자학의 융성은 이 서원을 터전으로 하고 이루어진 것이었다. 그러나 당쟁이 격심하여지면서 이 서원은 단순한 학문의 도장이 아니라 붕당의 근거지가 되었다. 동족의 자제를 모아서 교육을 함으로써 맺어진 사제지간이란 혈연에 의하여 맺어진 부자지간과 마찬가지로 인간을 속박하는 중요한 제약이 되었다. 스승의 설은 비록 그릇된 것이라 하더라도 제자가 이를 반대하지 못하였다. [[이황의 계통인 영남학파는 으레 주리파라야 하고 이이의 계통인 기호학파는 으레 주기파라야 했다. [그러므로, 양명학 같은 것은 발전할 여지가 없었다.] 또 같은 스승을 섬긴 제자들 사이에도 그 유대는 든든한 것이었다.]] 그들은 동문계 등을 통하여 동학의 의를 두텁게 할 뿐만 아니라 당쟁에 있어서나 출세에 있어서나 모두 시비를 초월해서 결합할 수 있었다.111)

(3-가)사화에 의하여 탄압을 받은 사람들에게 그들의 활로를 개척해 주고 성공의 터전을 마련해 준 것이 서원이었다.112)

(3-나)당쟁이 격심하여지면서 이 서원도 단순한 학문의 도장이 아니라 붕당의 근거지가 되었다. 동족의 자제를 모아서 교육을 함으로써 맺어진 사제의 사이란 혈연에 의하여 맺어진 부자父子의 그것과 마찬가지로 인간을 속박하는 중요한 제약이 되었다. 스승의 설은 비록 그릇된 것이라 하더라도 제자가 이를 반

110) 「서원」, 『국사신론』, 태성사, 1961; 제일출판사, 1963, p.232.
111) 「서원과 향약」, 『한국사신론』 초판, 1967, pp.249-250.
112) 「서원과 향약」, 『한국사신론』 개정판, 1976, p.248.

대하지 못하였다. 그들은 동문계 등을 통하여 동학의 의를 두 텁게 할 뿐만 아니라 당쟁에 있어서나 출세에 있어서 모두 시 비를 초월해서 결합하였던 것이다.113)

(4-가)사화에 의하여 탄압을 받은 사람들에게 그들의 활로를 개 척해 주고 성공의 터전을 마련해 준 것이 서원이었다.114)

(4-나)이렇게 붕당이 학파의 대립과 밀접한 관계를 가지고 있으 므로 해서, 자연히 서원이 붕당의 근거지가 되는 경향을 나타 내기에 이르렀다. 같은 서원에서 수학한 사람들이 동문계를 조 직하여 그들의 우의와 결속을 다지는 현상도 이런 속에서 생겨 나게 되었다.115)

(5-가)사화에 의하여 탄압을 받은 사람들에게 그들의 활로를 개 척해 주고 성공의 터전을 마련해 준 것이 서원이었다.116)

(5-나)이렇게 붕당이 학파의 대립과 밀접한 관계를 가지고 있었 으므로, 자연히 서원이 붕당의 근거지가 되는 경향을 나타내기 에 이르렀다. 같은 서원에서 수학한 사람들이 동문계를 조직하 여 그들의 우의와 결속을 다지는 현상도 이런 속에서 생겨나게 되었다.117)

심지어 『국사신론』 초판에서는 "서원은 이조 주자학의 온상이 기도 하였지마는 동시에 학문을 진취성 없고 독창성 없는 죽은 것으로 만든 곳이기도 하였다"고 서술하였을 정도였다. 그리고 『한국사신론』 초판과 개정판에서는 동일하게 "그들은 동문계 등을 통하여 동학의 의를 두텁게 할 뿐만 아니라 당쟁에 있어서나 출 세에 있어서나 모두 시비를 초월해서 결합할 수 있었다"라고도 하였던 것이다. 그러다가 『한국사신론』 신수판 이후에서는 "같은 서원에서 수학한 사람들이 동문계를 조직하여 그들의 우의와 결

---

113) 「당쟁의 발생」, 『한국사신론』 개정판, 1976, p.250.
114) 「서원과 향약」, 『한국사신론』 신수판, 1990, p.275.
115) 「붕당의 발생」, 『한국사신론』 신수판, 1990, p.278.
116) 「서원과 향약」, 『한국사신론』 한글판, 1999, p.229.
117) 「붕당의 발생」, 『한국사신론』 한글판, 1999, p.232.

속을 다지는 현상도 이런 속에서 생겨나게 되었다"는 정도로, 다소 완화된 표현으로 서술하고 있다. 이러한 서술 태도의 변화는, 처음에는 그렇지 못하다가 나중에는 사림세력의 대두라는 요소 즉 당시 사회 주도세력의 변화를 비로소 염두에 두게 되면서 서원의 기능에 대해서도 사림세력의 근거지로서 지니는 역사적 의미를 부정적인 측면만을 보지 않게 된 데에 따른 게 아니었을까 싶다.

28) 당쟁에 대한 견해

방금 앞서 본 바대로 서원의 기능에 대해 『국사신론』 및 『한국사신론』 초판에서 부정적으로 기술하였듯이 당쟁黨爭에 대해서도 그러하였다. 『국사신론』에서는 『한국사신론』 초판의 그것보다 오히려 더 심하게 오로지 부정적으로만 서술한 감도 없지 않다.

(1) 이상에서 우리는 남·북·노·소의 가장 중요한 네 파의 대립을 중심으로 당쟁사의 대략을 더듬어 왔다. 그것은 지루한 반복의 역사였다. 비록 정쟁의 논제는 달랐고 대립된 파는 달랐으나 쫓아내고 쫓기어나고 다시 복수를 하고 다시 쫓기어나는 같은 과정이 되풀이된 것이다. 정쟁의 논제는 사회의 개선이나 국민의 생활 향상에 있는 것이 아니었다. 복상服喪문제라든가 세자책립世子冊立문제와 같은 왕실의 가족적 규범에 관한 문제가 가장 많았다. [사회성이 결여된 관념적인 정치론이었다.] 이러한 문제를 가지고 온 양반사회가 싸웠던 것이다. 당쟁에 가담하지 않은 양반은 있을 수 없었다. 이미 파가 다르면 나면서부터 원수였다. 그들은 서로 혼인을 통하지 않았고, 한자리에 앉아 담소談笑하기를 꺼려했고, 섬기는 스승이 달랐다. 이이가 서인西人이 득세하면 문묘文廟에 종사從祀가 되고 남인南人이 득세하면 출향黜享이 되던 사정만 보더라도 그들이 얼마나 당파의 계통이라는 것을 중하게 생각했는가를 알 수 있다. 이 같이 이

조의 양반들은 지극히 편협한 태도로서 인습因襲과 명분名分에 얽매이어 있었다. [자유로운 인간성은 억압되고 따라서 사회적인 개혁이나 문화적인 발전은 좀처럼 기대할 수가 없었다.]118)
(2)이상에서 우리는 남·북·노·소의 가장 중요한 네 파의 대립을 중심으로 당쟁사의 대략을 더듬어 왔다. 그것은 지루한 반복의 역사였다. 비록 정쟁의 논제는 달랐고 대립된 파는 달랐으나 쫓아내고 쫓겨나고 다시 복수를 하고 다시 쫓겨나는 같은 과정이 되풀이된 것이다. 정쟁의 논제는 사회의 개선이나 국민의 생활 향상에 있는 것이 아니었다. 복상 문제라든가 세자 책립 문제와 같은 왕실의 가족적 규범에 관한 문제가 가장 많았다. 이러한 문제를 가지고 온 양반사회가 싸웠던 것이다. 당쟁에 가담하지 않은 양반은 있을 수 없었다. 이미 파가 다르면 나면서부터 원수였다. 그들은 서로 혼인을 통하지 않았고, 한자리에 앉아 담소하기를 꺼려했고, 섬기는 스승이 달랐다. 이이가 서인이 득세하면 문묘에 종사가 되고 남인이 득세하면 출향이 되던 사정만 보더라도 그들이 얼마나 당파의 계통이라는 것을 중하게 생각했는가를 알 수 있다. 이 같이 이조의 양반들은 지극히 편협한 [배타적] 태도로서 의리와 명분에 얽매여 있었다.119)

당쟁사 자체가 "지루한 반복의 역사"였다고 하거나 "당쟁에 가담하지 않은 양반은 있을 수 없었다"고 쓰고 있는 것은 『국사신론』과 『한국사신론』 초판에서 마찬가지였다. 허나 "자유로운 인간성은 억압되고 따라서 사회적인 개혁이나 문화적인 발전은 좀처럼 기대할 수가 없었다"고 하는 부분은 『국사신론』에만 있을 뿐, 『한국사신론』 초판에서는 삭제되었다. 이후의 판본에서는 이러한 부정적인 서술은 일체 보이지 않는다. 그것은 이후에는 당

---

118) 「사색당파의 싸움」, 『국사신론』, 태성사, 1961; 제일출판사, 1963, pp. 252-253.
119) 「사색당파의 싸움」, 『한국사신론』 초판, 1967, p.254.

쟁 자체를 부정적인 측면만을 강조하는 식민주의사관에서 벗어나기에 주력하였기 때문으로 이해된다.[120]

29) 실학의 성격에 대한 견해

조선 후기 실학實學의 성격에 대한 서술에 있어서도 처음의 내용에다가 나중에는 새로운 사항을 추가해가면서 완성시켜 나갔음을 지켜볼 수 있다. 즉 처음에는 실증적이고 독창적이라는 점만을 지적하다가 나중에는 민족적인 성격도 띠었음을 추가하여 설명하였던 것이다. 말할 것도 없이 이러한 정리에도 그 자신의 견해가 반영된 것임이 분명하다.

(1-가)이렇게 학문의 대상이 현실적인 것으로 되면 그 방법도 변할 수밖에 없었다. 즉, 실학자들의 연구방법은 실증적實證的이었다. 모든 결론을 확실한 전거典據에 의하여 내렸던 것이다. 그러므로, 반드시 과거의 전통이나 스승의 설에 맹종해야 할 필요를 느끼지 않았다. 그들 스스로의 연구 성과와 어긋나는 것이 있으면 선학先學의 설이라도 거리낌 없이 비판하였다. 말

---

120) 이러한 필자의 생각은 특히 이기백의 「나의 한국사 연구」, 『한국사학사학보』 1, 2000; 『한국전통문화론』, 2002, p.306의 다음과 같은 대목을 읽으면서 지니게 되었다. "사실은 이런 일들이 계기가 돼서 『한국사 시민강좌』가 시작되었습니다. 요즘도 그렇지만 저에게도 자꾸 질문을 했습니다. 아주 잘 아는 사람들도 고조선의 영토가 어디까지였다는데 어떻게 됐느냐고 질문합니다. 이래서는 안 되겠다 싶었습니다. 그래서 그 사람들이 식민주의사관이 무엇인지도 모르고 있다 싶어서 창간호에서는 그것부터 알려 주려고 했습니다. …(중략)… 당쟁도 그렇습니다. 당쟁은 수치스러운 것이니 교과서에서 간단히 다루라는 것이었습니다. 그러나 당쟁이 어떤 것인지 그 성격을 올바로 이해하게 되면 절대로 국민들이 열등감을 갖게 되지 않았을 것이라고 생각했습니다. 우리 나라 당쟁이라는 것은 점잖은 것입니다. 일본의 사무라이들의 그 복수극이나 서양 중세의 봉건 영주들의 전쟁에 비하면, 우리 나라 당쟁이야말로 정말 점잖은 싸움이 아니겠습니까."

하자면 그들의 학문은 독창적이었던 것이다. 이리하여 이조의 학문은 새로운 발전을 하게 되었다.[121]

(1-나)이렇게 학문의 대상이 현실적인 것으로 되면 그 방법도 변할 수밖에 없었다. 즉, 실학자들의 연구 방법은 실증적이었다. 모든 결론을 확실한 전거에 의하여 내렸던 것이다. 그러므로, 반드시 과거의 전통이나 스승의 설에 맹종하려고 하지를 않았다. 그들 스스로의 연구 성과와 어긋나는 것이 있으면 선학의 설이라도 거리낌 없이 비판하였다. 말하자면 그들의 학문은 독창적이었던 것이다. 이리하여 이조의 학문은 새로운 발전을 하게 되었다.[122]

(2-가)이렇게 학문의 대상이 현실적인 것으로 되면 그 방법도 변할 수밖에 없었다. 즉, 실학자들의 연구 방법은 실증적이었다. 모든 결론을 확실한 전거에 의하여 내렸던 것이다. 그러므로, 반드시 과거의 전통이나 스승의 설에 맹종하려고 하지를 않았다. 그들 스스로의 연구 성과와 어긋나는 것이 있으면 선학의 설이라도 거리낌 없이 비판하였다. 말하자면 그들의 학문은 독창적이었던 것이다. [그리고 그들이 관심을 가진 현실이 바로 조선의 현실이었기 때문에 그들의 학문은 민족적 성격을 띤 것일 수밖에 없었다.] 이리하여 이조의 학문은 새로운 비약을 하게 되었다.[123]

(2-나)이렇게 학문의 대상이 현실적인 것으로 되면 그 방법도 변할 수밖에 없었다. 즉, 실학자들의 연구 방법은 실증적이었다. 모든 결론을 확실한 전거에 의하여 내리려고 했던 것이다. 그러므로, 반드시 과거의 전통이나 스승의 주장에 맹종하려고 하지를 않았다. 그들 스스로의 연구성과와 어긋나는 것이 있으면 선학의 학설이라도 거리낌 없이 비판하였다. 말하자면 그들의 학문은 독창적이었던 것이다. 그리고 그들이 관심을 가진 현실이 바로 조선의 현실이었기 때문에 그들의 학문은 민족적 성격을 띤 것일 수밖에 없었다. 이리하여 조선의 학문은 새로

---

121) 「실학의 발생」, 『국사신론』, 태성사, 1961; 제일출판사, 1963, p.259.
122) 「실학의 발생」, 『한국사신론』 초판, 1967, p.269.
123) 「실학의 발생」, 『한국사신론』 개정판, 1976, p.278.

운 비약을 하게 되었다.[124]

『국사신론』과 『한국사신론』 초판에서는 실학의 성격이 실증적이고 독창적이라는 점을 들어 말하면서, 그래서 당시의 학문이 "새로운 발전을 하게 되었다"고 썼었다. 그러던 것이 개정판에서부터 여기에다가 (2-가)"그리고 그들이 관심을 가진 현실이 바로 조선의 현실이었기 때문에 그들의 학문은 민족적 성격을 띤 것일 수밖에 없었다"는 부분을 삽입하고는, 그래서 당시의 학문이 "새로운 비약을 하게 되었다"고 수정하였다.[125] 결국 이렇게 실학의 학문적 성격을 논함에 있어 지속적으로 수정해가면서 종합적으로 정리한 것 자체가 오로지 그 자신의 견해를 정리하여 완성도를 높여가며 밝힌 것임에 틀림이 없어 보이는 것이다.

30)경세치용학파의 중농주의설 비판

농업 중심의 이상국가 건설을 구상하여 제시한 소위 경세치용학파經世致用學派의 유형원柳馨遠, 이익李瀷, 정약용丁若鏞 등의 학설을 정리하여 제시한 후, 이들의 주장을 중농주의重農主義라고 지적한 학설에 대해 정면으로 반박하는 자신의 견해를 명료하게 제시하기도 하였다. 중농주의라는 용어의 개념이 그런 게 아니라는 것이었다.

이들은 자신이 토지를 소유하고 경작하는 독립된 자영농민을 기본으로 하는 이상국가의 건설을 목표로 하였다. 즉, 사농일치土農一致의 원칙에서 신분적인 차별을 없이하고, 교육의 기회를 균등히 하여 능력 위주로 관리를 등용하며, 상공업의 발전이나

---

124) 「실학의 발생」, 『한국사신론』 신수판, 1990, pp.306-307; 「실학의 발생」, 『한국사신론』 한글판, 1999, p.255.

125) 노용필, 「책머리에」, 『한국도작문화연구』, 한국연구원, 2012, p.5 참조.

화폐의 유통에 의한 농촌경제의 침식을 방지할 것을 주장하였
다. 이같이 이들이 농업을 중심으로 한 이상국가를 구상하였으
나, 그렇다고 인위적인 질서를 배격하고 자연질서를 존중하여
경제 분야에서 농업을 중요시하는 중상주의重農主義라고 하는
것은 잘못이다.[126]

이들이 농업을 중심으로 한 이상국가를 세우려 하였다고 해도,
이들을 중농주의라고 할 수는 결코 없다는 견해를 피력한 것이
다. "인위적인 질서를 배격하고 자연질서를 존중하여 경제 분야에
서 농업을 중요시하는" 게 중농주의인데, 이들이 그렇게 주장하지
는 않았다라는 의견이라 하겠다. 부연하자면 경제사에서 중농주
의라고 할 때에는 "인위적인 질서를 배격하고 자연질서를 존중하
여 경제 분야에서 농업을 중요시하는" 것을 의미하는데, 이들 경
세치용학파는 그렇지 않으므로 그렇게 볼 수 없다는 자신의 사론
을 분명히 해두었던 것이라 하겠다.

31)이용후생학파의 중상주의설 비판

상공업 중심의 부국안민론富國安民論을 펼친 박제가朴齊家, 홍대
용洪大容 등의 북학파北學派 즉 이용후생학파利用厚生學派 실학자들
의 학문적 성격에 대해 논하면서도 역시 자신의 사론을 적극적으
로 제시하였다. 이들이 아무리 상공업 중심을 부르짖었을지언정,
그렇다고 해서 이들을 중상주의重商主義라고 하는 것은 잘못이라
는 지적이다.

농촌의 건전한 발전을 토대로 한 사회의 개혁을 주장한 경세치
용학파와는 달리, 서울의 도시적 분위기 속에서 자란 실학의

---

126) 「농업 중심의 이상국가론」, 『한국사신론』 신수판, 1990, p.308; 「농업
중심의 이상국가론」, 『한국사신론』 한글판, 1999, p.257.

일파가 새로이 성장하였다. 이들의 학문은 점차로 활발하여진 상공업과 깊은 관계를 가지고 있었으며, 상공업의 발전을 통하여 사회의 번영을 이룩하여 보자는 이른바 이용후생의 학문이었다. 이것은 실학의 새로운 발전이라고 하겠는데, 종래 이들의 학문을 흔히 북학이라고 불러 왔다. 때로는 이를 중상주의라고 부르는 경우도 있으나 이는 잘못이다. 나라의 부를 증대하기 위하여는 금·은을 많이 소유해야 하며, 그 목적을 위하여 수입을 억제하고 수출을 늘려야 한다는 중상주의를 북학과 같다고 할 수가 없다.[127]

요컨대 경제사에서의 중상주의는 "나라의 부를 증대하기 위하여는 금·은을 많이 소유해야 하며, 그 목적을 위하여 수입을 억제하고 수출을 늘려야 한다"는 것인데, 이는 북학파의 주장과는 적합하지 않다는 것이다. 상공업 중심을 강조하였다고 해서, 이를 한자로 표기했을 때 마치 중상주의라고 해도 무방할 것처럼 주장하는 것에 대해 한 마디로 "이는 잘못이다"라는 것이다. 인접 학문에서 쓰는 학문 용어의 개념조차 제대로 검증도 거치지 않고 명확히 알지도 못하면서도 천연덕스럽게 마치 당연히 그런 듯이 주장을 펴는 이들에게 일침을 가한 지적이라 하지 않을 수 없겠다.

32)천주교 수용과 유행의 역사적 의미에 대한 견해

『국사신론』과 『한국사신론』의 다른 어느 항목보다도 가장 실감 넘치게 자신만의 표현으로 자신의 견해를 담아낸 게 바로 이 부분이 아닐까 생각하게 된다. 그만큼 조선 후기 역사 속에서 천주교의 수용과 그 유행의 역사적 의미에 대해 그 자신이 크게 높이 평가하고 있었음을 여실히 드러내주는 것일 듯하다.

---

127) 「상공업 중심의 부국안민론」, 『한국사신론』 신수판, 1990, p.309; 「상공업 중심의 부국안민론」, 『한국사신론』 한글판, 1999, p.257.

(1)당시 신자信者들의 그룹[을 명도회明道會라고 불렀는데 여기]
에는 이승훈李承薰 · 이가환李家煥 · 정약전丁若銓 · 정약종丁若鍾 ·
[정약용丁若鏞 ·]권철신權哲身 · 권일신權日身 · 이벽李蘗 등 남인南
人의 명사名士와 김범우金範禹 같은 중인中人계급의 인물도 섞여
있었다. 그런가 하면 부녀자들 특히 과부와 궁녀宮女들도 많이
믿었다. 즉 양반 중에는 정권에 참여하지 못한 남인의 시파時派
학자, 계급적으로는 억압 받는 중인이나 상민 및 사회적으로
차별 대우를 받는 부녀자들이 천주교를 많이 믿었다는 것은 흥
미있는 사실이다. 모든 인간은 한결같이 천주의 자녀라는 평등
사상에 그들이 공명하고 있었음이 분명하다. 중인이나 상인들이
양반과 한 자리에 앉아서 천주에게 예배를 올릴 수 있다는 것
은 감격적인 일이었을 것이다. 또 안방살이에 갇혀있던 부녀자
들이 공공한 회합會合에서 남자들과 한자리에 앉을 수 있다는
감격도 마찬가지였을 것이다. 평등사상 뿐아니라 현실에 낙망落
望한 그들에게 천국天國에 대한 설교說敎는 그대로 복된 소식이
었을 것이다. [이러한] 천주교가 유행한다는 것은 양반관료 중
심의 사회, 가부장제적家父長制的인 가족제도의 사회, 유교지상
주의儒敎至上主義의 사회에 대한 사상적인 도전이었다.[128]

(2)당시 신자들의 그룹에는 이승훈 · 이가환 · 정약전 · 정약종 ·
권철신 · 권일신[· 이벽] 등 남인의 명사와 김범우 같은 중인계
급의 인물도 섞여 [있었다. 그런가 하면 부녀자들, 특히 과부와
궁녀들도 많이 믿었다.] 즉, 양반 중에서는 정권에 참여하지 못
한 남인의 시파학자, 계급적으로는 [억압 받는 중인이나 상민
및 사회적으로 차별 대우를 받는 부녀자들이 천주교를 많이 믿
었다는 것은 흥미있는 사실이다. 모든 인간은 한결같이 천주의
자녀라는 평등사상에 그들이 공명하고 있었음이 분명하다. 중인
이나 상인들이 양반과 한 자리에 앉아서 천주에게 예배를 올릴
수 있다는 것은 감격적인 일이었을 것이다. 또, 안방살이에 간
혀있던 부녀자들이 공공한 회합에서 남자들과 한자리에 앉을
수 있다는 감격도 마찬가지였을 것이다. 평등사상 뿐아니라 현

128)「천주교의 전래」,『국사신론』, 태성사, 1961; 제일출판사, 1963, p.264.

실에 낙망한 그들에게 천국에 대한 설교는 그대로 복된 소식이
었을 것이다.] 천주교가 유행한다는 것은 양반관료 중심의 사
회, [가부장제적인 가족제도의 사회,] 유교지상주의의 사회에 대
한 사상적인 도전이었다.[129]

(3-가)당시 신자들의 그루우프에는 이승훈 · [이벽 ·]이가환 · 정
약전 · 정약종 · 정약용 · 권철신 · 권일신 등 남인의 명사名士가
[많았는데, 이들은 대개 이익李瀷의 문인들이었다. 그리고] 김범
우 같은 중인계급의 인물도 섞여[서 중요한 역할을 하였다.] 즉
양반 중에서는 정권에 참여하지 못한 남인의 [시파학자, 신분
적으로는 중인들이 서학을 많이 믿었다.

[이들 서학西學 신봉자들은 서양 선교사들의 전도에 의해서보
다도 중국으로부터 전래된 「천학초함天學初函」 등의 천주교 서
적들을 읽고 자발적으로 이에 깊은 관심을 가지게 되었다. 그
까닭은 소수 벌열閥閱의 집권으로 말미암은 사회적 정치적 모
순을 극복하는 길을 서학에서 찾으려고 했기 때문이다. 성리학
과는 반대로 인간원죄설을 주장하는 서학은, 약한 자를 억누르
고 개인의 이익을 추구하는 데 골몰하는 벌열들이나 부농富
農 · 거상巨商들로 말미암아 빚어진 모순에 가득 찬 현실 속에
서, 이에 비판적인 재야학자들에게 매력을 느끼게 했던 것이다.
암담한 현실 속에서 몸부림치던 일부 경세치용의 실학자들은
종교적 신앙을 통하여 천국을 건설하는 데 새로운 희망을 느끼
게 되었던 것으로 보인다. 그러므로] 서학이 유행한다는 것은
벌열 중심의 양반사회, 성리학지상주의의 사상적 [질곡에 대한
일종의] 도전이었다. [이러한 초기 서학 신봉자들의 사상은 이
벽에 의하여 잘 대표되고 있다.][130]

(3-나)당시 신자들의 그룹에는 이승훈 · 이벽 · 이가환 · 정약전 ·
정약종 · 정약용 · 권철신 · 권일신 등 남인의 명사가 많았는데,
이들은 대개 이익의 문인들이었다. 그리고 김범우 같은 중인
계급의 인물이 섞여서 중요한 역할을 하였다. 즉, 양반 중에서

---

129) 「천주교의 전파」, 『한국사신론』 초판, 1967, p.286.
130) 「천주교의 전파」, 『한국사신론』 개정판, 1976, pp.285-286.

는 정권에 참여하지 못한 남인의 학자, 신분적으로 [양반보다 지위가 떨어지는] 중인들이 서학을 많이 믿었다.

이들 서학 신봉자들은 서양 선교사들의 전도에 의해서보다도 중국으로부터 전래된 『천학초함』 등의 천주교 서적들을 읽고 자발적으로 이에 깊은 관심을 가지게 되었다. 그 까닭은 소수 벌열의 집권으로 말미암은 사회적·정치적 모순을 극복하는 길을 서학에서 찾으려고 했기 때문이다. [인간의 본성이 선하다고 믿는] 성리학과는 반대로, 서학은 [인간이 태어나면서부터 악하다고 하는] 인간원죄설을 주장하는 것이었다. 약한 자를 억누르고 개인의 이익을 추구하는 데 골몰하는 벌열들이나 부농·거상들로 말미암아 빚어진 모순에 가득 찬 현실 속에서, 이에 비판적인 재야학자들이 이 서학에 매력을 느끼게 되었던 것이다. [그러니까] 암담한 현실 속에서 몸부림치던 일부 경세치용의 실학자들은 종교적 신앙을 통하여 [지상에] 천국을 건설하는 데 새로운 희망을 느끼게 되었던 것으로 보인다. 그러므로 서학이 유행한다는 것은 벌열 중심의 양반사회, 성리학지상주의의 사상적 질곡에 대한 일종의 도전이었다. 이러한 초기 서학 신봉자들의 사상은 이벽에 의하여 잘 대표되고 있다.[131]

『국사신론』과 『한국사신론』 초판에서 "중인이나 상인들이 양반과 한 자리에 앉아서 천주에게 예배를 올릴 수 있다는 것은 감격적인 일이었을 것이다. 또, 안방살이에 갇혀있던 부녀자들이 공공한 회합에서 남자들과 한자리에 앉을 수 있다는 감격도 마찬가지였을 것이다. 평등사상 뿐 아니라 현실에 낙망한 그들에게 천국에 대한 설교는 그대로 복된 소식이었을 것이다"라고 쓴 부분은 그야말로 이들이 느꼈을 '감격'이 그대로 전해지는 듯한 느낌이 들 정도다. 더욱이 신수판 이래로 새로 쓰여진 "약한 자를 억누르고 개인의 이익을 추구하는 데 골몰하는 벌열들이나 부농·거

---

131) 「서학의 전파」, 『한국사신론』 신수판, 1990, p.314; 「서학의 전파」, 『한국사신론』 한글판, 1999, p.261.

상들로 말미암아 빚어진 모순에 가득 찬 현실 속에서, 이에 비판적인 재야학자들이 이 서학에 매력을 느끼게 되었던 것이다. 그러니까 암담한 현실 속에서 몸부림치던 일부 경세치용의 실학자들은 종교적 신앙을 통하여 지상에 천국을 건설하는 데 새로운 희망을 느끼게 되었던 것으로 보인다"고 한 부분 역시 자신의 느낌을 담아내면서도 당시 사람들의 심정이 그대로 전달되는 듯한, 그래서 매우 문학적인 분위기가 물씬 우러나오는 서술이라 해서 지나치지 않을 것 같다.

33)동학의 교리 내용에 대한 견해

서학 즉 천주교에 대항하여 창도했다고 하는 동학東學의 교리 내용에 대해서도 여느 개설서에서 찾아보기 어려운 깊이 있는 내용을 담아 서술하였다. 그러면서도 그 가운데에 역시 자신의 견해를 담아낸 대목이 몇몇 포함되어 있어 주목이 된다. 『한국사신론』 초판 이후에서 "이러한 사상은 사회적인 신분이나 계급을 초월한 모든 인간의 평등을 부르짖은 것이었고, 따라서 사회적으로 압박 받는 농민들에게 환영을 받았던 것"이라고 쓴 부분이 대표적으로 그러하다고 본다.

(1)농민들의 불만은 민란으로 뿐아니라 종교운동으로도 전개되었다. [그것이 동학이었다.] 동학은 철종 때에 [몰락한 양반의 후예인] 최제우崔濟愚(수운水雲)가 제창하기 시작한 것이었다. 유儒·불佛·선仙 3교의 장점을 취하여 서학 즉 천주교에 대항한다고 하였으나 그 교리 속에는 천주교에서 취한 것도 없지 않았으며 또 민간의 무격신앙을 많이 받아 들이기도 하였다. 그러므로 천주를 모신다든가 지기至氣가 이른다든가 하는 고등종교와 통하는 면도 있었지만 한편 주문呪文을 외우고 산제山祭를 지내고 굿을 하는 것과도 같은 무답舞踏를 하는 등 미신적 면도 있었다. 더구나 「궁궁을을弓弓乙乙」이라고 쓴 부작을 병자病

者가 살라먹으면 병이 낫는다든가 하는 주장을 내세우기도 하였다. 제병장생濟病長生, 불노불사不老不死, 영세무궁永世無窮 등의 주장과 아울러 그 지상천국의 사상은 생활에 피곤한 농민들의 심정에 그대로 영합迎合되었던 것이다.[132]

(2-가)농민들의 불만은 민란으로 뿐아니라 종교운동으로도 전개되었던 것이다. 동학은 철종(1849-1863) 때에 최제우(수운)가 제창하기 시작한 것이었다. 유·불·선 3교의 장점을 취하여 서학 즉 천주교에 대항한다고 하였으나, 그 교리 속에는 천주교에서 취한 것도 없지 않았으며 또 민간의 무격신앙을 많이 받아 들이기도 하였다. [[이리하여 이루어진 그의 사상은 동경대전東經大全·용담유사龍潭遺詞 등 그의 저서에 나타나 있다.

그는 인내천人乃天, 즉 인간과 천(신)을 한 가지로 생각하였다. 그에 의하면 인심은 곧 천심이요, 사람을 섬기는 것은 곧 천을 섬기는 것과 같다고 생각하였다.]] 이러한 사상은 사회적인 신분이나 계급을 초월한 모든 인간의 평등을 부르짖은 것이었고, [따라서] 사회적으로 압박 받는 농민들에게 환영을 받았던 것이다. 동학이 농민들에게 환영 받은 또 하나의 이유는 주문을 외우고 산제를 지내는 등 농민들의 전통적인 무격신앙과 서로 통하는 점이 있어서 쉽사리 이해되었기 때문이었다.[133]

(2-나)천주교가 서울을 중심으로 퍼져 갔다고 하면, 동학은 농촌 속에서 자라났다. 농민들의 사회적 불만이 동학이라는 종교운동으로 나타났던 것이다. 동학은 철종(1849-1863) 때에 최제우가 제창하기 시작한 것이었다. 유·불·선 3교의 장점을 취하여 서학(천주교)에 대항한다고 하였으나, 그 교리 속에는 천주교에서 취한 것도 있으며 또 민간의 무격신앙을 받아들인 것도 있었다. 이리하여 이루어진 그의 사상은 『동경대전』·『용담유사』 등에 나타나 있다.

그는 인내천, 즉 인간과 천(신)을 한 가지로 생각하였다. 그

---

132) 「동학의 발생」, 『국사신론』, 태성사, 1961; 제일출판사, 1963, pp.276-277.
133) 「동학의 발생」, 『한국사신론』 초판, 1967, p.288.

에 의하면 인심은 곧 천심이요, 사람을 섬기는 것은 곧 천을 섬기는 것과 같았다. 이러한 사상은 사회적인 신분이나 계급을 초월한 모든 인간의 평등을 부르짖은 것이었다. 사회적으로 압박받는 농민들에게 환영을 받은 까닭이 주로 여기에 있었던 것이다. 동학이 농민들에게 환영 받은 또 하나의 이유는 주문을 외우고 산제를 지내는 등 농민들의 전통적인 무격신앙과 서로 통하는 점이 있어서 쉽사리 이해되었기 때문이기도 하였다.[134]

(2-다)천주교가 서울을 중심으로 퍼져 갔다고 하면, 동학은 농촌 속에서 자라났다. 농민들의 사회적 불만이 동학이라는 종교운동으로 나타났던 것이다. 동학은 철종(1849-1863) 때에 최제우가 제창하기 시작한 것이었다. 유·불·선 3교의 장점을 취하여 서학(천주교)에 대항한다고 하였으나, 그 교리 속에는 천주교에서 취한 것도 있으며 또 민간의 무격신앙을 받아들인 것도 있었다. 이리하여 이루어진 그의 사상은 『동경대전』·『용담유사』 등에 나타나 있다.

그는 인내천, 즉 사람은 곧 하늘(신)이라 하여 이 둘을 한 가지로 생각하였다. 그에 의하면 인심은 곧 천심이요, 사람을 섬기는 것은 곧 하늘을 섬기는 것과 같았다. 이러한 사상은 사회적인 신분이나 계급을 초월한 모든 인간의 평등을 부르짖은 것이었다. 사회적으로 압박받는 농민들에게 환영을 받은 까닭이 주로 여기에 있었던 것이다. 동학이 농민들에게 환영 받은 또 하나의 이유는 주문을 외우고 산제를 지내는 등 농민들의 전통적인 무격신앙과 서로 통하는 점이 있어서 쉽사리 이해되었기 때문이기도 하였다.[135]

동학의 교리에 대한 이러한 그의 깊은 관심은 해방 이후 대학에서 우리말로 우리나라 역사 강의를 처음들을 때 이병도李丙燾로

---

134) 「동학의 발생」, 『한국사신론』 개정판, 1976, p.309.
135) 「동학의 발생」, 『한국사신론』 신수판, 1990, p.339; 「동학의 발생」, 『한국사신론』 한글판, 1999, pp.281- 282.

부터 「한국사상사」 과목을 수강하면서부터 깊었던 것으로136), 그래서 『국사신론』을 위시한 그의 개설서 모두에서 이에 관해 이렇게 상론할 수 있었던 것으로 가늠된다. 다만 그랬기에 최제우의 기본 주장이 '인내천'이었다고 정리하게 되었던 것 같은데, 기실은 최제우는 '시천주侍天主'를 주창하였고, 이후 최시형崔時亨이 '사인여천事人如天'을 부르짖었으며, 이들을 계승한 손병희孫秉熙가 천도교天道敎로 개명한 후에라야 '인내천'이라 선포한 데에 불과한 것이었다.137) 허나 그 이후 동학의 핵심 주장이 마치 애초부터 '인내천'인양 일컬어지던 것을 따른 게 아니었을까 보여진다.

한편 또 하나 주목되는 것은, 동학의 교리에 대해 논하면서 어느 판본에서나 줄곧 "서학 즉 천주교에 대항한다고 하였으나 그 교리 속에는 천주교에서 취한 것도 없지 않았으며"라고 한 대목이다. 이것은 최제우가 『동경대전』 중 「논학문論學文」에서 "이 사람들은 도를 서도라 하며 학을 천주라 하고 교는 성교聖敎라고 하니 이는 천시天時를 알고 천명天命을 받은 것이 아니겠는가"라고 우선 서학을 극구 인정 내지는 칭찬하는 듯이 설명하고는 "내 또한 두려워서 다만 늦게 태어난 것을 한탄할 즈음에 마침내 동학을 깨우치게 되었다"고 쓰고 있는 데에 근거를 둔 견해라고 풀이된다. 「논학문」의 이러한 구절들은, 천주교가 최제우의 동학 창

---

136) 이 사실에 대해서는 다음의 글에 그가 적어놓은 바에 근거한다. "우리 나라 선생들로부터 우리말로 우리나라 역사 강의를 듣는다는 사실 자체가 그저 감격 그것이었다. 연구실에 꽂혀 있는 많은 책을 대하는 것만으로도 큰 감격이었다. 첫 학기에 들은 강의는 이병도선생의 한국사상사와 『송사宋史』 고려전 강독, 그리고 손진태孫晉泰선생의 『삼국지三國志』 동이전東夷傳을 중심으로 한 고대사연습이었다. 이선생의 한국사상사는 동학 교문의 형성과 발전에 관한 것이었는데, 이미 작성된 원고를 읽어가시며 설명을 첨가하여 주었다. 뒤에 선생은 그 원고를 상실하였다하면서 내 노트를 얻어다 활자화한 것으로 기억하고 있다." 「학문적 고투의 연속」, 『한국사 시민강좌』 제4집, 1989, p.168; 『연사수록』, 1994, p.237.
137) 신일철, 「동학사상의 전개」, 『동학사상의 이해』, 사회비평사, 1995, p.47.

도와 교리 형성에 그만큼 영향을 끼쳤음을 알려주는 바라고 이해할 수 있으며[138], 결국 최제우가 동학을 창도한 데에 서학 즉 천주교의 영향을 무시할 수는 없다고 하겠다.[139] 따라서 동학 교리 중에 천주교에서 취한 것도 없지 않다고 『국사신론』 및 『한국사신론』 본문에 서술한 이기백의 사론은 분명한 근거를 지녔고, 그래서 아울러 충분히 일리가 있는 것이었다고 보아 틀림이 없다.

34)동학 봉기의 역사적 성격에 대한 견해 : 농민반란·농민전쟁에서 혁명운동으로, 그리고 반항운동으로

『국사신론』과 『한국사신론』의 여러 판본에 실린 본문 사론 가운데 서술에 있어 판본마다 가장 커다란 변화의 모습을 찾아볼 수 있는 게 바로 이 동학 봉기의 역사적 성격에 대한 경우라고 생각한다. 『국사신론』 및 『한국사신론』 초판에서는 '농민반란'·'농민전쟁'으로 쓰더니, 개정판에서는 '혁명운동'으로 썼고, 그리고 신수판과 그것을 한글로 풀어쓴 한글판에서는 '반항운동'으로 썼던 것이다.

(1-가)[한국 역사상 최대의 조직적 농민반란인] 동학란은 고종 31年(1894) 전라도 고부古阜의 민란에서 발단하였다.[140]
(1-나)동학란은 양반사회에 항거하여 일어난 대규모적인 농민전쟁이었다. 그러나 농민들의 힘을 근대적인 방향으로 이끌어 갈 수 있는 지도층을 동학 안에서 발견할 수는 없었다. 심지어 북접北接을 대표하는 최시형崔時亨 등은 국가의 역적이요 사문師門의 난적亂賊이라고 까지 부르며 무장봉기를 반대하였다. 그런가

---

138) 노용필, 「천주교가 동학에 끼친 영향」, 『부산교회사보』 34, 부산교회사연구소, 2002; 『한국천주교회사의 연구』, 한국사학, 2008, pp.409-410.
139) 신일철, 「동경대전과 용담유사」, 『동학사상의 이해』, 사회비평사, 1995, p.129.
140) 「동학란의 발생」, 『국사신론』, 태성사, 1961; 제일출판사, 1963, p.305.

하면 이에 가담한 몰락양반이나 서리층胥吏層은 자신의 야망을 위하여 이에 가담하였을 뿐이었다. [게다가 당시의 국제정세는 너무나 동학군에 불리하였다.] 이리하여 안으로는 양반계급의 압박에 대항하고 밖으로는 외국의 침략에 대항하여 싸운 동학란은 결국 양자의 연합세력에 의하여 실패하고만 것이었다.[141]

(2-가)동학란은 고종 31年(1894) 전라도 고부의 민란에서 발단하였다.[142]

(2-나)동학란은 양반사회에 항거하여 일어난 대규모적인 농민전쟁이었다. [그러나, 농민들의 힘을 근대적인 방향으로 이끌어 갈 수 있는 지도층을 동학 안에서 발견할 수는 없었다.] 심지어 북접을 대표하는 최시형 등은 국가의 역적이요 사문의 난적이라고 까지 부르며 무장봉기를 반대하였다. [[이러한 동학 내부의 분열은 동학군의 전투력을 크게 약화시켰던 것이다.] 그런가 하면, 이에 가담한 몰락양반이나 서리층은 자신의 야망을 위하여 이에 가담하였을 뿐이었다.] [한편 동학란은 외국 특히 일본 상인의 경제적 침입에 대한 반항이었다. 처음 척왜斥倭는 정책으로써 정부에 제시되었으나 일본군이 개입함에 미쳐서는 이와 직접 싸웠던 것이다. 그러나, 근대적인 무기와 훈련을 가진 일본군을 당해낼 만큼 동학군은 강하지가 못하였다.] 이리하여 안으로는 양반 중심의 봉건적 체제에 대항하고 밖으로는 외국의 [자본주의] 침략에 대항하여 싸운 동학란은 결국 양자의 연합세력에 의하여 실패하고만 것이었다.[143]

(3-가)이렇게 확대되고 조직화된 동학에 가담한 농민들이 대규모적인 군사행동을 [수반한 혁명革命운동을] 일으킨 것은 고종 31년(1894)의 일이었다.[144]

(3-나)동학농민군의 봉기는 양반사회에 항거하여 일어난 대규모적인 농민들의 혁명운동이었다. [동학은 이 농민들을 결집시킬 수 있는 조직을 제공하여 주었다.] [비록 북접을 대표하는 최시

---

141) 「동학란」,『국사신론』, 태성사, 1961; 제일출판사, 1963, p.308.
142) 「동학난의 발생」,『한국사신론』초판, 1967, p.316.
143) 「폐정개혁과 난의 실패」,『한국사신론』초판, 1967, p.319.
144) 「동학농민군의 봉기」,『한국사신론』개정판, 1976, p.337.

형 등은 국가의 역적이요 사문의 난적이라고 까지 부르며 무장
봉기를 반대하였다 [하더라도, 남접을 중심으로 한 농민의 항쟁
의욕을 꺾을 수는 없었다.]] 한편 동학농민군의 봉기는 일본 상
인의 경제적 침략에 대한 항쟁이기도 하였다. 처음 척왜는 정
책으로써 정부에 제시되었으나 일본군이 개입함에 미쳐서는 이
와 직접 싸웠던 것이다. [일단 정부군과 휴전했던 동학농민군의
재봉기는 이에 말미암은 것이었다. 그리고 이 항일전에는 북접
도 가담하여 통일 전선을 폈다.] 그러나, 근대적인 무기와 훈련
을 가진 일본군을 당해낼 만큼 동학농민군은 강하지가 못하였
다. 이리하여 안으로는 양반 중심의 사회체제에 항거하고 밖으
로는 외국의 자본주의 침략에 대항하여 싸운 동학농민군은 결
국 양자의 연합 세력에 의하여 실패하고 말았던 것이다.145)

(4-가)이렇게 확대되고 조직화된 동학에 가담한 농민들이 대규모
적인 군사행동을 일으킨 것은 고종 31년(1894)의 일이었다.146)

(4-나)동학농민군의 봉기는 양반사회에 항거하여 일어난 대규모
적인 농민들의 반항운동이었다. 동학은 농민들을 결집시킬 수
있는 조직을 제공하여 주었다. 한편 동학농민군의 봉기는 일본
상인의 경제적 침략에 대한 항쟁이기도 하였다. 처음 척왜斥倭
는 정책으로써 정부에 제시되었으나 일본군이 개입함에 미쳐서
는 이와 직접 싸웠던 것이다. 일단 정부군과 휴전했던 [남접의]
동학농민군 재봉기는 이에 말미암은 것이었다. 그리고 이 항일
전에는 [지금까지 소극적이었던] 북접도 가담하여 통일 전선을
폈다. 그러나, 근대적인 무거와 훈련을 받은 일본군을 당해낼
만큼 동학농민군은 강하지가 못하였다. 이리하여 안으로는 양반
중심의 사회체제에 항거하고 밖으로는 외국의 자본주의 침략에
대항하여 싸운 동학농민군은 결국 양자의 연합 세력에 의하여
실패하고 말았던 것이다.147)

145) 「집강소의 설치와 항일전」, 『한국사신론』 개정판, 1976, pp.341-342.
146) 「동학농민군의 봉기」, 『한국사신론』 신수판, 1990, p.369; 「동학농민
　　군의 봉기」, 『한국사신론』 한글판, 1999, p.308.
147) 「집강소의 설치와 항일전」, 『한국사신론』 신수판, 1990, pp.373-374;
　　「집강소의 설치와 항일전」, 『한국사신론』 한글판, 1999, pp.311-312; 「

『국사신론』의 한 부분에서는 (1-가)"한국 역사상 최대의 조직적 농민반란인 동학란"이라 서술하였고, 같은 책의 다른 한 부분에서는 (1-나)"동학란은 양반사회에 항거하여 일어난 대규모적인 농민전쟁"이라 서술하였다. 그랬던 것을 『한국사신론』 초판의 앞부분에서는 『국사신론』의 같은 대목의 "한국 역사상 최대의 조직적 농민반란인"이라 한 부분을 삭제하고 단지 (2-가)'동학란'이라고만 하였고, 뒷부분에서는 여전히 (2-나)"동학란은 양반사회에 항거하여 일어난 대규모적인 농민전쟁"이라 하였다. 이러한 서술에서 "한국 역사상 최대의 조직적 농민반란인"이라는 수식을 붙이건 붙이지 않건 '동학란'이라고 설정하였으면, 그것을 '농민전쟁'으로 성격 규정을 할 수도 없고 또 해서도 안되는 게 아니었던가 여겨진다. 그런데 『국사신론』과 『한국사신론』 초판에서는 그렇게 썼었다. 그랬던 것을 개정판에는 앞부분(3-가)이건 뒷부분(3-나)이건 일률적으로 '혁명운동'으로 규정하였다.

그러더니 신수판에 이르러서는 앞부분(4-가)에서는 "농민들이 대규모적인 군사행동을 일으킨 것"이라고만 서술하고 뒷부분(4-나)에서는 "동학농민군의 봉기는 양반사회에 항거하여 일어난 대규모적인 농민들의 반항운동이었다"고 서술하였던 것이다. 이토록 판본마다 달리 서술할 수밖에 없었던 것은 저자 자신이 매우 고민이 많아 여러 생각이 있었기에 그랬을 것으로 사료된다. 그만큼 정확한 개념 규정 및 온당한 서술을 위해 하염없이 고민을 거듭하였음이 있었던 그대로 표출된 것이라고 할 밖에 없을 듯하다.[148] 앞으로도 이것이 누군가에게는 늘 고민거리가 될 것이다.

<hr />

폐정개혁 요구와 항일전」, 『한국사신론』 한글판, 2001, pp.311-312.
148) 이와 같은 동학농민운동과 관련한 그의 사관이 압축적으로 잘 드러나 있는 것은, 「우리 근대사를 보는 시각」, 『동아일보』 1994년 1월 1일; 『연사수록』, 1994, p.111의 다음 대목이다. "(그러나) 우리가 근대사에서 계승해야 할 올바른 전통이 찾아지지 않는 것은 아니다. 그러한 하나의 예로서 동학농민운동을 들 수가 있다. … 그러므로 여기서는 사회적 개

35)동학군 집강소의 성격과 역할에 대한 견해

동학군 집강소執綱所의 성격과 역할에 대해 기술하면서도, 여느 부분과 마찬가지로 판을 거듭하면서 수정하였는데, 그러면서 일부 자신의 견해를 삽입하기도 하였다. 집강소를 일종의 민정기관으로 본 것도 그렇거니와, "이들 요직에는 행정에 대한 지식이 있는 잔반이나 향리들이 임명"되었다고 기술한 것도 그렇다고 할 수 있지 않나 한다.

> (1-가)이에 동학군은 전주全州에서 철퇴하여 각기 출신지로 돌아가고 충청도에서 일어난 다른 동학군도 해산하였다. 그러나 동학교도들은 촌촌설포村村設包를 구호로 그들의 조직을 각지에 침투시키었다. 더욱 전라도 53군에는 집강소라는 일종의 민정기관을 설치하여 폐정 개혁에 착수하였다. 이러한 기세는 충청·경상의 양도는 물론 다른 제도諸道에도 뻗쳐가고 있었다.149)
>
> (1-나)이에 동학군은 전주에서 철퇴하여 각기 출신지로 돌아가고 충청도에서 일어난 다른 동학군도 해산하였다. 그러나, 동학교도들은 촌촌설포를 구호로 그들의 조직을 각지에 침투시켰다. 더우기 전라도 53군에는 집강소라는 일종의 민정기관을 설치하여 폐정 개혁에 착수하였다. 이러한 기세는 충청·경상의 양도는 물론 다른 제도에도 뻗쳐가고 있었다.150)
>
> (2-가)이에 동학농민군은 전주에서 철퇴하여 각기 출신지로 돌아가고 충청도에서 일어난 다른 동학농민군도 해산하였다. 그러나, 동학농민군은 촌촌설포를 구호로 그들의 조직을 각지에 침투시켰다. 더우기 전라도 53군에는 집강소라는 일종의 민정기관을 설치하여 폐정개혁에 착수하였다. 집강소에는 한 사람의 집강과 그 밑에 서기 등 몇 명의 임원이 있고, 전주에는 집강

혁과 외침에 대한 항쟁이란 두 관점에서 올바른 자세를 취한 것으로 이해할 수가 있다."
149) 「동학란」, 『국사신론』, 태성사, 1961; 제일출판사, 1963, pp.307-308.
150) 「폐정개혁과 난의 실패」, 『한국사신론』 초판, 1967, p.319.

소의 총본부인 대도소大都所를 두어 전봉준全瑃準이 이를 총지
휘하게 되어 있었다. 대체로 이들 요직에는 행정에 대한 지식
이 있는 잔반殘班이나 향리들이 임명되었는데, 여기서 행해진
개혁의 요강은 다음과 같은 것이었다. …

　요컨대 정부나 양반의 동학에 대한 탄압과 농민에 대한 부당
한 경제적 수취를 중지할 것과, 신분상의 모든 차별 대우를 폐
지할 것과, 그리고 일본의 침략에 내통하는 자를 엄징하는 것
등이 중요 내용이었다. 이 같은 집강소를 통한 혁명운동은 농
민들로부터 큰 환영을 받았다. 이리하여 동학의 세력은 비단
전라도뿐 아니라 삼남 지방을 비롯하여 북으로 평안도 · 함경도
에까지 미쳐 가는 형편이었다.[151]

(2-나)이에 동학농민군은 전주에서 철퇴하여 각기 출신지로 돌
아가고 충청도에서 일어난 다른 동학농민군도 해산하였다. 그러
나, 동학농민군은 촌촌설포[, 즉 촌마다 포를 설치하는 것]을 구
호로 그들의 조직을 각지에 침투시켰다. 더욱이 전라도 53군에
는 집강소라는 일종의 민정기관을 설치하여 폐정개혁에 착수하
였다. 집강소에는 한 사람의 집강과 그 밑에 서기 등 몇 명의
임원이 있고, 전주에는 집강소의 총본부인 대도소를 두어 전봉
준이 이를 총지휘하게 되어 있었다. 대체로 이들 요직에는 행
정에 대한 지식이 있는 잔반이나 향리들이 임명되었는데, 여기
서 행해진 개혁의 요강은 다음과 같은 것이었다. …

　[여기의 토지 조항 등에는 의문점도 있으나,] 요컨대 정부나
양반의 동학에 대한 탄압과 농민에 대한 부당한 경제적 수취를
중지할 것과, 신분상의 모든 차별 대우를 폐지할 것과, 그리고
일본의 침략에 내통하는 자를 엄징하는 것 등이 중요 내용이었
다. 이 같은 집강소를 통한 개혁운동은 농민들로부터 큰 환영
을 받았다. 이리하여 동학의 세력은 비단 전라도뿐 아니라 삼
남 지방을 비롯하여 북으로 평안도 · 함경도에까지 미쳐 가는
형편이었다.[152]

151) 「집강소의 설치와 항일전」, 『한국사신론』 개정판, 1976, pp.339-341.
152) 「집강소의 설치와 항일전」, 『한국사신론』 신수판, 1990, pp.371-373; 「

(3)전주화약의 결과 동학농민군은 전주에서 철퇴하여 각자 출신지로 돌아갔다. 그러나 동학농민군은 촌촌설포를 구호로 그들의 조직을 각지에 침투시켰다. 더욱이 전라도 53군에는 집강소를 설치하여 지방의 치안유지에 힘쓰는 한편, 동학농민군의 폐정개혁 요구를 행정에 반영시키도록 노력하였다. 전주에는 집강소의 총본부인 대도소를 두어 송희옥宋熹玉이 그 도집강都執綱으로서 이를 총지휘하게 되었다.[153]

그러다가 한글판 1판 1쇄가 출판된 게 1990년 1월로 그 때 집강소의 도집강과 관련된 부분이 (2-나)의 내용으로 되어 있었고, 이후 1판 6쇄가 나온 게 2001년 6월이었는데 이 때에는 이 부분이 (3)의 내용으로 수정되었다. 그 중에서도 특히 그 이전의 『국사신론』 및 『한국사신론』의 모든 판본에서 동일하게 앞엣것(2-나)에는 전주 대도소의 도집강이 전봉준으로 되어 있었으나 이때의 뒤엣것(3)에는 그것이 송희옥으로 수정되어 있었던 것이다.[154] 이 경우야말로 새로운 연구 성과의 결과를 반영하여, 기왕의 서술이 잘못 되었다고 여겨지면 즉각적으로 수정하여 책이름에 걸맞게 '신론'을 취하려 힘을 크게 기울였음을 단적으로 보여주는 예라고 생각한다.

36)독립협회 활동 방향에 대한 견해
『국사신론』에서 독립협회獨立協會에 관한 서술 부분의 전후를 유심히 보면 2가지의 특징을 발견할 수가 있다. 하나는 독립된 항목으로 설정되지 못하고 「정치단체의 활동」이란 항목 안에 일

집강소의 설치와 항일전」,『한국사신론』한글판, 1999, pp.309-311.
153) 「집강소의 설치와 항일전」,『한국사신론』한글판, 2001, p.311.
154) 이와 같은 내용 수정의 경위 및 배경에 대해서는 노용필,「이기백『국사신론』·『한국사신론』의 체재와 저술 목표」(하),『한국사학사학보』20, 2009, pp.34-36에 상세히 설명되어 있음이 참조된다.

부로 자리 잡고 있다는 점이다. 이는 이럴 정도로 당시만 해도 독립협회에 대한 역사적 평가가 제대로 이루지지 않고 있었음을 나타내주는 것이라 보인다. 또 하나는 〈참고〉란이 아예 설정되지 않았으며, 그래서 참고문헌 또한 단 하나도 적혀있지 않다는 점이다. 이 역시 독립협회에 관한 연구가 전무하였음을 알려줌에 다름이 없다고 하겠다. 이렇듯이 출발은 비록 미약하였으나 판을 거듭할수록 창대해져서 점차 상세하게 서술되었다.

> (1-가)… (뿐 아니라) 일반 국민을 정치에 참여할 수 있게 하기를 주장하여 민권운동을 일으키었다. 한국에서 민주주의의 건설을 위한 노력이 행해진 것은 실로 독립협회의 운동을 시초始初로 한다고 하겠다.[155]
> (1-나)… (뿐 아니라) 일반 국민을 정치에 참여할 수 있게 하기를 주장하여 민권운동을 일으키었다. 한국에서 민주주의의 건설을 위한 노력이 행해진 것은 실로 독립협회의 운동을 시초로 한다고 하겠다.[156]
> (2-가)이러한 독립협회의 활동은 대체로 다음의 세 가지 방향으로 전개되었다. 첫째는 밖으로부터의 침략에 대한 자주독립의 옹호 운동이었다. 외국의 정치적 간섭을 배격하는 것은 물론, 이권의 양여에 반대하고, 이미 침탈당한 이권도 되찾을 것을 주장하였다. 그리고 열강의 세력 균형을 유지시켜 자주적인 중립외교를 펴도록 주장하였다.) 둘째로는 일반 국민을 정치에 참여할 수 있게 하기 위한 민권운동을 전개하였다. 개인의 생명과 재산의 자유권, 언론과 집회의 자유권, 만민의 평등권, 국민주권론 등을 이론적인 토대로 하여 국민참정권을 주장하였다. 그러므로 독립협회는 한국에서 최초로 민주주의정부의 건설을 위한 운동을 전개한 셈이다. 그리고 그 구체적 방법으로 중추원中樞院을 개편하여 의회議會를 설립할 것을 제의하여 한때 고종의 승

---

155) 「정치단체의 활동」, 『국사신론』, 태성사, 1961; 제일출판사, 1963, p.329.
156) 「독립협회의 활동」, 『한국사신론』 초판, 1967, p.334.

낙을 받기도 하였다. 셋째로는 국가의 자강운동을 전개하였다. 그 방안으로서 촌마다 학교를 세워 신교육을 실시하고, 방직·제지·철공업 등의 공장을 건설하여 상공업국가로 발전시키고, 자위를 위해 근대적인 국방력을 양성할 것 등을 주장하였다.[157] (2-나)이러한 독립협회의 활동은 대체로 다음의 세 가지 목표를 위하여 전개되었다. 첫째는 밖으로부터의 침략에 대하여 자주독립을 옹호하는 것이었다. 외국의 정치적 간섭을 배격하는 것은 물론, 이권의 양여에 반대하고, 이미 침탈당한 이권도 되찾을 것을 주장하였다. 그리고 열강의 세력 균형을 유지시켜 자주적인 중립외교를 펴도록 주장하였다. 둘째로는 일반 국민을 정치에 참여할 수 있게 하기 위하여 민권의 신장을 주장하였다. 개인의 생명과 재산의 보호권, 언론과 집회의 자유권, 만민의 평등권, 국민주권론 등을 이론적인 토대로 하여 국민참정권을 주장하였다. 그러므로 독립협회는 한국에서 최초로 민주주의정치의 실현을 위한 운동을 전개한 셈이다. 그리고 그 구체적 방법으로 중추원을 개편하여 의회를 설립할 것을 제의하여 한때 고종의 승낙을 받기도 하였다. 셋째로는 국가의 자강을 이룩하는 것이었다. 그 방안으로서 촌마다 학교를 세워 신교육을 실시하고, 방직·제지·철공업 등의 공장을 건설하여 상공업국가로 발전시키고, 자위를 위해 근대적인 국방력을 양성할 것 등을 주장하였다.[158]

이러한 대세와 짝하여 사론도 또한 더욱 구체화되는 경향을 띠는 것 같다. 즉 『국사신론』 및 『한국사신론』 초판에서는 "일반 국민을 정치에 참여할 수 있게 하기를 주장하여 민권운동을 일으키었다. 한국에서 민주주의의 건설을 위한 노력이 행해진 것은 실로 독립협회의 운동을 시초로 한다고 하겠다"고 하여서, 민권운

---

157) 「독립협회의 활동」, 『한국사신론』 개정판, 1976, p.360.
158) 「독립협회의 활동」, 『한국사신론』 신수판, 1990, p.390; 「독립협회의 활동」, 『한국사신론』 한글판, 1999, pp.325-326.

동을 주시하는 데에 그쳤다. 그렇지만『한국사신론』개정판과 신수판에서는 거기에다가 덧붙여 "개인의 생명과 재산의 보호권, 언론과 집회의 자유권, 만민의 평등권, 국민주권론 등을 이론적인 토대로 하여 국민참정권을 주장하였다"고 서술하여 국민참정권도 더불어 거론함으로써, 독립협회가 "한국에서 최초로 민주주의정치의 실현을 위한 운동을 전개"하였음을 강조하는 자신의 사론을 더욱 강화시켜 나갔음이 확인된다고 하겠다.

37) 광무개혁의 근대사주류설 비판

미국에서 돌아온 서재필徐載弼이 1896년에 조직한 독립협회의 활동으로, 그간 러시아 공사관에 머물던 고종이 경운궁으로 돌아오게 되고, 1897년에는 국호를 대한大韓, 연호를 광무光武라 고치고 국왕을 황제로 칭하여, 독립 제국임을 선포하였다. 이로써 이른바 대한제국이 수립되고 이후 일련의 개혁을 정부에서 추진하였으니, 이를 광무개혁이라 일컫는다. 이러한 역사의 전개 속에서 독립협회의 활동과 광무개혁의 성격을 과연 어떻게 평가할 것인가 하는 문제에 대해서도, 『한국사신론』신수판에 와서는 그 이전과는 달리 처음으로 사론을 달아두었다.

> 이러한 독립협회의 활동 방향은 한국 근대화의 기본적인 과제들을 해결하려는 것으로서 역사적으로 높이 평가되어야 할 것이다. 최근 독립협회의 운동을 낮추어 평가하고, 이에 대하여 정부에 의한 소위 광무개혁을 높이 평가하려는 주장이 대두되고 있다. 그러나 소위 광무개혁이란 것은 과장이며, 그것이 우리나라 근대사 발전의 주류가 될 수는 없다.[159]

---

159) 「독립협회의 활동」,『한국사신론』신수판, 1990, p.390;「독립협회의 활동」,『한국사신론』한글판, 1999, p.326.

독립협회의 활동을 역사적으로 높이 평가해야 하는데, 오히려 그것을 낮추어 평가하고 광무개혁을 되레 높이 평가하는 주장에 대해 비판하는 사론을 달았던 것이다. 여기에서 비판한, 그러니까 독립협회의 활동을 낮추고 광무개혁을 높여 평가하려는 주장에 관해 〈참고〉란에도 그 주장을 편 논문이 전혀 소개되어 있지 않지만, 사실은 이러한 견해를 주장한 연구자는 강만길姜萬吉로, 대한제국 시기의 광무개혁이야말로 개항 이후의 가장 '적극적'으로, 그리고 '본격적'으로 추진되었으며, '자주적'이면서도, '근대적'이었으며, 또한 '주체적'이라고 말하였던 것인데[160], 이에 대해 정면적으로 비판하는 사론이었다.

38)항일의 제형태와 성과에 관한 견해

항일운동의 여러 형태에 대한 연구가 아주 일천하던 1961년 당시에 이 주제에 대한 정리를 개설서에서 제대로 해내기란 참으로 어려운 일이었음에 틀림이 없었을 것이다. 한국인에 의한 연구조차 거의 찾아보기 어려웠음은 군이 말할 것도 없고, 이 부분에 대한 기본 문헌조차도 활용하기 어려웠을 것이기 때문에 그렇다고 보인다. 그럼에도 불구하고 이를 극복하며 『국사신론』에서는 단지 한 단락을 제시하는 것으로 그쳤지만, 그 이후에는 새로운 연구 성과가 나올라치면 이를 즉각적으로 반영하여 그 내용을

---

160) 강만길, 「대한제국의 성격」, 『창작과 비평』 48, 1978년 여름호; 『분단 시대의 역사인식』, 창작과 비평사, 1979, p.131에서 "… 대한제국 시기의 개혁은 문호 개방 이후에 가장 적극적으로 그리고 본격적으로, 또 어느 정도 자주적으로 추진된 근대적 개혁이라 할 수 있으며, 또 상당한 역사적 의의를 가진다 하여도 이론의 여지가 없을 것이다"라고 하였고, p.138의 맺음말에서는 "대한제국 시기의 개혁, 즉 소위 광무개혁이 실제로 괄목할 만한다고 표현할 수 있을 만큼, 그리고 또 그 이전의 개혁보다 주체적이라고 말할 수 있는 방향에서 이루어졌음을 확인할 수 있었다"고 한 바가 그러하다.

지속적으로 확충해나가는 방법을 취하면서 자신의 사론을 더욱 확충하였던 것으로 판단된다.

(1)일본에 대한 반항은 여러 가지 형태를 띠고 나타났었다. 몰락하는 왕권을 회복하기 위한 왕실의 반항이 있었다. 해아밀사사건海牙密使事件 같은 것은 그것이었다. 이에 보조를 같이한 것에 양반 출신의 관료들이 있었다. 양반으로서의 자존심이 강하고 기개가 있는 이들은 혹은 소극적으로 자살의 길을 택하거나 혹은 적극적으로 암살수단이나 의병운동에 가담하여 항거하였다. 그들의 지휘하에서 의병의 무력항쟁에 중심적 역할을 담당한 것이 구군인이었다. 한편 새로이 등장한 지식층은 혹은 언론으로 혹은 교육으로 반일사상을 고취하였다. 이들은 민주주의국가의 건설이라는 새로운 과제를 동시에 짊어지고 있었다. 이렇게 반일운동은 가지각색의 양상을 띠고 있었다. 그러나 반일이라는 점에서 이들은 모두 같은 입장에 서 있었다. 일본이 폭도라고 부르는 무장항쟁을 [일진회─進會계를 뺀] 당시의 신문들은 이미 「의병」이라고 대서하였던 것이다. [그러나] 이 모든 운동은 일본의 무력 앞에 억압을 당하고 말았다. 이러한 억압 속에서 반일감정은 더욱 국민의 골수에 사무치게 되었다.161)

(2)일본에 대한 반항은 여러 가지 형태를 띠고 나타났었다. 몰락하는 왕권을 회복하기 위한 왕실의 반항이 있었다. 해아밀사사건 같은 것은 그것이었다. 이에 보조를 같이한 것에 양반 출신의 관료들이 있었다. [그런데, 국왕과 대신들은 일본의 침략을 막기 위하여 노국露國을 위시한 외국의 힘을 빌리려는 외세의존적인 태도를 취하였다. 그리고, 그것이 결국은 그들의 침략적 야욕을 만족시켜줄 것이라는 점을 인식하지 못하였다. 그러므로 노국이 전쟁에 패배하자 일본의 강압적 태도를 막을 길이 없었다. 일본의 강압을 반대한다 하더라도 그것은 개인적인 것에 불과하였다. 국민과 힘을 뭉쳐서 반대하려는 생각은 하지를

---

161) 「의병의 무력항쟁」, 『국사신론』, 태성사, 1961; 제일출판사, 1963, p.341.

못하였다. 정부는 일본인의 위협보다도 국민의 비판을 오히려 더 두려워할 지경이다. 을사조약이 국민이 알지 못하는 비밀리에 논의된 것도 그러한 이유에서였다. 그러므로, 이미 [을사오적乙巳五賊과 같은] 친일적인 매국분자가 입각入閣하고 있는 현실 속에서는 몇 개인의 개별적 반항으로써 침략에 대항할 수는 없었던 것이다.]

양반 유학자들 중에는 전통적인 방법을 따라 국왕에게 상소를 올려 항일정책을 쓰게 함으로써 일본에 반항하려는 사람들이 있었다. 때로는 수백명이 궁문에 함께 모여서 국왕에게 항일정책을 호소하기도 하였다. 그러나 이미 일본의 감시를 받는 국왕이 이를 받아들일 수는 없었다. 이에 실망하여 자살의 길을 택하는 사람이 많았다. 그러나, 한편으로는 적극적으로 의병운동을 일으켜 무력 항쟁을 하는 사람들도 있었다. 그들과 함께 의병 활동의 중요한 역할을 담당한 것이 구군인들이었다.

[[한편, 새로이 등장한 지식층은 혹은 언론으로 혹은 교육으로 항일사상을 고취하였다. 이들은 [교육의 보급과 산업의 진흥에 의하여 국력을 양성함으로써 구극적으로 일본의 침략을 물리칠 수 있다고 믿고 있었다. 이들은 대개 서구西歐의 자본주의 정신을 받아들인 사람들이며, 항일 이외에] 민주주의 정치 형태의 도입이라는 새로운 과제를 동시에 짊어지고 있었다.

이렇게 항일 운동은 가지각색의 양상을 띠고 있었다. 그러나 항일이라는 점에서 이들은 모두 같은 입장에 서 있었다. 일본이 폭도라고 부르는 무장항쟁을 당시의 신문들은 이미 '의병'이라고 대서하였던 것이다. 이 모든 운동은 [결국] 일본의 무력에 의하여 억압되고 말았다. [그러나, 이들의 여러 형태의 운동은 커다란 성과를 거두었다.] 그것은 일본 제국주의의 침략에 대한 반항 의식을 온 국민의 뇌리에 새기어주었기 때문이다.]]162)

(3)일본[의 침략에 대한 반항은 여러 가지 형태를 띠고 나타났었다. [우선] 몰락하는 왕권을 회복하기 위한 왕실의 반항이 있었다. 해아밀사사건 같은 것이 그것이었다. 이에 보조를 같이한

---

162) 「항일의 제형태와 성과」, 『한국사신론』 초판, 1967, pp.356-357.

것에 양반 출신의 관료들이 있었다. 그런데, 국왕과 대신들은 일본의 침략을 막기 위하여 러시아를 위시한 외국의 힘을 빌리려는 외세 의존적인 태도를 취하였다. 그리고, 그것이 결국은 또 다른 침략자의 야욕을 만족시켜줄 것이라는 점을 인식하지 못하였다. 그러므로 러시아가 전쟁에 패배하자 일본의 강압적 태도를 막을 길이 없었다. 일본의 강압을 반대한다 하더라도 그것은 개인적인 것에 불과하였다. 국민과 힘을 뭉쳐서 반대하려는 생각은 하지를 못하였다. [고종이나] 정부는 일본인의 위협보다도 국민의 비난을 오히려 더 두려워할 지경이다. [독립협회를 탄압한다든가] 을사조약이나 [병합조약을] 국민이 알지 못하는 비밀리에 논의된 것도 그러한 이유에서였다. 그러므로, 이미 친일적인 매국분자가 입각하여 [일본 통감부統監府의 지시대로 움직이고] 있는 현실 속에서는 [국왕이나] 몇 개인의 개별적 반항으로써 침략에 대항할 수는 없었던 것이다.

양반 유학자들 중에는 전통적인 방법을 따라 국왕에게 상소를 올려 항일정책을 쓰게 함으로써 일본에 반항하려는 사람들이 있었다. 때로는 수백명이 궁문에 함께 모여서 국왕에게 항일정책을 호소하기도 하였다. 그러나 이미 일본의 감시를 받는 국왕이[나 정부가] 이를 받아들일 수는 없었다. 이에 실망하여 자살의 길을 택하는 사람이 많았다. 그러나, 한편으로는 적극적으로 의병 운동을 일으켜 무력 항쟁을 하는 사람들도 있었다.

유학자들의 지휘 밑에서 의병을 구성한 주요 병력은 농민이었다. 그런데 이 농민 의병에 구군인들이 합류함으로써 의병활동은 더욱 열기를 띠게 되었다. 이미 언급한 바와 같이 융희隆熙 원년(1907)에 군대가 해산되자 서울의 시위대侍衛隊는 이에 항거하여 일본군과 항전하였었다. 그러나 탄약이 떨어져 퇴각한 이들 군대는 지방으로 내려가 의병과 합류하였던 것이다.] … (초판의 pp.354-355 내용을 옮겨옴) … [그러나 실제에 있어서는 이보다 훨씬 그 규모가 컸을 것이다.]163)

(4)일본의 침략에 대한 반항은 여러 가지 형태를 띠고 나타났

---

163) 「의병항쟁의 격화」, 『한국사신론』 개정판, 1976, pp.373-375.

었다. 우선 몰락하는 왕권을 회복하기 위한 왕실의 반항이 있었다. 헤아밀사사건 같은 것이 그것이었다. 이에 보조를 같이한 것에 양반 출신의 관료들이 있었다. 그런데, 국왕과 대신들은 일본의 침략을 막기 위하여 러시아를 위시한 외국의 힘을 빌리려는 외세의존적인 태도를 취하였는데, 그것은 결국은 또 다른 침략자의 야욕을 만족시켜줄 뿐이었다. 그러므로 러시아가 전쟁에 패배하자 일본의 강압적 태도를 막을 길이 없었다. 일본의 강압을 반대한다 하더라도 그것은 개인적인 것에 불과하였다. 국민과 힘을 뭉쳐서 반대하려는 생각은 하지를 못하였다. 고종이나 정부는 일본인의 위협보다도 국민의 비난을 오히려 더 두려워할 지경이다. 독립협회를 탄압한다든가 을사조약이나 병합조약을 국민이 알지 못하는 비밀리에 논의된 것도 그러한 이유에서였다. 그러므로, 이미 친일적인 매국분자가 입각하여 일본 통감부의 지시대로 움직이고 있는 현실 속에서는 국왕이나 몇 개인의 개별적 반항으로써 침략에 대항할 수는 없었던 것이다.

양반 유학자들 중에는 전통적인 방법을 따라 국왕에게 상소를 올려 항일정책을 쓰게 함으로써 일본에 반항하려는 사람들이 있었다. 때로는 수백명이 궁문에 함께 모여서 국왕에게 항일정책을 호소하기도 하였다. 그러나, 이미 일본의 감시를 받는 국왕이나 정부가 이를 받아들일 수는 없었다. 이에 실망하여 자살의 길을 택하는 사람이 많았다. 그러나, 한편으로는 적극적으로 의병 운동을 일으켜 무력항쟁을 하는 사람들도 있었다.

유학자들의 지휘 밑에서 의병을 구성한 주요 병력은 농민이었다. 그런데 이 농민 의병에 구군인들이 합류함으로써 의병활동은 더욱 열기를 띠게 되었다. 이미 언급한 바와 같이 융희 원년(1907)에 군대가 해산되자 서울의 시위대侍衛隊는 이에 항거하여 일본군과 항전하였였다. 그러나 탄약이 떨어져 퇴각한 이들 군대는 지방으로 내려가 의병과 합류하였던 것이다. …(초판의 pp.354-355 곧 개정판의 pp.374-378 내용을 옮겨옴) … 그러나 [근래의 조사에 의하면 1908년의 일본군과의 교전 횟수는 1,976, 교전 의병수는 82,767명으로 나타나 있다. 그러므로]

실제에 있어서는 이보다 훨씬 그 규모가 컸을 것이다.[164]

『국사신론』에서는 (1)"여러 가지 형태" 그리고 "가지각색의 양상"으로 전개된 항일운동을 왕실, 양반 출신의 관료들, 구군인, 새로이 등장한 지식층 등으로 나누어 구체적인 활약상을 서술하면서, "이들은 민주주의국가의 건설이라는 새로운 과제를 동시에 짊어지고 있었다"고 논하였고, 또 "반일감정은 더욱 국민의 골수에 사무치게 되었다"고 평하였던 것이다. 이후 『한국사신론』 초판 이후에서 위의 서술 내용을 골격으로 삼아 단락별로 이 같은 양반 출신의 관료들, 구군인, 새로이 등장한 지식층들의 활약상을 구체적으로 보강하여 서술하였다. 그러더니 개정판에서는 초판의 다른 부분에 있는 내용을 옮겨다가 편집하면서까지 그 내용 확충에 힘썼으며, 신수판에서도 이러한 기조를 유지하면서도, 최신의 통계 자료를 극력 활용하여 구체적인 서술을 하기도 하였음이 눈에 띈다. 간명하게 정리해 말하자면, 항일의 여러 형태와 그 성과에 관해서는 『국사신론』에서 자신의 구상대로 정리한 견해를 제시하고, 이를 기본 골격으로 삼아 이후의 『한국사신론』에서는 판을 거듭할수록 지속적으로 이를 보강하여 완성도를 높여가는 서술 방식을 취했던 것으로 분석된다고 하겠다.

39)6 · 25동란의 '한국전쟁'설 비판

현대사 분야의 사실을 기록함에 있어서도 사론이 결코 빠지지 않았다. 해방 이후 거듭된 혼란 상황 속에서 결국 북한의 남침으로 벌어진 6 · 25동란을, '한국전쟁'이라 부르는 것에 관해 그랬던 것이다.

---

164) 「의병항쟁의 격화」, 『한국사신론』 신수판, 1990, pp.403-405; 「의병전쟁의 격화」, 『한국사신론』 한글판, 1999, pp.403-405.

이러한 상황 속에서 북한은 1950년 6월 25일에 불의의 남침을 감행하였던 것이다. 이것은 흔히 6·25동란이라고 부르고 있다. 최근 이를 한국전쟁이라고 부르는 경향이 있는데, 외국인이 그렇게 부를 수는 있겠으나, 한국인 자신이 이를 한국전쟁이라고 부르는 것은 자연스럽지가 못하다.[165)

이러한 '한국전쟁'설에 대한 그의 비판은 훗날 더욱 구체화되었다. "과거에 흔히 이를 6·25사변, 6·25동란 혹은 6·25전란이라 불러왔다. …그런데 어느 사이엔지 한국전쟁이란 말이 보편적으로 씌어지게 되었다. 이것은 서양 사람들이 Korean War라고 부르는 것을 그대로 번역하여 쓴 것이다. … 그러므로 그들은 이를 한국전쟁이라고 부를 수가 있을 것이다. 그러나 한국 사람 자신도 이들의 용어를 빌어서 한국전쟁이라고 부르는 것은 어색하다. … 혹은 6·25남북전쟁이라고 해도 좋을 듯싶다. … 그러나 그것이 마땅치 않게 여겨진다면 6·25동란 혹은 6·25전란으로 족하다고 생각한다[166)"고 하였던 것이다. '한국전쟁'이라는 용어가 어느 결에 일반적으로 흔히 쓰이게 되었더라도[167), 그 용어가 적합하지 않으니 종래와 같이 '6·25동란'[168) 혹은 '6·25전란'이라

---

165) 「6·25동란」, 『한국사신론』 신수판, 1990, p.480; 「6·25동란」, 『한국사신론』 한글판, 1999, p.400.
166) 「연사수록」, 『문학과 사회』 1993년 겨울호; 『연사수록』, 1994, pp.131-133.
167) 이러한 경우의 구체적인 예로서는 신수판, 1990, pp.529-530의 「참고서목」에 기입되어 있는 김학준, 『한국전쟁』, 박영사, 1989. 이대근, 『한국전쟁과 1950年代 자본축적』, 까치, 1987. 한국정치외교사학회 편, 『한국전쟁의 정치외교사적고찰』, 평민사, 1989 등을 들 수 있겠다.
168) 노용필, 「남·북한 독립정부의 수립과 6·25동란의 발발」, 『한국현대사담론』, 한국사학, 2007, p.150에서는 이와 관련하여, "이를 근거에 한국전쟁이라 부른 경향이 있는데, 이는 외국인 특히 남북한 현대사를 연구하는 외국 학자들이 영어로 서술한 것을 번역함에서 비롯된 듯하다. 외국인이 편의상 부르는 것이므로 한국인 자신이 이를 고스란히 번역하여 '한국전

일컫는 게 좋겠으나, 굳이 전쟁이라는 말을 넣자면 '6·25남북전쟁'이라 할 수도 있지 않겠는가 하는 창의성을 발휘한 새로운 견해도 제시하고 있을 정도였다. 이럴 만치 그는 역사 용어에 대한 정확하고 올바른 선정에 온갖 고민을 혼자 끊임없이 하고 있었고, 그의 이러한 면면이 녹여 내려져 자신의 '분신'과도 같이 여기고 있었던 『한국사신론』에 점철되어 스며들어 있었던 것이라 하겠다.

40)민주국가건설론 : 자유·통일 지향에서 자유·평등 지향으로

앞의 〈38)항일의 제형태와 성과에 관한 견해〉에서, 항일운동을 왕실, 양반 출신의 관료들, 구군인, 새로이 등장한 지식층 등으로 나누어 구체적인 활약상을 서술하면서, "이들은 민주주의국가의 건설이라는 새로운 과제를 동시에 짊어지고 있었다"고 논하였음을 보았다. 이렇게 기술할만큼 이기백은 "민주주의국가의 건설이라는 새로운 과제" 해결이야말로 해방 이후 한국 민족에게 부여된 책무라고 여기고 있었으므로, 민주국가 건설에 대한 사론을 모든 판본에서 빠짐없이 썼다.

(1)해방 이후 한국민족은 역사상 가장 심한 시련기를 겪어 왔다. 6·25동란과 4월혁명은 모두 이 시련의 산물이었다. 그리고 이 시련은 아직도 계속되고 있는 것이다. 파도치는 세계의 중심에 선 한국민족은 이 시련을 극복하고 자유와 통일을 위한 과업을 슬기롭고 용감하게 수행함으로써 또한 인류의 자유와 발전을 위하여 공헌하기를 기약해야 할 것이다.169)

쟁'이라 함은 자연스럽지가 못하다고 여겨진다. 흔히 그래왔듯이 한국인으로서는 의당 6·25동란이라고 함이 옳을 것이다'라고 한 바가 있다.
169) 「4월혁명」, 『국사신론』, 태성사, 1961; 제일출판사, 1963, p.384.

(2)4월혁명은 독재정치와 부정축재에 반항하는 국민의 힘이 학생들의 젊은 의기를 통하여 발현된 것이었다. 그리고, 이것은 한국 민주주의의 발전에 밝은 전망을 던져주었다.[170]

(3)이러한 과정을 통하여 해방과 더불어 민중의 직접적인 정치 참여가 가능하게 되었고, 이러한 대세는 4월혁명에서 알 수 있듯이 더욱 더 발전되어 가고 있는 것이다.[171]

(4)이러한 과정을 통하여 해방과 더불어 민중의 직접적인 정치 참여가 가능하게 되었고, 이 대세는 4월혁명에서 알 수 있듯이 더욱 더 발전되어 가고 있다. [그리고 이러한 추세가 자유와 평등에 입각한 사회정의가 보장되는 민주국가의 건설로 이어질 것이 기대되고 있다.][172]

이상의 사론에서 뚜렷하게 드러나는 한 가지 점은, 『국사신론』에서는 "자유와 통일을 위한 과업"을 논하더니, 이후 이에 대한 언급이 없다가 『한국사신론』 신수판에서는 "자유와 평등에 입각한 사회정의가 보장되는 민주국가의 건설로 이어질 것"을 기대하였다는 사실이다. 이와 같이 『국사신론』에서 '자유와 통일'을 지향하던 데에서 『한국사신론』 신수판에서 '자유와 평등'으로 자신의 주된 생각 자체를 바꾼 것은, 항간에 혹자가 통일 지상주의를 내세우면서 세상을 호도하기도 하는 것을 지켜보면서 그래서는 안 된다는 차원에서도 그러하려니와 또한 평등 자체에 대한 깊은 염원을 늘 가슴에 담고 있었기에 그러한 것이라 읽혀진다. 후일 2000년에 『한국사 시민강좌』 제26집 「통일 : 역사적 경험에 비춰 본 민족의 통일」을 책임 편집한 후 그 「독자에게 드리는 글」 속에서, "현대의 한국에 있어서는, 온 국민이 자유와 평등을 보장받

---

170) 「4월혁명」, 『한국사신론』 초판, 1967, p.405.
171) 「지배세력과 민중」, 『한국사신론』 개정판, 1976, p.456.
172) 「지배세력과 민중」, 『한국사신론』 신수판, 1990, p.493; 「지배세력과 민중」, 『한국사신론』 한글판, 1999, p.412.

는 사회를 실현하는 것이 민족의 이상임을 말하고, 남과 북에서
모두 이 민족의 이상이 실현되면, 자연히 평화적인 통일이 이루
어질 것임을 말하고 있다[173)"고 남의 얘기를 정리하듯이 자신의
심정을 기술하고 있는 것도, 이렇게 해서라도 자신의 생각을 강
조하고 싶었기 때문일 것이다.[174)

3. 본문 사론의 구성

앞서 항목별로 본문 사론의 내용을 세부적으로 검토하였으므
로, 첫째 판본별版本別로 추세를 살피며, 그런 후 둘째 시대별로
구분을 해서 셋째 주제별로 정리를 해보고자 한다. 이렇게 본문
사론의 전반적인 구성을 검토함으로써 그 사론의 정확한 실태 파
악은 물론 그 구성상의 특징도 가늠해 볼 수 있음직하다.

1)판본별 추세

여기에서는 『국사신론』·『한국사신론』 본문에 기술된 사론 40
개의 각 판본별 실태를 일일이 조사하여 그 추세趨勢를 파악하려
고 시도하고자 한다. 그래서 이를 위해서 작성하게 된 게 다음의
〈표 4-A〉이다.

---

173) 「독자에게 드리는 글」, 『한국사 시민강좌』 제26집·특집―역사적으로 본
  한국의 오늘과 내일, 2000, v ; 김태욱 외 엮음, 『민족과 진리를 찾아서―
  10주기 추모 이기백사학 자료선집―』, 한림대학교 출판부, 2014, p.121.
174) 노용필, 「이기백의 『한국사 시민강좌』 간행과 민족의 이상 실현 지향」,
  『한국사학사학보』 29, 2014, p.317.

〈표 4-A〉 본문 사론의 판본별 추세

연번	항목	판본				
		『국사신론』	『한국사신론』 초판	『한국사신론』 개정판	『한국사신론』 신수판	『한국사신론』 한글판
1	구석기시대의 유적 발견과 그 연대	○	○	○	○	○
2	구석기인의 혈통			●	●	●
3	중석기시대의 시기 설정과 그 연대				●	●
4	한국 민족의 형성과 계통	○	○	○	○	○
5	신석기시대의 모계사회(모계제)설	○	○	○	○	○
6	신석기시대의 사회조직	○	○	○	○	○
7	태양신·태양숭배 그리고 샤머니즘	○	○	○	○	○
8	금석병용기의 설정	●				
9	즐문토기인과 무문토기인의 종족상 차이 그리고 그 계통의 구별	○	○	○	○	○
10	부족국가설과 성읍국가론	○	○	○	○	○
11	고조선의 건국 위치와 영역 경계 설정	○	○	○	○	○
12	단군왕검의 성격 문제	○	○	○	○	○
13	부족국가연맹체설과 연맹왕국론	○	○	○	○	○
14	고조선의 사회적 발전 파악에 대한 비판				●	●
15	기자동래설 및 기자조선설 비판					
16	위만의 실체와 위만조선의 성격 문제	○	○	○	○	○
17	한사군의 위치 문제	○	○	○	○	○
18	삼한의 위치와 문화 단계 설정	○	○	○	○	○
19	초기국가의 노예제사회설 비판				●	●
20	삼국의 건국 시기에 관한 『삼국사기』의 기록 비판	●				
21	삼국시대 농민층의 분화와 유인遊人의 실체 파악				●	●
22	삼국시대 향·부곡민의 천민설 및 노예사회설 비판				●	●
23	고려의 관료제사회설 비판				●	●
24	묘청의 난 성격에 관한 견해	○	○	○	○	○
25	무인정권의 역사적 평가에 대한 견해	●				
26	조선의 양천제사회설 비판				○	○
27	서원의 기능에 대한 견해	○	○	○	○	○
28	당쟁에 대한 견해	●	●			
29	실학의 성격에 관한 견해			○	○	○
30	경세치용학파의 중농주의설 비판				●	●
31	이용후생학파의 중상주의설 비판				●	●
32	천주교 수용과 유행의 역사적 의미에 대한 견해	○	○	○	○	○

33	동학의 교리 내용에 대한 견해	○	○	○	○	○
34	동학 봉기의 역사적 성격에 대한 견해 : 농민반란·농민전쟁에서 혁명운동으로, 그리고 반항운동으로	○	○	○	○	○
35	동학군 집강소의 성격과 역할에 대한 견해	○	○	○	○	○
36	독립협회 활동 방향에 대한 견해	○	○	○	○	○
37	광무개혁의 근대사주류설 비판				●	●
38	항일의 제형태와 성과에 관한 견해	○	○	○	○	○
39	6·25동란의 '한국전쟁'설 비판				●	●
40	민주국가건설론 : 자유·통일 지향에서 자유·평등 지향으로	○	○	○	○	○

〈범례〉 ○ : 전체 판본에 있는 본문 사론의 경우, ● : 일부 판본에만 있는 본문 사론의 경우

이 〈표 4-A〉를 살피면 전체 판본에 있는 본문 사론의 경우와 일부 판본에만 있는 본문 사론의 경우로 갈리는 것을 알 수 있다. 그래서 이들의 수효를 각각 헤아린 후 그 비율까지를 계산하여 별도로 보조적으로 작성한 게 다음의 〈표 4-B〉이다.

〈표 4-B〉 본문 사론의 판본별 전체 및 일부 기술 항목수 비교

구분	항목수	비율
전체 판본에서 기술된 사론	25	62.5%
일부 판본에서 기술된 사론	15	37.5%

이를 보면, 전체 판본에서 기술된 본문 사론은 25항목으로 전체 40항목의 5/8로 62.5%에 달하고, 일부 판본에서 기술된 본문 사론은 15항목으로 전체 40항목의 3/8으로 37.5%를 점한다는 사실을 읽을 수 있다. 따라서 전체 판본에서 일관되게 기술된 본문 사론의 비중이 상대적으로 높긴 하나, 절대적으로 높은 게 아니며, 그만큼 판본이 거듭됨에 따라 이전에 전혀 기술되지 않았던, 그래서 비교적 새로운 본문 사론들이 기술되고 있는 경향이 확연히 드러난다고 하겠다.

그리고 전체 판본에서 일관되게 기술한 본문 사론의 비중이 상대적으로 높았더라도, 그것이 동일한 내용을 줄곧 똑같이 기술한

게 전혀 아니었다. 즉 판본을 거듭할 때마다 수정하고 보강하는 서술 자세를 견지하고 있었음을 간과해서 안 될 것인데, 이러한 사론 기술의 자세에 대해서는 뒤에서 행해질 사론의 내용 검토를 통해서 입증될 것이다. 이는 곧 서명書名에 '신론新論'을 줄곧 붙이면서 판본을 거듭하면서 지속적으로 새로운 내용을 기술하려 하였고, 사론 역시 그러하였음을 입증해줌에 다름이 아니라고 판단된다.

이러한 판본별 전체 및 일부 기술 본문 사론에서 드러나는 지향은 판본별 항목수의 증가와 감소의 추세를 따져보아도 여실히 드러나고 있었다. 이를 구체적으로 살피기 위해 별도의 표를 작성해보았다. 다음의 〈표 4-C〉가 그것이다.

〈표 4-C〉 본문 사론의 판본별 항목수 증감 추세

구분	『국사신론』	『한국사신론』			『한국사신론』
		초판	개정판	신수판	한글판
항목수	28	25	25	36	36
증감		-3	0(±1)	+11	0(±0)

이 〈표 4-C〉로 『국사신론』에서는 본문 사론이 28항목이었다가 『한국사신론』의 초판에서는 3항목이 감소하였음을 엿볼 수 있는데[175], 개정판에서도 같은 수의 본문 사론이 기술되었지만 그 수

---

175) 〈표 4-A〉에서 확인해보면 연번 8의 〈금석병용기의 설정〉, 연번 20의 〈삼국의 건국 시기에 관한 삼국사기의 기록 비판〉 그리고 연번 25의 〈무인정권의 역사적 평가에 대한 견해〉 등이 그것이다. 〈금석병용기의 설정〉항목의 설정과 내용 서술은 『한국사신론』 초판이 간행되던 1967년에는 이미 더 이상 존립할 수 없는 학설에 따른 것이었으므로 그랬을 것이고, 〈삼국의 건국 시기에 관한 『삼국사기』의 기록 비판〉항목은 개설서에서는 각별히 따로 언급할 필요가 없을 정도로 일반화된 사실이므로 그랬을 것이다. 그리고 〈무인정권의 역사적 평가에 대한 견해〉항목은 마

효에서만 그랬을 뿐 실제적으로는 1항목을 새롭게 기술한 반면 1
항목을 제외하여서 그렇게 된 것이지, 구태의연하게 전혀 손대지
않은 게 아니었다. 그러다가 신수판에 이르러서는 11항목이나 대
폭 증가하고 있다. 이는 이미 앞서 제시하고 언급하였듯이, 그「
서문」에서 "아직도 진행 중인 논쟁에 대해서조차도 되도록 이를
소개하기로 하였다. 그리고 이러한 새 학설에 대하여 저자의 의
견을 첨부하기도 하였는데, 그것이 한 사람의 학자로서의 책임이
라고 믿었기 때문이다."라고 밝히고 있음에 따른 것이다. 이후 한
글판은 한글세대 독자들을 위해 신수판에서 한자를 괄호 안에 병
기倂記하고 또 간혹 약간의 설명을 달아 이해되기 쉽게 하도록
배려한 것이므로, 사론 역시 신수판의 것을 전적으로 그대로 두
었기 때문에 본문 사론의 전체 항목의 수효에는 전혀 변화가 없
게 되었던 것이다.

2) 시대별 구분

다음으로는 본문 사론을 시대별로 구분을 해서 살펴보기로 하
였다. 이렇게 함으로써 본문 사론의 전반적인 대세도 파악하고
또 그 구성상의 특징도 조망할 수 있을 것으로 믿어졌기 때문이
다. 다만 그 시대별 구분의 설정은 이해를 돕기 위해 나름대로
생각한 기준을 채택하여 한 것에 불과하다.176)

치 5·16군사쿠데타를 인정하는 듯이 인식을 주어 불필요한 오해를 불
러일으킬 소지가 있다는 생각에서 조심스러워 아마도 제외시켰던 게 아
닐까 추찰推察된다.
176) 그래서 별반 크게 신용이 가지 않을 수도 있을 것이다. 인간 자신은
언제나 자신이 숨을 쉬며 살고 있는 현재를 기준으로 자신의 관점에 입
각해서 그 이전 역사에 대한 시대를 구분하여 생각하는 게 온당하다고
필자는 보고 있다. 그래서 현재로부터 과거로의 "시간상의 근원近遠과 사
회적 특성의 변천을 염두에 두고 각 시대를 통합하여 5간계로 나누어 현
대·근대·전근대·고대·상고라 시기를 구분"할 수 있다고 여기고 있는

<표 5> 본문 사론의 시대별 구분

연번	항목	시대별 구분	
1	구석기시대의 유적 발견과 그 연대	원시사회	상고 上古
2	구석기인의 혈통		
3	중석기시대의 시기 설정과 그 연대		
4	한국 민족의 형성과 계통		
5	신석기시대의 모계사회(모계제)설		
6	신석기시대의 사회조직		
7	태양신 · 태양숭배 그리고 샤머니즘		
8	금석병용기의 설정	초기국가	
9	즐문토기인과 무문토기인의 종족상 차이 그리고 그 계통의 구별		
10	부족국가설과 성읍국가론		
11	고조선의 건국 위치와 영역 경계 설정		
12	단군왕검의 성격 문제		
13	부족국가연맹체설과 연맹왕국론		
14	고조선의 사회적 발전 파악에 대한 비판		

데(노용필 편저, 「책을 펴내며」, 『한국사 흐름잡기 · 자료읽기』, 어진이, 2011, p.3), 이에 따른 것임을 밝혀두는 바이다.

다만 이러한 시대 구분과 관련하여 한 가지 덧붙일 것은, 이에 관한 생애 최후의 글이라고 할 이기백의 「한국사의 전개」, 『한국사』 1 총설, 국사편찬위원회, 2002에서의 언급을 상기해보자는 것이다. 그 p.1에서, "왕조 중심의 역사관을 극복하기 위하여 제기된 새로운 방법이 한국사의 전개과정을 고대 · 중세 · 근대의 세 시기로 나누어서 이해하는 것이었다. … 고대 · 중세 · 근대로 3구분하려면, 이에 상응하는 시대적 성격 규정이 있어야 하는데, 그러한 시도가 보이지 않는 것이다. 그래서는 위의 3구분법은 무의미한 것이라고 하겠다"한 후, p.9에서, "위에서 한국사의 전개를 크게 네 단계로 나누어 살펴보았다. 이 네 단계를 원시 · 고대 · 중세 · 근대로 부를 수도 있지 않을까 하는 유혹을 받는다. 그러나 이 같은 명칭은 사실 형식적인 것이어서 별로 의미가 없는 것이므로, 군이 그러할 필요를 느끼지 않는다. … "라 하였음을 주목하고 싶다. 이기백의 이 4단계에는 현대가 빠져 있으므로 이를 넣으면 5단계가 설정될 수 있다고 본다. 다만 인간의 시간 기억 속에는 '원시'는 존재하지 않으며, '고대' 이전의 시기이자 기록도 전하지 않는 아스라한 과거를 '고대' 이전으로서 '상고上古'라 하는 논자들도 있으므로 이에 따르고, 또한 '고대'와 '근대'의 중간 시기를 군이 '중세'라는 표현을 쓸 필요성을 느끼지 않으므로, '근대' 이전이라는 의미에서 이를 '전근대'라고 설정하는 등의 정리를 펼쳐 보는 것이다.

15	기자동래설 및 기자조선설 비판		
16	위만의 실체와 위만조선의 성격 문제		
17	한사군의 위치 문제		
18	삼한의 위치와 문화 단계 설정		
19	초기국가의 노예제사회설 비판		
20	삼국의 건국 시기에 관한 『삼국사기』의 기록 비판		
21	삼국시대 농민층의 분화와 유인遊人의 실체 파악	삼국시대	고대
22	삼국시대 향·부곡민의 천민설 및 노예사회설 비판		
23	고려의 관료제사회설 비판		
24	묘청의 난 성격에 관한 견해	고려시대	
25	무인정권의 역사적 평가에 대한 견해		전근대 前近代
26	조선의 양천제사회설 비판		
27	서원의 기능에 대한 견해	조선시대	
28	당쟁에 대한 견해		
29	실학의 성격에 관한 견해		
30	경세치용학파의 중농주의설 비판		
31	이용후생학파의 중상주의설 비판	실학시대 實學時代	
32	천주교 수용과 유행의 역사적 의미에 대한 견해		근대
33	동학의 교리 내용에 대한 견해		
34	동학 봉기의 역사적 성격에 대한 견해 : 농민반란·농민전쟁에서 혁명운동으로, 그리고 반항운동으로	개화시대 開化時代	
35	동학군 집강소의 성격과 역할에 대한 견해		
36	독립협회 활동 방향에 대한 견해	제국시대 帝國時代	
37	광무개혁의 근대사주류설 비판		
38	항일의 제형태와 성과에 관한 견해	일제시대	현대
39	6·25동란의 '한국전쟁'설 비판		
40	민주국가건설론 : 자유·통일 지향에서 자유·평등 지향으로	시민사회	

본문 사론에 대한 이와 같은 시대별 구분을 통해 살펴지는 것은, 첫째로는 특정 시대에만 국한되지 않았다는 점이고, 둘째로는 그러면서도 상고上古시대의 비중이 적지 않았다는 점이다. 그리고 셋째로는 그렇지만 통일신라시대에 관해서는 전혀 사론이 붙여지지 않고 있었다는 점 등을 꼽을 수 있을 듯하다.

이 가운데 첫째 특정 시대에만 국한되어 사론이 기술된 게 아니라는 사실은, 개설서이기에 지극히 당연하다고 할 수 있다. 그렇다고 할지언정 실제로 그랬다는 점은 특장特長의 하나로 평가하기에 지극히 합당하다고 해야 옳겠다.

둘째로 상고上古시대의 비중이 적지 않았다는 사실은, 인류학 등의 역사학 주변 학문, 그 중에서도 특히 한국 고고학의 발달이 극히 미흡하던 단계를 벗어나 점차 발달하기 시작함에 짝하여 나타난 어쩔 수 없는 현상이었다. 지금까지 밝혀진 바가 없어 서술할 수가 없었던 부분을 새로이 메우고, 또 있었다고 하더라도 새로운 면모가 드러난 경우는 그와 관련된 사항들을 수정하고 보완함은 물론, 앞으로의 연구 전망까지 담아내야 했기에 그랬던 것이라 풀이된다.

한편 셋째로 특정 시대에만 국한되지 않았으면서도 그렇지만 통일신라시대에 관해서는 전혀 사론이 붙여지지 않고 있었다는 사실은 무엇에서 비롯된 것일까? 아마도 이는 그의 시대구분론의 전체 구도 속에서 통일신라시대, 그의 표현으로는 신라통일기에 관한 자신의 사관史觀에서 그랬던 것이 아닌가 추측된다. 1976년 개정판 이후 1990년 신수판을 거쳐 1999년 한글판에 이르기까지 전혀 수정이나 보완이 없이 고스란히 유지되었던 다음의 신라통일기에 관한 그 자신의 기술에서 이를 엿볼 수 있는 게 아닌가 싶어진다.

그러다가 신라통일기가 되면 왕권은 전제화專制化되어 권력이 군주 한 사람에게 집중되었다. 그리고 전제군주를 보좌하는 주요 행정직은 왕족인 김씨 일족에게 한정되었다. 결혼도 김씨 일족 안에서만 하는 것이 원칙이었다.
이 신라통일기의 전제정치시대를 정점으로 하고, 그 이후는 반대로 지배세력의 저변이 점차 확대되어 가는 경향을 나타냈다.[177]

---

177) 「지배세력의 변화」, 『한국사신론』 개정판, 1976, p.451; 신수판, 1990, p.488; 한글판, 1999, p.407.

이렇듯이 그 자신의 지론持論인 '지배세력(혹은 주도세력)'의 변화를 기준으로 볼 때 신라통일기가 정점을 이루는 전제정치시대였다는 견해를 일관되게 지니고 있었기에, 이와 관련된 어떠한 사론을 굳이 개설서에 쓸 필요성을 전혀 느끼지 않았기 때문이 아니었을까 추정된다.[178] 그가 신수판의 「서문」에서 "아직도 진행 중인 논쟁에 대해서조차도 되도록 이를 소개하기로 하였다. 그리고 이러한 새 학설에 대하여 저자의 의견을 첨부하기도 하였는데, 그것이 한 사람의 학자로서의 책임이라고 믿었기 때문이다."라고 한 것과는 다소 배치되는 듯도 싶지만, 되레 한 사람의 학자로서 자신의 학설이 온당하다고 믿은 굳은 신념에서 그런 것으로 새겨진다.

3)주제별 정리

본문 사론을 주제별로 정리해보면, 이기백의 『국사신론』과 『한국사신론』의 여러 판본에 실린 본문 사론에 관해 보다 종합적이고 입체적으로 살필 수 있지 않을까 생각하였다. 그래서 그의 『국사신론』·『한국사신론』 본문의 사론을 주제별로 정리해보았더니, 몇 개의 영역으로 묶여짐을 알 수 있었기에 이를 또 하나의 표로 작성하였다. 다음의 〈표 6〉이다.

---

178) 이기백은 이러한 내용의 논조를 줄곧 유지시켜 신수판을 1990년에 출간하고 나서도, 기왕의 서술 방식과는 사뭇 달리 기왕에 이미 활자화된 관련 논문 하나하나에 대해 일일이 인용하고 상세히 언급하고 또한 자신의 논지와 다른 경우에는 낱낱이 반박하면서, 통일신라기의 전제정치에 관련해 일련의 논문들, 「신라 전제정치의 성립」, 『한국사 전환기의 문제들』, 1993 및 「통일신라시대의 전제정치」, 『한국사상의 정치형태』, 1993 그리고 「신라 전제정치의 붕괴과정」, 『학술원 논문집』 인문사회과학편 34, 1995 등을 발표하고, 곧이어 이들을 묶어 『한국고대정치사회사연구』, 1996, pp.251-359에 담아내 펴냈던 바, 여기에서도 이러한 그의 의중을 읽을 수가 있다고 본다.

〈표 6〉 본문 사론의 주제별 정리

주제	항목	연번
I 개념규정 概念規定	신석기시대의 모계사회(모계제)설	5
	태양신 · 태양숭배 그리고 샤머니즘	7
	금석병용기의 설정	8
	부족국가설과 성읍국가론	10
	부족국가연맹체설과 연맹왕국론	13
	경세치용학파의 중농주의설 비판	30
	이용후생학파의 중상주의설 비판	31
	6 · 25동란의 '한국전쟁'설 비판	39
II 실증규명 實證糾明	구석기시대의 유적 발견과 그 연대	1
	구석기인의 혈통	2
	중석기시대의 시기 설정과 그 연대	3
	한국 민족의 형성과 계통	4
	즐문토기인과 무문토기인의 종족상 차이 그리고 그 계통의 구별	9
	고조선의 건국 위치와 영역 경계 설정	11
	기자동래설 및 기자조선설 비판	15
	한사군의 위치 문제	17
	삼국의 건국 시기에 관한 『삼국사기』의 기록 비판	20
	삼국시대 농민층의 분화와 유인遊人의 실체 파악	21
	당쟁에 대한 견해	28
	동학의 교리 내용에 대한 견해	33
	항일의 제형태와 성과에 관한 견해	38
III 성격분석 性格分析	신석기시대의 사회조직	6
	단군왕검의 성격 문제	12
	위만의 실체와 위만조선의 성격 문제	16
	초기국가의 노예제사회설 비판	19
	삼국시대 향 · 부곡민의 천민설 및 노예사회설 비판	22
	묘청의 난 성격에 관한 견해	24
	조선의 양천제사회설 비판	26
	실학의 성격에 관한 견해	29
	동학 봉기의 역사적 성격에 대한 견해 : 농민반란 · 농민전쟁에서 혁명운동으로, 그리고 반항운동으로	34
	동학군 집강소의 성격과 역할에 대한 견해	35

IV 의미파악 意味把握	고조선의 사회적 발전 파악에 대한 비판	14
	고려의 관료제사회설 비판	23
	서원의 기능에 대한 견해	27
	천주교 수용과 유행의 역사적 의미에 대한 견해	32
V 대세설정 大勢設定	삼한의 위치와 문화 단계 설정	18
	무인정권의 역사적 평가에 대한 견해	25
	독립협회 활동 방향에 대한 견해	36
	광무개혁의 근대사주류설 비판	37
	민주국가건설론 : 자유 · 통일 지향에서 자유 · 평등 지향으로	40

여기에서 40개의 본문 사론들이 묶여 5개의 영역, 개념규정 · 실증규명 · 성격분석 · 의미파악 · 대세설정 등으로 분류되는 것은, 이기백이 『국사신론』과 『한국사신론』 본문 사론에서 중시하였던 게 이러한 범주였음을 말해주는 것으로 해석된다. 즉 그가 개념규정—실증규명—성격분석—의미파악—대세설정을 중시하며 『국사신론』과 『한국사신론』의 본문 사론을 작성하였던 것으로 파악된다고 하겠다.

4. 본문 사론의 유형

『국사신론』 · 『한국사신론』 본문 사론의 유형類型을 분류하여 검토하자면179), 대체로 3가지의 유형으로 대별될 수 있지 않나

---

179) 이기백은 이미 1970년에 한국사의 시대구분 문제를 다루면서 '시대구분의 여러 유형'이라는 항목을 설정하고 분석하여, "이러한 공통성을 기준으로 해서 몇 개의 유형으로 나누어 볼 수가 있다"고 한 바가 있다. 「한국사의 시대구분 문제」, 한국경제사학회 편, 『한국사시대구분론』, 을유문화사, 1970; 『민족과 역사』 초판, 1971; 신판, 1994, p.47. 이후 '인간을 유형화하는 것은 역사의 진실을 이해하는 데 장애가 된다'든가 하는

생각한다. 첫째는 학설과 논쟁 소개의 유형이고, 둘째는 저자의 의견 제시의 유형이며, 그리고 셋째는 전개의 논조論調 변화의 유형이 될 것이다.

1)학설과 논쟁 소개의 유형

학설과 논쟁 소개의 유형으로서는 세부적으로 예시거론형例示擧論型·수렴종합형收斂綜合型·시비논평형是非論評型으로 나뉜다고 판단된다. 첫째 예시거론형은 구체적인 학설의 내용을 예로 제시하면서 이에 대해 상세히 언급한 경우이고, 둘째 수렴조합형은 여러 학설을 수렴하여 종합해서 소개한 경우이다. 그리고 셋째 시비논평형은 그 학설의 옳고 그름에 대해 논평을 가한 경우이다.

이 중에서 첫째 예시거론형의 대표적인 실례實例로는 다른 무엇보다도 맨 먼저 〈1.구석기시대의 유적 발견과 그 연대〉부분을 들 수 있다. 특히 "유물이 출토하는 황토층黃土層의 지질적地質的 성격이나 동물의 화석 및 유물 등을 만주滿洲·화북華北 등의 그 것과 비교 연구한 결과 그것이 구석기시대의 유적일 것이라고 추정하는 긍정적인 견해도 있다. 반도에는 빙하기에 얼음으로 덮인 부분이 지극히 적어서 인류의 서식棲息을 방해하지는 않았을 것이라는 자연적 조건은 한국에도 구석기시대가 있었으리라는 견해를 뒷받침하고 있다. "화북·만주·일본 등 한국을 에워싼 여러 지역에서 구석기시대의 존재가 확실하게 알려지고 있으므로 인류의 서식이 가능했던 한국에만 구석기시대인이 살지 않았으리라고

비판이 제기되었음을 거론하면서, "유형화작업은 개인을 중심으로 역사를 쓰던 전근대적 역사학에서 탈피하는 필수적인 절차인 것이다"라고 갈파한 바가 또한 있다. 「한국사의 진실을 찾아서」, 제2회 한·일 역사가회의에서의 발표, 2003; 『한국사 시민강좌』 35, 2004; 『한국사산고』, 2005, p.111. 이에 준거하여 『국사신론』과 『한국사신론』 본문 사론의 유형을 분류하여 본격적으로 검토해보고자 하는 것이다.

는 생각되지 않는다180)"라고 한 게 그러하다. 이와 더불어 〈8.금석병용기의 설정〉의 경우와 〈33.동학의 교리 내용에 대한 견해〉 등도 이에 해당되는 것이라 할 수 있겠다.

둘째, 수렴종합형의 대표적인 실례로는 〈4.한국 민족의 형성과 계통〉를 꼽아 마땅하다. 이 부분에서 "이 같은 토기의 변화를 통하여 미루어 볼 때에 한국의 신석기시대는 세 차례의 큰 변화를 겪었던 셈이다. 현재 이 신석기인, 특히 빗살무늬토기인을 고아시아족으로 보는 경향이 농후하지만, 아직은 확실하게 증명된 사실이 아니다. 다만 중국과는 다른 북방계통의 인종인 것만은 분명하다. 그들은 필시 여러 차례에 걸쳐 파상적인 이동을 해왔을 것으로 생각된다181)"라 서술하고 있음이 그렇다. 이외에 이에 해당되는 경우로는 〈6.신석기시대의 사회조직〉, 〈11.고조선의 건국 위치와 영역 경계 설정〉, 〈16.위만의 실체와 위만조선의 성격 문제〉, 〈17.한사군의 위치 문제 〉, 〈24.묘청의 난 성격에 관한 견해〉, 〈29.실학의 성격에 관한 견해〉 등 역시 들 수 있다고 본다.

셋째, 시비논평형의 실제적인 예로는 〈5.신석기시대의 모계사회(모계제)설〉이 가장 적합하다고 보는데, "신석기시대의 일정한 시기에는 모계제가 행해졌던 것으로 믿어져 왔다. … 고구려의 서옥제 같은 것은 그 유제일 것으로 생각되었다. 그러나 최근에는 이 모계제의 존재에 회의적인 의견들이 제시되고 있다182)"라 기술한 것과 같은 부분이다. 이와 함께 〈18.삼한의 위치와 문화 단계 설정〉, 〈22.삼국시대 향·부곡민의 천민설 및 노예사회설 비판〉, 그리고 〈23.고려의 관료제사회설 비판〉의 경우도 해당되는 것으로 볼 수 있을 듯하다. 이상과 같은 학설과 논쟁의 소개의 유형 3가

180) 「구석기시대」, 『국사신론』, 태성사, 1961; 제일출판사, 1963, p.11.
181) 「신석기인의 등장」, 『한국사신론』 신수판, 1990, pp.17-18; 「신석기인의 등장」, 『한국사신론』 한글판, 1999, p.18.
182) 「씨족공동체의 사회」, 『한국사신론』 한글판, 1999, p.21.

지와 그 대표적 항목의 연번을 정리하여 제시하면 다음의 〈표 7〉
과 같다.

〈표 7〉 학설과 논쟁 소개의 유형

유형	대표적 항목의 연번
예시거론형	1, 8, 33
수렴종합형	4, 6, 11, 16, 17, 24, 29
시비논평형	5, 18, 22, 23

2)저자의 의견 제시의 유형

저자의 의견 제시의 유형으로는 판단유보형判別留保型·확신단
정형確信斷定型·사실직서형事實直敍型·전망예언형展望豫言型으로
세분할 수 있다고 본다. 첫째 판별유보형은 말 그대로 판별을 유
보하는 자세를 견지하는 경우이고, 반면에 둘째 확신단정형은 확
신을 하면서 단정지워 자신의 의견을 제시하는 경우이다. 그리고
사실직서형은 사실에 대해 직설적으로 서술을 함으로써, 옳은 것
은 옳다고 하고 그른 것은 그르다고 명명백백하게 밝히는 소위
춘추필법春秋筆法을 연상시키는 대목이라 할 수 있는 경우이다.
또한 전망예언형은 앞으로의 연구가 진척됨에 따라 이런 방향으
로 전개될 것이라는 전망을 예언하듯이 펼친 경우라고 보인다.

이 가운데 첫째, 판별유보형의 가장 대표적인 실제 예로서는
〈2.구석기인의 혈통〉를 들 수 있지 않나 싶다. 즉 "이밖에도 인골
의 파편이 더 발견되고 있으므로 점차로 구석기시대에 살던 사람
들의 모습이 발전하여 온 양상도 알 수가 있게 될 것으로 기대된
다. 그러나 이들 구석기인의 혈통이 오늘의 한국인에 계승되어 내
려온 것인지 어떤지는 분명하지가 않으며, 오히려 부정적인 견해
가 지배적이다[183]"라 하였음에서 이를 가늠할 수 있다. 이밖에 이

---

183) 「구석기인의 생활과 문화」, 『한국사신론』 신수판, 1990, p.13; 「구석기

러한 유형에 해당하는 또 다른 예로서는 〈9.즐문토기인과 무문토기인의 종족상 차이 그리고 그 계통의 구별〉, 〈12.단군왕검의 성격 문제〉, 〈20.삼국의 건국 시기에 관한 삼국사기의 기록 비판〉, 〈39.6·25동란의 '한국전쟁'설 비판〉 등도 꼽을 수 있을 듯하다.

둘째, 확신단정형의 사론으로 무엇보다도 우선되는 구체적인 예로는 〈7.태양신·태양숭배 그리고 샤머니즘〉부분의 "이와 동일한 유형의 원시적인 종교형태를 동북아시아 일대에서는 일반적으로 샤머니즘Shamanism이라 부르고 있다. 그러나 이와 비슷한 종교형태는 세계 어디서나 공통적으로 발견되는 것으로서 반드시 동북아시아에 국한된 현상은 아니다[184]"라고 한 대목이다. 이와 함께 〈10.부족국가설과 성읍국가론〉, 〈13.부족국가연맹체설과 연맹왕국론〉, 〈15.기자동래설 및 기자조선설 비판〉, 〈26.조선의 양천제사회설 비판〉, 〈37.광무개혁의 근대사주류설 비판〉 등도 이 유형에 속한다고 판단된다.

셋째, 사실직서형으로는 〈14.고조선의 사회적 발전 파악에 대한 비판〉에서, "따라서 같은 고조선이라고 하지만 여기에는 커다란 사회적 발전이 있었음을 알 수 있다. 고조선이 마치 건국 초기부터 만주와 한반도 북부에 걸친 대제국이었다고 생각하는 것은 역사의 발전을 무시한 잘못된 생각이다[185]"라고 한 부분이 가장 적합하다. 그리고 〈19.초기국가의 노예제사회설 비판〉, 〈28.당쟁에 대한 견해〉, 〈30.경세치용학파의 중농주의설 비판〉, 〈31.이용후생학파의 중상주의설 비판〉 등도 이와 같은 사실직서형이라 보인다.

넷째, 전망예언형으로는 〈1.구석기시대의 유적 발견과 그 연

인의 생활과 문화」, 『한국사신론』 한글판, 1999, p.14.

184) 「무술신앙」, 『한국사신론』 한글판, 1999, p.22.

185) 「고조선사회의 성장」, 『한국사신론』 신수판, 1990, p.34; 「고조선사회의 성장」, 『한국사신론』 한글판, 1999, p.31.

대〉부분 중 "한국 구석기시대의 연대는 여러 가지 학설이 나오고 있으나, 아직 단정해서 말할 단계에까지는 이르지 못하고 있다. 다만 석장리의 후기 구석기시대에 속하는 두 문화층의 연대가 각기 약 3만 년 전과 2만 년 전의 것으로 판명되었다. 그러나 전기 구석기시대의 유적도 여럿이 보고되고 있으므로, 적어도 50만 년 전 정도까지 그 연대가 올라갈 수 있을 것으로 추측된다[186]"고 한 게 대표적인 예의 하나라고 분석된다. 이외에도, 〈38.항일의 제형태와 성과에 관한 견해〉, 〈40.민주국가건설론 : 자유·통일 지향에서 자유·평등 지향으로〉 등도 역시 그러하다고 여겨진다. 이상에서 거론한 저자 의견 제시의 유형 4가지와 그 대표적 항목의 연번을 정리하여 제시하면 아래의 〈표 8〉과 같이 된다.

〈표 8〉 저자의 의견 제시의 유형

유형	대표적 항목의 연번
판별유보형	2, 9, 12, 20, 39
확신단정형	7, 10, 13, 15, 26, 37
사실적서형	14, 19, 28, 30, 31
전망예언형	1, 38, 40

3)전개의 논조 변화의 유형

전개의 논조 변화의 유형으로는 수정보완형修正補完型·탐구시정형探究是正型·개조창안형改造創案型을 설정할 수 있다고 생각하였다. 첫째 수정보완형은 다른 학자의 새로운 학설을 취하여 자신의 종래 견해를 수정하여 기꺼이 보완하는 서술 태도를 보인 경우이다. 이에 비교해서 둘째 탐구시정형은 새로운 이론을 받아

---

186) 「구석기시대」, 『한국사신론』 신수판, 1990, p.11; 「구석기시대」, 『한국사신론』 한글판, 1999, p.12.

들이는 등의 적극적인 태도를 취해 자신의 학설을 올바르게 수정하는 경우이다. 그리고 개조창안형은 다른 학자의 학설을 참작하여 새로운 방안을 만들어 내어 제시하는 경우이다.

첫째, 수정보완형의 대표적인 예로는 〈10.부족국가설과 성읍국가론〉 가운데서도, 특히 개정판에서 "이러한 소국은 종래 흔히 부족국가라고 불러 왔으나, 오히려 성읍국가라고 부르기에 알맞은 존재들이다. 비록 부족적인 전통을 가지고 있었다 하더라도 부족 이외의 다른 요소들까지도 포함한 지연 중심의 정치적 기구를 지니고 있었을 것이기 때문이다[187]"라고 했던 것을 신수판 이후에 "이러한 정치적 단위체를 종래 흔히 부족국가라고 불러 왔다. 그러나 부족국가는 원시적 개념인 부족과 그와는 상치되는 새 개념인 국가와의 부자연스런 결합이어서, 이는 학문적으로 부적합하다는 것이 현 학계의 일반적인 견해이다"라고 한 것을 꼽아 마땅하다고 본다. 이외에 〈13.부족국가연맹체설과 연맹왕국론〉, 〈15.기자동래설 및 기자조선설 비판〉, 〈29.실학의 성격에 관한 견해〉 등의 경우에도 역시 이러한 유형에 해당한다고 헤아려진다.

둘째, 탐구시정형으로는 〈5.신석기시대의 모계사회(모계제)설〉, 〈7.태양신·태양숭배 그리고 샤머니즘〉, 〈32.천주교 수용과 유행의 역사적 의미에 대한 견해〉 등의 부분에서도 분명히 드러나지만, 더욱이 〈35.동학군 집강소의 성격과 역할에 대한 견해〉 중 신수판과 한글판 초판에서는 "더욱이 전라도 53군에는 집강소라는 일종의 민정기관을 설치하여 폐정개혁에 착수하였다. 집강소에는 한 사람의 집강과 그 밑에 서기 등 몇 명의 임원이 있고, 전주에는 집강소의 총본부인 대도소를 두어 전봉준이 이를 총지휘하게 되어 있었다[188]"라고 하였던 것을 후일 2001년 판본에서부터는

---

187) 「성읍국가의 성립」, 『한국사신론』 개정판, 1976, pp.25-26.
188) 「집강소의 설치와 항일전」, 『한국사신론』 신수판, 1990, p.373; 「집강

"더욱이 전라도 53군에는 집강소를 설치하여 지방의 치안유지에 힘쓰는 한편, 동학농민군의 폐정개혁 요구를 행정에 반영시키도록 노력하였다. 전주에는 집강소의 총본부인 대도소를 두어 송희옥이 그 도집강으로서 이를 총지휘하게 되었다[189]"라고 예고나 별다른 언급이 전혀 없이 부분적으로 수정하였음이 그렇다고 하여 틀림이 없어 보인다. 이밖에 〈40.민주국가건설론 : 자유·통일 지향에서 자유·평등 지향으로〉 항목 역시 그렇다고 하겠다.

셋째, 개조창안형으로는 〈3.중석기시대의 시기 설정과 그 연대〉의 경우를 대표적인 사례로 지목하여 합당한데, "이 시기를 중석기시대라고 하는데, 구석기시대로부터 신석기시대로 넘어가는 과도기에 해당한다. 한국에서는 아직 확실한 중석기 유적이 발견되지 않고 있으나, 그것이 존재했을 것임은 거의 의심이 없다. 경남 상노대도의 조개더미(패총)의 최하층 유적 같은 것이 그러한 예의 하나라고 지목되고 있다[190]"라고 해서 처음으로 중석기시대에 관한 구체적인 서술을 하였던 것이다. 그리고 〈34.동학 봉기의 역사적 성격에 대한 견해 : 농민반란·농민전쟁에서 혁명운동으로, 그리고 반항운동으로〉, 〈35.동학군 집강소의 성격과 역할에 대한 견해〉, 〈38.항일의 제형태와 성과에 관한 견해〉 등에서도 그러하였다고 가늠된다. 방금 살핀 전개의 논조 변화의 유형 3가지와 그 대표적 항목의 연번을 정리한 게 아래의 〈표 9〉이다.

〈표 9〉 전개의 논조 변화의 유형

유형	대표적 항목의 연번
수정보완형	10, 13, 15, 29

소의 설치와 항일전」, 『한국사신론』 한글판, 1999, p.311.
189) 「집강소의 설치와 항일전」, 『한국사신론』 한글판, 2001, p.311.
190) 「신석기인의 등장」, 『한국사신론』 신수판, 1990, p.15; 「신석기인의 등장」, 『한국사신론』 한글판, 1999, p.15.

탐구시정형	5, 7, 32, 40
개조창안형	3, 34, 35, 38

지금까지의 분석을 통해서, 결국 이기백의 『국사신론』·『한국
사신론』 본문 사론을 대체로 3가지의 유형 곧 첫째, 학설과 논쟁
소개의 유형, 둘째 저자의 의견 제시의 유형, 그리고 셋째 전개의
논조 변화의 유형으로 분류하여 검토함으로써, 그 진면목의 거개
를 가늠하게 되었다고 생각한다. 이러한 유형 검토의 내용을 밑
받침으로 삼아 살피면, 이제는 그가 『국사신론』·『한국사신론』
본문에 담아낸 사론의 대세大勢와 그 개별성個別性도 자연히 시야
에 또렷하게 잡히게 될 것이라 믿는다.

5. 본문 사론의 대세

이기백이 『국사신론』에서는 전혀 그렇지 않았지만, 『한국사신
론』에서 「종장 한국사의 발전과 지배세력」을 새로이 설정하여 기
술하기 시작한 것은 1976년의 개정판에서부터였는데, 더욱이 그
제1절의 제목을 「한국사의 대세」로 설정하였던 것이다. 이로써
이때에 이르러 한국사에서의 '대세大勢'를 본격적으로 논하기 시작
한 것으로 판단된다. 그 끝부분에서 다음과 같이 정리하고 있음
이 특히 주목된다.

　　이상과 같은 이해는, 비록 세부에 있어서는 꼭 들어맞지 않는
　　다 하더라도, 그 대세에 있어서는 어긋남이 없다고 믿는다. 이
　　사실을 곧 법칙과 같은 것으로 주장할 수 있는 것인지 어떤지

잘 모르겠다. 그리고 이러한 현상이 일어나게 되는 데는 어떤 보다 근본적인 이유가 개재해 있는지 어떤지도 잘 모르겠다. 그렇더라도 이러한 이해가 한국사의 큰 흐름을 더듬어보는 데 도움을 주는 것만은 확실하다.[191)

이 '대세'가 곧 법칙과 같은 것이었다고는 생각하지는 않는 듯하나, 이에 대한 이해가 한국사의 큰 흐름을 더듬어보는 데에 도움이 되도록 하기 위함이었음을 엿볼 수가 있겠다. 이러한 그의 '대세'에 대한 인식을, 『국사신론』·『한국사신론』 본문의 사론에서 찾아 살피면, 역시 그의 사론 전체의 큰 흐름을 살피는 데에 크게 도움이 될 것으로 여겨졌다.

그리하여 세밀히 검토한 결과, 『국사신론』·『한국사신론』 본문 사론의 대세는 다음의 4가지이지 않나 생각하게 되었다. 첫째는 서명書名의 '신론新論'에 걸맞게 새로운 논의를 담아내려고 지속적으로 노력하였다는 점이다. 둘째는 학술 용어의 정확한 개념 파악과 설정에 끊임없는 관심을 경주하여 판을 거듭할수록 그 정도가 심화되었다는 점이다. 셋째로는, 초기보다는 시간의 흐름에 따라 점차 역사에 대한 진보관進步觀 곧 발전사관發展史觀이 구체화되어 갔다는 점이다. 그리고 넷째로는, 그에 따라서 초기에 일원적一元的인 법칙을 염두에 두던 데에서 탈피하여 다원적多元的인 법칙에 따른 시대구분을 시도하였다는 점이다.

이러한 대세 가운데 첫째, 서명의 '신론'에 걸맞게 새로운 논의를 담아내려고 지속적으로 노력하였다는 점과 관련하여서는, 이렇듯이 『국사신론』 및 『한국사신론』의 집필과 간행을 통해 새로운 내용의 개설서를 거듭 세상에 내놓았던 이기백의 공력功力 경주傾注에는, 부단히 진리를 추구하는 그 자신의 한결같은 인성人性에서 비롯된 것 외에도 은사 이병도李丙燾의 개설서 간행을 곁

─────────────────

191) 「변화의 논리」, 『한국사신론』 개정판, 1976, p.454.

에서 지켜보면서 받은 영향이 적지 않았던 게 아닌가 싶다. 이병도의 거듭된 수정 개설서 간행과 관련된 이기백의 아래의 논급에서 이러한 분위기를 엿볼 수가 있다.

> 해방 뒤인 1948년에 국사개설서인 『조선사대관』(동지사)를 저술하였다. 이것은 뒤에 『국사대관』(보문각), 『한국사대관』(동방도서)으로 이름이 바뀌면서 셀 수 없이 여러 차례 증수增修되었다. 그는 학술지에 새 논문이 발표될 때마다 그 성과를 받아들여 즉시 이 개설책에 반영하도록 하였으므로, 무시로 여러 부분이 개정되었던 것이다.[192]

개설서의 이름을 바꾸면서 "셀 수 없이 여러 차례" 증수했을 뿐만 아니라 새로운 학술 논문이 발표될 때마다 즉시 반영하여 "무시로 여러 부분"을 개정하는 이병도의 자세를 그가 특기特記하고 있음을 지나칠 수 없다. 환언하면 이기백은 이러한 은사 이병도의 모습을 곁에서 지켜보면서 자신도 이를 본받고자 다짐했을 성싶으며, 그래서 자신은 책이름에 아예 '신론'을 붙였고, 또 그에 걸맞게 판을 거듭할 때마다 새로운 연구 성과들이 나올라치면 여지없이 이를 반영하여 새로운 논의를 담아내려 지속적으로 노력하였고 그래서 특히 『한국사신론』의 경우 거듭해서 초판·개정판·신수판·한글판을 내게 되었던 것이라 하겠다.

둘째는 학술 용어의 정확한 개념 파악과 설정에 끊임없는 관심을 경주하여 판을 거듭할수록 그 정도가 심화되었다는 점과 관련하여, 가장 대표적인 사례事例는, 앞서 제시한 사론들 가운데서도 〈10.부족국가설과 성읍국가론〉 항목이 될 것이다. 개정판에서부터 비로소 성읍국가론을 펴기 시작한 이후, 신수판에 이르러 성읍국

---

192) 「저술을 통해 본 두계사학」, 『출판저널』 47, 1989; 『한국사상의 재구성』, 1991, pp.165-166.

가론과 관련하여 더욱 자신의 논조를 높이고 상세히 거론하였음
이 그것인데, 그러면서도 다른 학설에 대한 소개를 도외시하지
않았을 뿐더러 그 개념의 정확한 파악과 설정에 힘 기울고 있었
던 것이다. 이기백의 이러한 사론의 대세는 아래의 언급에서 확
연하다.

> 최근의 한국사학계에는 몇 가지 두드러진 학문적 논쟁이 있었
> 다. … 그러나 학문적 논쟁은 그것대로 따라야 할 기본적인 원
> 칙이 서 있어야 한다고 생각한다. 이러한 관점에서, 논쟁의 구
> 체적인 내용에 대하여는 각설各說에서 언급될 것으로 믿기 때
> 문에 여기서는 생략하고, 최근의 논쟁에 대한 몇 가지 전반적
> 인 반성을 하고 넘어가고자 한다. …
> 둘째로는 사용하는 개념을 명확하게 규정하고 논의를 해 왔는
> 가 하는 점이다. 명확하지 않은 개념을 가지고서는 학문이 성
> 립될 수가 없는 것이다. 그런데 논쟁에서 종종 개념규정을 불
> 분명하게 하는 경향을 드러내곤 하였다. 예컨대 가산관료제家産
> 官僚制란 말은 베버가 사용한 것이었지만, 처음 이 개념이 명확
> 하게 인식되었던 것으로는 보이지가 않는다. 그러므로 자연히
> 논쟁은 초점이 맞지 않는 것과 같은 느낌이었다. 그러다가 점
> 차 그 개념이 명확하게 되면서 논쟁도 더욱 분명하게 되었음은
> 물론이다. 필자 자신도 관련되어 있던 문제였기 때문에 손쉽게
> 생각되어 여기서 가산관료제의 예를 들었지만, 이 점은 다른
> 논쟁의 경우에도 다름이 없었다고 생각한다. …
> 논쟁이 없는 학계는 침체된 학계라고 할 수가 있다. 논쟁은 더
> 욱 더 권장되어야 할 것이다. 그러나 학문적 논쟁은 학문의 발
> 전에 기여하는 방향에서 이루어져야지 이를 저해하는 방향에서
> 이루어져서는 안 된다. 그러기 위해서는 논쟁이 지켜야 할 원
> 칙들에 관심을 쏟아야 하리라고 믿는다.[193]

---

193) 「과학적 한국사학을 위한 반성과 제의」, 『역사학보』 104, 1984; 『한
국사상의 재구성』, 1991, pp.124-125.

자신도 관련이 되었던 한국사학계의 가산관료제에 관한 논쟁을 구체적인 예로 제시하면서, 논쟁이 없는 학계는 침체된 학계라고 할 수 있으므로 논쟁은 더욱 더 권장되어야 하지만, 학문적 논쟁의 기본적인 원칙으로서 명확한 개념의 규정을 강조하고 있는 것이다. 그는 이럴 정도로 학문의 발전을 위해서도 학술 용어에 대한 명확한 개념의 규정이 기본으로 여겨져야 함을 역설하고 있었기에, 그 자신도 역시 학술 용어의 정확한 개념 파악과 설정에 끊임없는 관심을 경주하였으며, 이에 『한국사신론』의 판을 거듭할수록 그 정도가 심화되었을 뿐만이 아니라 신수판에 이르러서는 더욱 최고조에 달하였다고 판단된다.

셋째로는, 초기보다는 시간의 흐름에 따라 점차 발전사관이 구체화되어 갔다는 점이다. 특히 『한국사신론』의 개정판에서부터는 그것이 표면화되었는데, 아래의 구절에서 그러한 사실을 쉬이 확인할 수 있다고 본다.

(1)三·一운동과 같은 거족적擧族的인 민족운동은 이러한 기반 위에서 가능했던 것이다. 이리하여 일부의 지배층이 아니라 온 국민을 정치에 참여시키는 민주국가로 발전해 나갔던 것이다.194)
(2)이러한 과정을 통하여 해방과 더불어 민중의 직접적인 정치참여가 가능하게 되었고, 이러한 대세는 4월혁명에서 알 수 있듯이 더욱 더 발전되어 가고 있는 것이다.195)

개정판에서부터 처음으로 서술된 「종장」에서 그것도 (1)의 「지

---

194) 「지배세력의 변화」, 『한국사신론』 개정판, 1976, p.452; 『한국사신론』 신수판, 1990, p.489; 「지배세력의 변화」, 『한국사신론』 한글판, 1999, p.404.
195) 「지배세력과 민중」, 『한국사신론』 개정판, 1976, p.456; 『한국사신론』 신수판, 1990, p.493; 「지배세력과 민중」, 『한국사신론』 한글판, 1999, p.412.

배세력의 변화」 및 (2)의 「지배세력과 민중」에 관한 최종 문장에서, 이와 같이 대세의 발전을 거듭 기술할 정도로 발전사관을 극명하게 드러내고 있었음을 확인할 수 있다. 따라서 초기 즉 『국사신론』 및 『한국사신론』 초판 때 보다 개정판에서 더욱 그러하였으므로, 그만큼 시간의 흐름에 따라 점차 발전사관이 구체화되었다고 하겠다.

넷째로는, 그에 따라서 초기에 일원적인 법칙을 염두에 두던 데에서 탈피하여 다원적인 법칙에 따른 시대구분을 시도하였다는 점이다. 특히 『한국사신론』 초판에서부터 그러하였음은 그 자신이 다음과 같이 적어놓은 데에서 어렵지 않게 찾아진다.

> 그러다가 1967년에 『한국사신론』을 냄에 이르러 내 것다운 개설서가 되었다고 할 수 있다. …(중략)…
> 또 한 가지 이야기해 두고 싶은 것은 시대구분에 관한 것이다. 당시 개설서라면 으레 고대·중세·근대의 3분법을 당연한 것과도 같이 채택하고 있었다. 그래야만 한국사를 세계사에 동참시키는 것으로들 믿어 왔다. 여기에는 당시 일본으로부터 쏟아져 들어오는 역사이론서들의 영향이 컸었다. 나도 남에게 뒤질세라 『세계사의 기본법칙』이니 하는 책들을 열심히 읽었고, 또 많은 자극과 깨우침도 받았다. 그러나 끝내 어느 일정한 공식에 의존해서 우리 역사를 이해하려는 데는 찬동할 수가 없었다. 차라리 하야시 겐타로林健太郎의 『사학개론史學槪論』에 나타난 바와 같이 다원적인 법칙에 입각해서 역사를 이해하려는 데에 더 많은 공감이 갔다.
> 이것은 나 자신에게는 큰 변화였다. 나는 지금껏 일원론적인 입장에서 역사를 보려고 했었다. 그런데 점점 그래서는 구체적인 역사적 사실들을 설명할 수가 없다고 느끼게 된 것이다. 실은 세계사의 기본법칙이라고 할 때에도 거기에는 이미 일원론으로는 세계사를 이해할 수가 없다는 뜻이 포함되어 있는 것으로 나는 생각했다. 왜냐하면 부수적인 법칙이 있다는 것을 인

정하는 것이기 때문이다. 그러나 구체적인 역사적 사실에서는, 논자들이 부수적이라고 생각해온 것이 결정적인 영향력을 행사하는 경우도 있지는 않을까고 생각한 것이다. 그렇다면 한번 새로운 각도에서 우리 역사를 체계화하려는 시도를 해도 좋지 않겠는가 하는 생각을 안 할 수가 없었다. 정치·경제·사회·문화 등의 모든 분야의 역사적 현상이 하나의 굵은 끈으로 묶여 있는 일정한 시대를 일정한 각도에서 볼 수 있는 신선한 관점이 필요하다고 느낀 것이다.196)

이전의 개설서에서 으레 쫓았던 일원론적 시대구분에서 탈피하여 "다원적 법칙에 입각해서 역사를 이해하려는 데에 더 많은 공감"하면서 자신의 큰 변화가 시작되어 1967년의 『한국사신론』 초판에 이르러 "새로운 각도에서 우리 역사를 체계화하려는 시도"를 하기에 이르렀음을 밝히고 있는 것이다. 그러면서 그렇게 함으로써 "내 것다운 개설서가 되었다고 할 수 있다"고 토로하였다. 한마디로 이기백은 점차 발전사관을 구체화하면서, 그에 따라서 초기에 일원적인 법칙을 염두에 두던 데에서 탈피하여 다원적인 법칙에 따른 시대구분을 시도하는 대세를 추구해왔다고 할 수 있겠다.

6. 본문 사론의 개별성

이기백은 역사주의의 개별성과 보편성을 강조한 연구 태도를 존중하였으며197), 그러면서도 개별성을 특수성 혹은 고유성으로

---

196) 「학문적 고투의 연속」, 『한국사 시민강좌』 제4집, 1989; 『연사수록』, 1994, pp.244-245.
197) 노용필, 「한국에서의 역사주의 수용 : 이기백 한국사학연구의 초석」, 『한

여기는 경향에 대해 본격적인 문제 제기를 하면서 경계하였다.
그래서 노년에 이르러서는 그는 '특수성'이라는 표현을 '개별성'으
로 대체시켜 구체적인 역사적 사례를 들어가며 점차 이에 대해
명확히 설명하였다.

> 역사는 다원적인 여러 법칙에 의해서 지배를 받는다고 생각합
> 니다. 그런데 그 여러 법칙이 결합하는 양상이 민족마다 다르
> 기 때문에 그것이 자연히 각 민족의 개별성을 나타내게 된다고
> 생각합니다. 제가 특수성이란 말을 쓰지 않고 개별성이라고 했
> 는데, 한국의 역사에서 세종대왕이나 한글 창제 같은 것은 다
> 개별적인 것이 아닙니까? 중국의 진시황이나 만리장성, 서양에
> 서는 나폴레옹이나 프랑스혁명, 다 개별적인 겁니다.
> 　그런데 우리가 개별적인 인물이나 사건들의 성격을 규정할 때
> 에는 자연히 보편적인 개념을 가지고 하여야 되지 않겠느냐,
> 이런 얘깁니다. 개인을 얘기하게 되면 좀 납득이 안 가겠습니
> 다만, 예컨대 골품제사회를 들 수 있습니다. 신라는 골품제사회
> 입니다. 그것을 손진태 선생이 귀족사회라 했는데 귀족사회는
> 보편적인 개념입니다. 그러니까 일단 우리나라 것은 우리나라의
> 개별적인 것을 존중하고, 그 성격 규정을 할 때 세계사적인 보
> 편적 성격을 띤 개념을 가지고 설명하자는 것입니다.[198]

　이를 통해, 그 자신이 '특수성'이란 말을 쓰지 않고 '개별성'이라
하겠음을 강조하면서, "우리나라 것은 우리나라의 개별적인 것을
존중하고, 그 성격 규정을 할 때 세계사적인 보편적 성격을 띤 개
념을 가지고 설명하자"는 의견을 개진하고 있는 것이다. 따라서
이기백은 우리나라 것은 우리나라의 개별적인 것을 존중하고, 구
체적인 성격 규정을 할 때는 보편성에 입각하여야 한다는 점을

─────────────

　국사학사학보』 23, 2011, pp.293-294.
198) 「나의 한국사 연구」, 『한국사학사학보』 1, 2000; 『한국전통문화론』,
　　2002, pp.300-301.

명확히 하였던 것이라 하겠다.199) 이렇듯이 이기백이 스스로 '특수성'이란 용어를 더 이상 쓰지 않고 앞으로는 '개별성'이란 용어를 쓰겠다는 용어의 취사선택 선언 자체가, 그가 최후까지 서양사학의 이론에 대한 숙고를 거듭하고 있었다는 사실을 입증해주는 것임과 동시에 그에 따라 그의 한국사학 연구가 세계사를 향해 진일보한 것임을 자연히 드러내주는 바라 여겨진다고 하겠다.200)

그가 이토록 중시한 개별성을 그 자신의 『국사신론』·『한국사신론』 본문 사론 속에서 선별하면, 대략 4가지 점을 망라할 수 있을 것 같다. 그것은 체계적體系的인 서술敍述, 구체적具體的인 제시提示, 직설적直說的인 언급言及, 예언적豫言的인 전망展望일 것이다.

첫째, 체계적인 서술은 앞서 말한 대로, 『국사신론』·『한국사신론』 저술 자체의 궁극적인 목표였기에 당연히 줄곧 지향되었던 바였다. 『국사신론』·『한국사신론』에 있어서의 체계적인 서술에 대해서는 1999년 한글판 「서문」에서 그 자신이 다음과 같이 일목요연하게 정리하여 밝혀놓고 있음을 살핌이 또한 마땅하다 하겠다.

『한국사신론』을 저술하면서 저자가 가장 뜻을 둔 바는 크게 둘이었다고 할 수가 있다. 그 하나는 역사적 사실을 정확하게 전달하는 것이었다. 정확한 구체적 사실은 올바른 역사가 성립되

---

199) 경우에 따라서는 때로 이 '개별성'이라는 용어 대신 '독자성'이라는 말을 사용하기도 하였는데, 「나의 20세기—『한국사신론』」, 『조선일보』 1999년 11월 9일; 『한국사산고』, 2005, p.79에서, "『한국사신론』의 또 하나의 특색은 한국사의 독자성을 최대한으로 살리려고 한 것이었다. … 그리고 나서 그 성격을 규정할 때에 보편적 개념으로써 해야 한다는 것이다."라 했음이 그 대표적인 일례이다.
200) 이상의 서술은 노용필, 「이기백의 역사주의 수용과 보편성 지향」, 한국사학사학회 지음, 『역사주의 : 역사와 철학의 대화』, 경인문화사, 2014 참조.

는 토대이다. 그런데도 우리나라에서는 섣불리 남이 거부하기 힘든 이런 이유 저런 이유를 들어서 역사적 사실을 왜곡하는 예가 종종 있어 왔다. 저자는 이 같은 풍조에 대항해서 일종의 투쟁을 해왔고, 그 점을 『한국사신론』에 반영시켰다. 둘째는 구체적 사실들의 시대적·사회적 연결관계를 찾아서 이를 체계화하는 일이었다. 그러나 과거의 고정된 틀에서 벗어나서 살아있는 역사를 생동감 있게 이해할 수 있도록 하기에 힘썼다. 이에 따라서 『한국사신론』에는 저자 나름의 시대 구분이 시도된 것이다.

학문의 이상은 진리를 찾아서 이를 세상에 밝히 드러내는 데 있다. 학문의 세계에서 진리는 다른 어떤 것과도 바꿀 수 없는 절대적인 값어치를 지닌다. 진리를 저버리면 학문은 곧 죽는 것이며, 죽은 학문은 민족을 위하여 아무런 쓸모가 없는 헛것에 지나지 않는 것이다. 이를 다른 말로 바꾸어 말하면, 민족에 대한 사랑과 진리에 대한 믿음은 둘이 아니라 하나인 것이다. 이러한 신념에서 한국사의 올바른 인식을 방해하는 낡은 틀을 과감히 깨버릴 필요가 있다고 생각해 왔고, 이러한 신념이 『한국사신론』에서 구체화되었다고 할 수가 있다. 물론 여전히 옛 틀에 기준을 두고 비판하는 주장이 있다는 것을 저자도 잘 알고 있다. 그러나 구구한 이야기를 늘어놓으려 하지 않는다. 미켈란젤로가 그러했듯이, 저자도 "10세기 뒤에 보라"고 할 수밖에 없을 듯하다.[201]

그는 "구체적 사실들의 시대적·사회적 연결관계를 찾아서 이를 체계화하는 일"이 『한국사신론』을 저술하는 "가장 뜻을 둔 바" 중의 하나였음을 허심탄회하게 드러낸 후, "한국사의 올바른 인식을 방해하는 낡은 틀을 과감히 깨버릴 필요가 있다고 생각해 왔고, 이러한 신념이 『한국사신론』에서 구체화되었다"고 지적하였다. 그러면서 "미켈란젤로가 그러했듯이, 저자도 '10세기 뒤에 보

---

201) 「한글판 머리말」, 『한국사신론』 한글판, 1999, pp. iii-iv.

라고 할 수밖에 없을 듯하다"고 자신의 절절한 마음을 털어놓고 있는 것이다. 그런 그였기에, 『국사신론』·『한국사신론』 찬술 과정에서 판을 달리할 때마다 심지어 논조 변화도 이를 위해 과감히 시도하고 있음을 주목해 마땅하다고 생각한다.

둘째, 구체적인 제시는 방금 앞서 살핀 한글판 「서문」에서 『한국사신론』을 저술하면서, "가장 뜻을 둔 바"의 하나가 "역사적 사실을 정확하게 전달하는 것"이었기에, 더더욱 "정확한 구체적 사실은 올바른 역사가 성립되는 토대"로 여기고 있었다고 밝힌 대목에서 여실하다. 그러하였으므로 어느 누구의 학설도, 나아가 저자 자신의 의견도, 하나의 예외도 없이 구체적으로 제시하였던 것이다. 이에 해당되는 실제의 예는, 두말할 나위 없이 〈10.부족국가설과 성읍국가론〉 항목의 경우를 들어 틀림이 없을 것이다. 다음이다.

[이러한 정치적 단위체를 종래 흔히 부족국가라고 불러 왔다. 그러나 부족국가는 원시적 개념인 부족과 그와는 상치되는 새 개념인 국가와의 부자연스런 결합이어서, 이는 학문적으로 부적합하다는 것이 현 학계의 일반적인 견해이다. 그 대신 도시국가 혹은 성읍국가라는 용어를 새로이 사용하였고, 최근에는 일부 인류학자들이 국가 형성의 전 단계를 지칭하는 데 이용한 chiefdom을 번역한 족장사회·추장사회·군장사회 등의 용어도 사용하고 있다. 그런데 도시국가는 인구가 밀집한 도시다운 면모를 필요로 한다는 점에서 호응을 얻지 못하고 있다. 또 chiefdom은 국가의 앞 단계로 추정되고 있으나 실상 국가와의 차이가 명백하지 못한 흠을 가지고 있다. 그래서 최근에는 군장국가라고도 하고 있으나, 이는 문자상 왕국과 별반 차별이 없는 것이어서 왕국의 전 단계를 표현하는 용어로서는 부적당한 것이다. 그 대신 성읍이란 말은 우리나라의 옛 기록에 초기국가를 멸하고 개편한 행정구획의 명칭으로 사용된 예가 있기 때문에, 그 전 단계의 국가를 지칭하는 데 이를 사용하는 것이

매우 자연스럽다. 마치 신라의 신분제도를 카스트제라고 하지 않고 골품제라고 부르듯이, 우리나라의 초기국가를 성읍국가라고 부르는 것이 가장 적절한 것으로 생각한다.] 이 성읍국가는 한국에 있어서의 최초의 국가였으며, 따라서 한국에 있어서의 국가의 기원은 성읍국가로부터 잡아야 할 것이다.[202]

이 대목에서 각별히 주목할 사실은, 앞서 지적한 바대로 부족 국가 · 도시국가 · 성읍국가 · 족장국가 · 추장사회 · 군장사회 그리고 chiefdom 등의 용어를 열거하고 그 하나하나의 단점 등을 구체적으로 지적한 뒤 성읍국가가 가장 적절한 것으로 생각하는 이유까지도 자상하게 기술하고 있다는 점이라고 본다. "정확한 구체적 사실은 올바른 역사가 성립되는 토대"라고 하는 지론을 이와 같이 구체화하여 기술하는 일이 누구에게나 결코 용이한 일이 아니었을 것임은 재론이 필요치 않을 것인데, 그는 그것을 실행해왔던 것이다.

셋째, 직설적인 언급에 해당하는 사론의 사례는 저자 의견 제시의 유형에 있어서, (2)의 확신단정형과 (3)의 사실직서형이 그 단적인 증거라고 하겠다. 그 중에서도 〈30.경세치용학파의 중농주의설 비판〉과 〈31.이용후생학파의 중상주의설 비판〉의 경우가 특히 그러하다.

(A)이같이 이들이 농업을 중심으로 한 이상국가를 구상하였으나, 그렇다고 인위적인 질서를 배격하고 자연질서를 존중하여 경제 분야에서 농업을 중요시하는 중농주의라고 하는 것은 잘못이다.[203]

(B)이것은 실학의 새로운 발전이라고 하겠는데, 종래 이들의

---

202) 「성읍국가의 성립」, 『한국사신론』 신수판, 1990, pp.32-33; 「성읍국가의 성립」, 『한국사신론』 한글판, 1999, pp.29-30.
203) 「농업 중심의 이상국가론」, 『한국사신론』 신수판, 1990, p.308; 「농업 중심의 이상국가론」, 『한국사신론』 한글판, 1999, p.257.

학문을 흔히 북학이라고 불러 왔다. 때로는 이를 중상주의라고
부르는 경우도 있으나 이는 잘못이다. 나라의 부를 중대하기
위하여는 금·은을 많이 소유해야 하며, 그 목적을 위하여 수
입을 억제하고 수출을 늘려야 한다는 중상주의를 북학과 같다
고 할 수가 없다.[204]

농업 중심의 이상국가론을 주장하는 경세치용학파가 아무리 농
업을 중시하였다는 사실을 강조하기 위해서일지라도 이를 '중농주
의'라고 해서는 안 되며, 또한 상공업 중심의 부국안민론을 주창
하는 이용후생학파가 무엇보다도 상공업의 발달을 중요시했다하
여도 이를 '중상주의'라고 해서는 결단코 학문적으로 정당하지 못
하다고 직설적으로 설파하고 있는 것이다. 경제학사에서 경제사
상을 논할 때 중농주의와 중상주의의 개념이 전혀 그러한 데에
부합되지 않는 것이라는 사실을 직설적으로 언급하여 의미를 명
백히 밝히고 있다. 이같이 그는 학문의 진리를 논할 때에는 에둘
러 우회적으로 혹은 밋밋하게 언급하지 않고 언제나 단도직입적
인 단호하고 명료한 화법으로 정곡을 찌르는 지적을 서슴지 않았
음을 기억할 수 있다.
  넷째, 예언적인 전망은 이미 말한 바 있는, 그의 『국사신론』·
『한국사신론』 가운데에 점철되어 있는 발전사관과 마치 동전의
양면과 같이 짝을 이루어 그 자신의 한국사학의 본질을 이루는
것이라 할 수 있지 않나 생각한다. 그러므로 『국사신론』 초판 및
재판 그리고 ·『한국사신론』 신수판 및 한글판에만 서술된 다음과
같은 대목을, 그의 발전사관의 대표적인 것 중의 하나로 들 수
있겠다.

---

204) 「상공업 중심의 부국안민론」, 『한국사신론』 신수판, 1990, p.309; 「상
　공업 중심의 부국안민론」, 『한국사신론』 한글판, 1999, p.257.

(A)해방 이후 한국민족은 역사상 가장 심한 시련기를 겪어 왔다. 6·25동란과 4월혁명은 모두 이 시련의 산물이었다. 그리고 이 시련은 아직도 계속되고 있는 것이다. 파도치는 세계의 중심에 선 한국민족은 이 시련을 극복하고 자유와 통일을 위한 과업을 슬기롭고 용감하게 수행함으로써 또한 인류의 자유와 발전을 위하여 공헌하기를 기약해야 할 것이다.[205]
(B)이러한 과정을 통하여 해방과 더불어 민중의 직접적인 정치 참여가 가능하게 되었고, 이 대세는 4월혁명에서 알 수 있듯이 더욱 더 발전되어 가고 있다. [그리고 이러한 추세가 자유와 평등에 입각한 사회정의가 보장되는 민주국가의 건설로 이어질 것이 기대되고 있다.][206]

이러한 예언적인 전망이 기실은, 부언하지만 『국사신론』 초판 및 재판 이후 『한국사신론』 초판과 개정판에서는 게재되지 않았다가, 신수판부터 다시 등장한 대목이다. 게다가 한글판에서는 인용문에서 [ ]표시를 한 "그리고 이러한 추세가 자유와 평등에 입각한 사회정의가 보장되는 민주국가의 건설로 이어질 것이 기대되고 있다"는 부분이 덧붙여져 있음을 간과해서는 안 된다. 그리고 이 같은 예언적인 전망이 담긴 자신의 염원을 있는 그대로 표출한 것은, 어느 무엇보다도 『한국사신론』 한글판의 출판 즈음으로 가늠된다. 이에 대해서는 아래의 글에 잘 드러나 있다.

『한국사신론』은 원래 국한문 혼용이었기 때문에 읽기가 어렵다는 말이 있어서 금년 초에 한글판을 새로 냈다. 그 머리말에서 나는 미켈란젤로의 말을 인용해서 "10세기 뒤에 보라"라고 하였다. 확실한 사실에 근거해서 한국사의 큰 흐름을 개관한 이 『한국사신론』이 오래도록 생명을 유지하면서, 한국의 과거에 대

---

205) 「4월혁명」, 『국사신론』, 태성사, 1961; 제일출판사, 1963, p.384.
206) 「지배세력과 민중」, 『한국사신론』 신수판, 1990, p.493; 「지배세력과 민중」, 『한국사신론』 한글판, 1999, p.412.

한 인식뿐만이 아니라 현재와 미래에 대한 전망에도 도움이 되기를 희망하고 있고, 또 그럴 수 있으리라고 믿고 있다.[207)

여기에서 어느 무엇보다도 특히 괄목할 부분은 "한국의 과거에 대한 인식뿐만이 아니라 현재와 미래에 대한 전망에도 도움이 되기를 희망하고 있고, 또 그럴 수 있으리라고 믿고 있다"고 술회하고 있는 대목이다. 이를 통해 『한국사신론』이 단순히 과거에 대한 인식을 갖추는 데에만이 아니라, 분명 '현재와 미래에 대한 전망'에도 도움이 되기를 그가 희망하고 있었음을 확인할 수 있다.[208) 그리고 『한국사신론』 신수판 및 한글판에서 이러한 예언적인 전망을 더욱 짙게 제시한 것, 이는 『국사신론』을 처음 저술할 때의 그 초심으로 돌아가고픈 그 자신의 심정이 고스란히 스며든 결단이었다고 보인다.

7. 맺는 말

지금껏 이모저모를 살핀 결과, 『국사신론』·『한국사신론』 본문에 기술된 이기백의 사론은 2가지의 커다란 특징을 지니고 있는 것으로 파악될 수 있지 않나 싶어진다. 하나는 한국사회 전반은 물론 한국사학 자체도 시간의 흐름에 짝하여 대세가 현재로 올수록 발전해왔다는 진보관 즉 발전사관에 입각해 있었다는 점이다. 다른 하나는 한국사를 공부하고자 하는 이들을 위한 개설서임에

207) 「한국사신론」, 「나의 20세기」 (6), 『조선일보』 1999년 11월 9일 21면; 「나의 20세기—한국사신론」, 『한국사산고』, 2005, p.80.
208) 노용필, 「이기백 『국사신론』·『한국사신론』의 체재와 저술 목표」 (하), 『한국사학사학보』 20, 2009, p.15.

도 다른 연구자들의 학설을 소개하였을 뿐만이 아니라 이와 관련하여 자신의 견해를 명백하게 담은 사론을 적극적으로 서술하는 자세를 견지하였다는 점이다.

우선 『국사신론』·『한국사신론』 본문에 기술된 이기백의 사론이 대세 파악의 발전사관에 입각해 있었다는 사실은, 앞서 이미 말해두었듯이 1976년 9월 간행의 『한국사신론』 개정판에서부터 더욱 두드러지게 되었다고 보인다. 그러면 이와 같이 1976년 9월의 『한국사신론』 개정판에서부터 그러하였던 것은 어떤 배경에서였을까? 이는 이 무렵에 진행된 고병익高柄翊·이우성李佑成 등과 진행한 4차례의 학술 좌담의 영향이 결정적이었던 게 아니었던가 싶다. 당시 좌담 내용의 속기록을 정리하여 같은 해 12월 간행해 낸 『우리 역사를 어떻게 볼 것인가』의 내용 가운데서 다음과 같은 대목을 크게 주목해 마땅하다고 본다.

고병익① : 그런데 이조 후반기에 가면 조금 달라지는 것같아요. 단순히 치란治亂을 위주로 하는 것이 아니라 사실史實을 밝혀내고 민족의 현실 생활에 관련되는 지식을 얻고 이런 점이 근대적인 사학개념史學槪念과 상당히 접근되고 있지요?
이우성① : 우리 겨레가 어떻게 살아왔느냐 또 앞으로 어떻게 살아가야 하느냐 하는 문제와 연결지어서, 단순히 관인층官人層에서 행정이나 정치에 활용하기 위한 치란에 관한 지식을 안다는 것에 그치는 것이 아니라 나라와 겨레가 어떻게 움직여왔고 앞으로 어떻게 될 것이냐 하는 차원에까지 올라간 것 같습니다.
고병익② : 그래요. 실학實學에서 좀더 발전된 생각을 나타낸 것 같아요.
이우성② : 역사를 민중의 주동主動에 의해 움직여온 것으로 생각하지는 못했지만 적어도 우리나라와 겨레의 하나의 역사로서 생각하고 다루고 했다는 점에 상당히 의의가 있다고 생각합니다.
고병익③ : 그리고 과거의 사실史實을 볼 적에 과거의 경제나 정치제도를 그냥 제도로서 생각하는 것이 아니라 장차에 우리가 어떤 식으로 해야하느냐에 필요한 지식으로 생각한다, 이런 점이 더 강해집니다.

이기백① : 그런 경우에 반계磻溪같은 이는 상당히 그것을 모범으로 생각했는데, 단순히 요堯·순舜시대로 돌아가야 한다는 것뿐 아니라 좀더 앞으로 나갈 수 있다든가 발전한다든가 그런 생각을 혹 나타나지 않았는지요? 성호星湖나 다산茶山 같은 이들의 경우에 어떠한지요?

　가령 역사는 대세大勢에서 본다는 생각들도 있었던 것으로 듣고 있는데, 이것은 그냥 반복한 것만으로 보지 않는다는 얘기가 아닙니까?

고병익④ : 시세時勢의 세勢가 있는 법이니까 옛날 것을 맹목적으로 본받기만 해서 옛날 것이 그대로 적용되는 것이 아니라 하는 생각을 성호도 얘기했고, 다산도 사회와 민족이라는 것은 진보하는 것이다 하는 기본적인 생각을 가지고 있었다고 보여집니다.

이기백② : 그렇다면 그것은 상당한 발전이지요.

이우성③ : 성호가 중국 세계와는 구별되는 서양세계를 인정하고 이마두利瑪竇를 중국 사람들이 배신陪臣이라고 한다고 대단히 비웃고 우물안 개구리다, 이런 식으로 얘기했어요. 세계각국은 각각 임금이 있어서 자기 역내域內를 통치하고 있다고 했어요. 그러니까 중국의 세계, 제국적인 중화사상은 완전히 전복돼 버린 것 아닙니까?

고병익⑤ : 그것은 당시 중국이 만주족에 지배되어 있다는 사실과, 또 하나는 서양문물에 대해서 간접적으로나마 접했다는 것이 그의 지평선을 크게 넓혀준 계기가 되었다고 생각합니다.

이우성④ : 그것이 우리 민족의 자각에 중요한 계기가 되었지요.

이기백③ : 우리나라에서 근대적인 역사학이 발전하는 토대가 실학사상에서 점점 싹트고 있었다는 얘기도 되겠군요.[209]

---

209) 고병익·이기백·이우성 대담, 「한국사학사의 몇가지 문제」, 『우리 역사를 어떻게 볼 것인가』, 삼성미술문화재단, 1976, pp.108-110.

이 중에서 이기백의 발언만을 발췌하여 정리하자면, 사회가 좀 더 앞으로 진보한다든가 발전한다든가 하는 생각을 지니고 있었던 성호 이익李瀷과 다산 정약용丁若鏞과 같은 실학자들이 역사는 그냥 반복하는 게 아니므로 대세에서 보아야 한다는 얘기도 하고 있어, 실학시대에 이르러 역사학이 상당히 발전을 하였으며, 그래서 우리나라의 근대적인 역사학이 발전하는 토대가 실학사상에서 점점 싹트고 있었던 것으로 여기고 있었음을 알 수가 있다. 이러한 이기백의 인식이 결국 그 어간에 집필하던 개정판에 반영됨으로써 드디어 『한국사신론』에 기술된 이기백의 사론이 대세 파악의 발전사관에 비로소 입각하여 집필되기에 이르렀던 것으로 풀이된다고 하겠다.210) 그러므로 한마디로 이기백의 『국사신론』·『

---

210) 이후 그는 이익과 정약용이 펼친 대세 파악의 발전사관과 관련하여, 보다 구체적으로 사학사적史學史的인 정리를 이루었는데, 그것은 이익의 「독사료성패讀史料成敗」와 정약용의 「기예론技藝論」이라는 사론을 토대로 삼아 시도된 것이었다. 다음에서 자세하다,

"조선시대 후기로 오면 국가가 아닌 개인적인 역사서술 활동이 두드러지게 나타났다. 그러한 중에는 유교적인 도덕사관에 입각한 것들도 있지만, 한편 새로운 경향을 나타내 보이는 것들도 또한 있었다. 이제 그러한 새로운 경향을 나타내는 점들을 추려보면 대개 다음과 같다. …(중략)…

둘째로는 역사적 사실의 발전·진보에 대한 인식이 나타나고 있는 점이다. 여기서는 도덕적 선악에 의한 역사적 사실의 가치판단에 대하여 매우 비판적일 수밖에 없게 된다. 이러한 입장은 우선 이익의 다음과 같은 말 속에서 찾아볼 수가 있다. …(중략)… 그러므로 그는 역사적인 성공과 실패를 도덕적 선악에 의하여 판단할 것이 아니라 "처한 바의 형세"(위의 글, 본서 36면)에 의하여 이해해야 할 것이라고 주장하고 있는 것이다. 그 형세란 것은 도덕적인 선악이나 개인의 주관과는 관계가 없이 객관적으로 움직이는 것으로 이해했던 것으로 보인다. 이에 이르러서 한국의 역사학은 유교적인 굴레에서 벗어나려고 하고 있음을 알 수가 있다. …(중략)…

정약용은 보다 적극적으로 역사의 진보에 대한 신념을 나타내고 있다. 그의 진보관은 도덕과는 전혀 관계가 없는 기예에 관한 것이었다. …(중략)…

한국사신론』에 담긴 대세 파악의 발전사관은 실학자 이익과 정약용의 동일한 내용의 사학사상으로부터 적지 않은 영향을 받은 것이라 생각된다. 특히 그가 이익의 사학사상을 높이 평가하고 있었고 그래서 그 영향을 받고 있었음은 아래 언급에서 명료하다.

> 일찍이 성호 이익이 "우리나라는 스스로 우리나라이므로 그 규제와 형세가 절로 중국사와 달라야 한다"고 갈파한 바와 같이, 한국사의 독자성을 중시해야 한다. 그리고 나서 세계사와 비교를 해야 한다.[211]

여기에서 이익의 지적을 직접 인용하면서 한국사의 독자성을 중시해야 함을 내세우고, 아울러 세계사와 비교를 강조하고 있음

이에 의하면 정약용은 기술은 옛날 성인에 의하여 이루어진 것이 아니라 사람이 많이 모일수록 또 시대가 흐를수록 더욱 공교로와진다고 하여, 상고적尙古的 성인관聖人觀으로부터 벗어나서 기술문화의 발전에 대하여 큰 관심을 표시하고 있다."(「한국사학의 전개」, 『역대한국사론선』, 새문사, 1993, pp.252-254.)

실학파의 이와 같은 역사학에 대해 행한 이기백의 사학사 강의록 중에서 특히 그들의 역사발전론과 관련해서는 「실학파의 역사학」, 『한국사학사론』, 2011, pp.118-123도 참조가 된다.

이러한 이기백의 이익과 정약용의 대세 파악의 발전사관에 대한 이해는 송찬식宋贊植(「성호의 새로운 사론」, 『백산학보』 8, 1970; 『조선후기 사회경제사의 연구』, 일조각, 1997, pp.655-67)과 고병익(「다산의 진보관—그의 「기예론」을 중심으로—」, 『효성曉城조명기趙明基박사화갑기념 불교사학논총論叢』, 1965; 『동아교섭사의 연구』, 서울대학교출판부, 1970, pp.408-420)의 연구 성과에 토대를 둔 것이었다. 특히 송찬식의 유저遺著에 대한 서평書評에서 이기백은 논문 「성호의 새로운 사론」에 대한 사학사적 공헌에 대해 각별한 지적을 아끼지 않았는데, 「조선후기 사회경제사의 연구」, 『역사학보』 153, 1997; 『한국사산고』, 2005, pp.304-305에서 그러하였다.

211) 「한국사신론」, 「나의 20세기」 (6), 『조선일보』 1999년 11월 9일 21면; 『한국사산고』, 2005, p.80.

을 확인하게 된다. 이러한 언급이야말로 이기백이 이익의 역사학으로부터 크게 영향을 받고 있었음을 단적으로 입증해주는 것이 아닐 수 없다.212)

『국사신론』·『한국사신론』 본문에 기술된 이기백의 사론이 이와 같이 이익 등의 영향을 받아 대세 파악의 발전사관에 입각해 있었다는 점과 더불어, 또 하나의 특징은 앞서 잠시 거론한 바대로 여러 학설을 소개하면서 이와 관련하여 자신의 견해를 명백하게 담은 사론을 본문에서 적극적으로 서술하는 자세를 견지하였다는 점인데, 이는 『국사신론』 초판부터 일관되다가 『한국사신론』 신수판에 이르러서는 더욱 직설적으로 구체화되었다고 하겠다. 이는 어디서 영향을 받은 것일까? 이러한 궁금증의 목마름을 해 갈할만한 실마리는 아래와 같은 이기백의 고백을 접하고서야 찾을 수 있었다.

> 필자는 …(중략)… 12목의 위치에 대해서는 이미 안정복에 의해서 밝혀졌다는 점을 주기하지 않고 있음을 보고 새삼스러이 놀라고 부끄러워하는 마음을 금할 길이 없다. 아마 『동사강목』을 보기 전에 이미 스스로 12목의 위치를 찾아냈다는 자만심에서 나온 것으로 생각되는데, 이는 학자로서의 올바른 태도가 아니다.
> 이 경험을 통해서 안정복이 고증에 남다른 노력을 기울이고 있다는 것을 알게 되었고, 따라서 항상 『동사강목』을 참조할 필요가 있다고 느끼게 되었다. 그러나 그 뒤에도 여전히 충분히 참고를 하지 못하는 경우가 많았다. 필자뿐 아니라 다른 학자들도 그러한 것같이 보인다. 그렇게 된 이유는 아마 『동사강목』이 후세에 저술된 개설서로서 근본사료가 아니라고 생각한 때문인 것 같다. 그러나 『동사강목』에는 안정복의 독자적인 견해

---

212) 노용필, 「이기백 『국사신론』·『한국사신론』의 체재와 저술 목표」 (하), 『한국사학사학보』 20, 2009, p.11.

가 많이 들어 있다.213)

　자신이 스스로 고려의 지방통치조직인 12목牧의 위치를 찾아낸
것으로 여겨 안정복安鼎福이 『동사강목東史綱目』에서 이미 밝혔다
는 사실을 제대로 주기註記하지 않고 간과했던 사실을 토로하면
서, 안정복이 고증에 남다른 노력을 『동사강목』에서 기울였으므
로 항상 참조해야 한다는 점을 강조하였다. 그런 후 이기백이 개
설서이지만 "『동사강목』에는 안정복의 독자적인 견해가 많이 들
어 있다"고 적은 사실을 결코 간과해서는 안 된다고 느껴졌다.
　안정복의 개설서 『동사강목』을 늘 곁에 두고 참조하던 그로서
는, '자신의 분신分身'과도 같이 여기는 『한국사신론』 본문에도 안
정복이 『동사강목』에서 그러하였듯이 자신의 견해를 자연스레 낱
낱이 기술하게 되었으며, 그래서 더욱이 1990년의 신수판에 이르
서는 더욱 그랬던 것이라 헤아려진다. 요컨대 이기백이 개설서 『
국사신론』·『한국사신론』의 여러 판본, 그 중에서도 특히 1990년
의 신수판 이래로 자신의 견해를 담은 사론을 본문에 더욱 적극
적으로 일일이 서술하는 자세를 견지하였던 것은 안정복의 『동사
강목』에서 본받은 바였다고 하겠다.

---

213)「안정복의 합리주의적 사실 고증」, 『한국실학연구』 1, 1999; 『한국전
　　통문화론』, 2002, p.223.

일본에서의 이기백한국사학의 수용과 그 영향

일본에서의 이기백한국사학의 수용과
그 영향

이 성 시

　한국에서 『이기백한국사학론집』(일조각)은 현재까지 15권 간행되었다. 이 책은 일본에서 『한국사신론』과 그 개정판, 『신라정치사회사론』, 『한국고대사론』, 『민족과 역사』 등 5권으로 번역되었다. 이들 저작의 일본어 번역은 1971년부터 82년까지 집중적으로 이뤄졌는데, 이 시기는 전후 일본의 한국사 연구의 중요한 시기였다. 더욱이 경시할 수 없는 것은 연구자뿐 아니라 널리 시민들에게 큰 영향을 끼쳤다는 점이다.

　1970년대 상황을 보면, 69년 말, 김석형씨의 『고대조일관계사』(勁草書房)가 일본에서 번역되었고, 71년 무령왕릉이 발견되었으며, 그 다음 해 일본에서는 다카마쓰총(高松塚) 고분의 발견과 '광개토왕비문개찬설' 등이 발표되었다. 그리고 이것을 계기로 한국 고대사가 클로즈업됨과 동시에 일본 패전 이전의 한국 고대사 연구에 대한 비판이 많이 일어났다. 이러한 가운데 특히 일본 내 고대사 연구에서는 새로운 연구가 모색되었다. 그 욕구는 학계뿐 아니라 시민들에게도 일어났고, 더불어 한국 고대사 연구의 정보에 대한 열망과 기대가 고조되었는데, 지금으로서는 상상하기 힘들 정도였다.[1]

이러한 추세로 일본의 출판계는 연구자나 시민들이 높은 관심을 갖게 된 한국 학계의 동향과 관련된 서적들을 소개했는데, 연구서로는 김정배 『한국민족문화의 기원韓国民族文化の起源』(1978년), 김철준 『한국고대국가발달사韓国古代国家発達史』(1979년), 이병도 『한국고대사연구韓国古代史研究』(1980년), 김철준 『한국고대사회 연구韓国古代社会研究』(1981년)가, 사론으로는 천관우 편저 『한국상고사의 쟁점韓国上古史の争点』(1977년), 천관우 『한국사의 신시점韓国史への新視点』(1976년), 김원룡 『한국문화의 원류韓国文化の源流』(1981년), 통사로는 한우근 『한국통사韓国通史』(1976년) 등 가쿠세이샤(學生社)를 비롯하여 번역 출판물의 간행이 이어졌다. 그 중 이기백 선생 저작의 번역 출판은 그 간행 시기가 오래 지속됐다는 점, 또한 간행된 서적의 분야 역시 연구서, 사론, 통사 등 전반에 걸쳐 있었다는 점에서 이채로웠다.

필자는 '일본에서의 이기백한국사학 연구업적'에 관한 원고를 의뢰받았는데, 본고에서는 이기백의 한국사학이 일본에 소개되고 수용된 내용과 이들 업적이 일으킨 연구 상의 성과 및 영향에 대해 논하려 한다. 부족하지만, 앞으로의 연구를 위한 자료로 가능한 한 현재 접할 수 있는 자료에 기반 하여 논하고자 한다.

---

1) 전후 일본의 한국 고대사연구에 대한 시민의 역할에 대해서는 이성시, 「삼한정벌」(板垣竜太・鄭智泳・岩崎稔, 『東アジアの記憶の場』, 河出書房新社, 2011년)을 참조.

1. 일본에서의 한국사신론의 번역

주지하는 바, 이기백한국사학의 특색은 『한국사신론』으로 대표되는 통사, 『민족과 역사』에서 전형적으로 보여준 사론, 『고려병제사연구』『신라정치사회사연구』 등으로 시작하는 고려사, 신라사를 중심으로 한 전문서, 『고려사병지역주高麗史兵志譯註 1』의 역주서, 한국 현대사에 관한 영문 번역물 등 광범위하다. 그 중 일본에서는 먼저 『한국사신론』(1967년)은 미야하라 도이치(宮原兎一)·나카가와 기요시(中川淸)가 번역하여 출판했다.(1971년, 시미즈코분도[淸水弘文堂書房]·일조각) 미야하라 도이치씨는 오랫동안 역사교육에 몸담으며 고대부터 근대에 이르기까지 폭넓은 한국사 연구에 종사한 연구자이다. '역자후기'에 의하면, 이 저작의 번역 출판을 권한 것은 당시 덴리대학(天理大學)교수인 나카무라 히데타카(中村榮孝)씨라고 한다. 본서의 추천문에는 전후 일본 고대사 연구에 커다란 역할을 한 나오키 고지로(直木孝次郎, 오사카대학 교수)씨가 다음과 같은 글을 남겼다.

> 본서는 한국 제일선의 학자가 최근 연구에 기반 해 조선 민족의 입장에서 조선사 체계화를 모색한 역작. 전후사에 관해서는 의견을 보류하고 싶은 부분도 있지만, 전체적으로 정확한 사실(史實)이 풍부하게 들어있다. 독자는 이 뛰어난 이웃에 대한 인식을 새롭게 할 것이다. 조선사, 일본사 연구만이 아닌, 현대를 살아가는 사람들에게 널리 추천한다.[2]

『한국사신론』은 주지하는 대로 한국에서 여러 번 개정됐는데,

---

[2] 추천문은 표지의 '띠' 부분에 적혀있다. 나오키씨가 추천문에 "전후사에 관한 의견은 보류하고 싶은 부분도 있다"고 한 문장의 의미가 어떤 것이었는지에 대해서 현재로서는 파악할 수 없다.

이 『한국사신론』의 개정판으로 나오게 된 일본어판은 1976년 개정판을 원본으로 하여 일부 텍스트를 포함해 개정중판(1979년)까지 번역 출판되었다. 이것이 다케다 유키오(武田幸男) 감역 『한국사신론(개정신판)韓国史新論〈改訂新版〉』(学生社, 1979년)이고, 번역은 감역자인 다케다씨 외에 오이 다케시(大井剛), 하마다 고사쿠(浜田耕策), 하마나카 노보루(浜中昇), 요시노 마코토(吉野誠), 가스야 겐이치(糟谷憲一) 등 소장 연구자들에 의해 각 장별로 이뤄졌다.

이미 구판을 번역한 지 8년이 지나 개정 신판이 출간된 셈인데, 이렇듯 동일 서적의 개정판이 번역되는 것은 일본에서 매우 이례적인 일이다. 구판에서 개정판이 새롭게 번역 출판되기까지 다음과 같은 책들이 번역 출판됐다. 대표적 사론으로는 저명한 『민족과 역사民族と歷史』(東出版, 1974년), 『한국고대사론韓国古代史論』(学生社, 1976년) 등이 그것이다. 1975년에는 다케다 유키오씨가 『신라정치사회사연구』의 서평을 '조선사연구회' 11월 월례회에서 발표했고, 「조선사연구회회보」에는 그 발표 요지가 게재됐다.[3] 다시 말해 『한국사신론』의 새로운 번역 출판은 이기백 선생의 논문이나 저작이 일본 학계의 인식을 심화시킨 것과 동시에 그에 대한 높은 학술적 평가와 맞물려 이뤄졌다.

또한 이 책은 이기백 선생의 저술 중, 일본의 한국사 연구에 종사하는 연구자들에 의해 최초로 번역된 책이란 점에서 주목할 만하다. 왜냐하면 그 이전에 나온 저작물들의 번역은 역사교육자나 저널리스트들에 의해 이뤄졌는데, 『한국사신론(개정신판)』의 번역은 당시 새롭게 두각을 나타낸 신진 연구자들이 각 시대별로 번역을 담당했고, 다케다 유키오씨의 감역으로 간행됐기 때문이다. 실제로 이 작업 이후 번역자들은 자신들의 연구를 본격적으

---

3) 武田幸男, 「紹介 李基白 著 『新羅政治社會史研究』」, 『朝鮮史研究會會報』 42, 1976년 7월, pp.8-9.

로 진행하게 됐다. 이것을 상징하듯, 이 책의 권말에는 다케다 유키오씨가 간결하지만 이 책의 연구 상 특색을 다음과 같이 적고 있다.

(이 저작의) 특색은 한국사 흐름을 발전적으로 서술한 체계를 띠고, (중략) 각각 구체적인 사적(史的) 과정을 주도한 지배 계급이나 유력 집단에 초점을 맞춰, 그 성격 및 특질을 보다 명확하게 파악하고 또한 그리고자 한 의지에 있다. 이러한 역사 발전의 파악 방법이 꼭 새로운 것만은 아니지만, 구체적이고 풍부한 사실에 입각하고 있다는 점이 설득력을 가지며, 사학 연구의 현상에서 볼 때, 시대 구분의 의도로서도 현실적이고 유효한 작업으로 평가될 수 있다.
　더욱 특필하고 싶은 것은 언제나 국제적 시야를 염두에 두고 있다는 점이다. 본서는 학계에서 최신, 그리고 최고의 동향이나 연구 성과에 주의를 기울이고 있고, 자국 학계만이 아닌, 우리 일본을 포함하여 국제적 연구 동향에도 부단한 관심을 갖고 있다. 그리고 그 결과가 본서의 서술로 결실을 맺었다. 그것은 저자의 뛰어난 재능과 노력 덕분이지만, 진리와 독자를 향한 저자의 양심과 책임감의 또 다른 측면이다. 이러한 '일종의 학문적 지속적 고투'(서문)는 때 마침 이번 번역 작업과 병행되어 진행된 <u>본서의 개정 중판(1979년)의 발간 경과를 통해, 재차 그 일단을 자세하게 알게 됐다.</u>(밑줄 인용자)[4]

　후반 밑줄 부분의 내용을 보충하자면 다음과 같다. 즉, 본서는 원래 번역서의 원본이 1976년에 이미 간행된 '개정판'임에도 불구하고, 1979년에 간행된 '개정중판'의 번역 과정에서 수차례 저자(이기백 선생)의 요구로 수정이 이뤄졌음을 시사하고 있다. 나는 간행이 임박한 상황에서 다케다 유키오씨로부터 색인 작성을 의뢰받았는데, 그 덕분에 이기백 선생이 번역 원고에 대해 엄격하게

---

4) 李基白 著 · 武田幸男 他訳, 『韓國史新論 改訂新版』, 学生社, 1979, p.488.

수정을 요구하는 과정을 직접 체험할 수 있었다. 이기백 선생은 이 번역서뿐만 아니라 다른 번역서에서도 일본어의 미묘한 뉴앙스까지 하나하나 점검하며, 늘 번역자에게 세밀한 주문을 했다. 본서와『신라정치사회사연구』의 간행을 가까이에서 체험한 나로서는 이기백 선생이 이 책들의 번역 출판에 어떠한 자세로 임했는지를 알 수 있었다. 덧붙여 본서의 간행 의의 중 하나를 말하자면, 상술한 바와 같이, 본서의 번역에 관계한 번역자가 이후 각 전문 분야에서 독자적인 연구 활동을 이룬 점인데, 이것은 일본 내 이기백사학의 수용 및 영향의 시점에서 강조하고 싶은 점이다.

2. 일본에서의 이기백사학의 수용과 소개

통사인『한국사신론』에 이어 일본에 소개된 것은『민족과 역사』(1971년초판, 원본은 제5판, 1973년)이었다. 번역은 저널리스트인 도마리 가쓰미(泊勝美)씨가 했는데, 번역자에 의해 '현대한국사학의 제 문제'라는 부제가 부쳐졌다.(東出版, 1974년) 권말에는 다케다 유키오씨의「일본어판『민족과 역사』에 부쳐 日本語版『民族と歴史』に寄せて」란 제목의 해설이 더해졌다. 사견이지만, 이 글은 처음으로 일본에서 이기백 선생의 학문적 업적을 소개하는 것이었다고 할 수 있다.

다케다 유키오씨의 해설은 이기백 선생의 1974년 2월까지의 논저 목록을 포함해 11개의 항목에 이르는데, 이기백한국사학에 대한 상세한 연구 특질이 서술되어 있다. 예를 들면 약력 소개에 이어, 이기백한국사학의 진면목을 다음과 같이 지적하고 있다.

그러한 저자의 학풍 기반은 정밀한 실증적 수법이다. 말미에 부제한 논저 목록 40여 편의 학술적 논저는 착실한 실증에 의한 사실(史實)의 확정을 지향하고, 그 위에 구축된 것들뿐이다. 그 학풍의 특색은 이것에 있다고 해도 좋을 것이다.[5]

이어 이기백한국사학의 학문적 관심의 폭을 소개한 뒤, 다케다 씨 자신의 연구 생활이 고려사연구에서 시작된 이유도 있었기에, 그 구체적 성과의 사례로서 『고려병제사연구』(1968년)를 들어 다음과 같이 평가하고 있다.

고려시대 병제사에 관한 종래의 연구는 매우 초보적 단계에 머물렀다. 저자의 관심은 일찍이 이 분야 연구에 향하고 있었으며, 새로운 시각에서 문제를 발굴하여 미해결의 많은 부분을 풀어내고, 고려시대의 장기간 실시된 군대제도 연구에 신기축을 열었다. 이 연구의 기반은 원 사료에 대한 실로 정밀한 역주 작업이다. 연구와 역주가 일체화된 점에서 저자의 진면목을 알 수 있다. 이는 개설서도 마찬가지이지만, 정확한 사실로 정리된 서술이라고 하는, 즉 이런 종류의 책들이 담아야 할 기본적 욕구를 만족시키고 있다는 점에서 높이 평가된다.[6]

착실한 학풍을 기초로 한 이기백한국사학의 연구법에 대해 다케다씨는 '본서에서 전개된 사론의 성격과도 무관하지 않은, 〈사실과 사실 그 자체를 알고자 하는〉 중요성을 반복해서 서술한 저자의 태도는 그 사론의 객관성을 보증하는 기초'라고 지적하고 있다.
또한 다케다씨는 『민족과 역사』를 통해 보여준 이기백 선생의

---

5) 李基白 著·泊勝美 訳, 『民族と歴史—現代韓国史学の諸問題』, 東出版, 1974, p.318.
6) 위의 책, p.319.

사론의 본질이 민족주의사관의 하나라고 규정한 뒤에 이는 일제 하에서 활약한 신채호, 문일평, 최남선, 정인보 등과 같은 민족주의사관의 기수들이 '일본의 지배에 저항해 조선민족을 사랑하고, 민족을 위해 활동하고 자 한 점에서 일치하고 있다'고 언급했다. 또한 '저자 (이기백)로서도 이 점이야말로 현대에도 이어가야 할 기본적 정신'이라고 지적하고 있다. 다만, 이러한 선인의 비판적 계승에 대해 다케다씨의 해설에서는 특별히 유의해서 적고 있다. 예를 들면

> 규정이 없는 전통의 이해나 단지 고유하기 때문에 문화를 중시 해야 한다는 식의 사고에 대해 명백히 의문을 제기하고 있다. 일관되게 사물의 사회성, 역사성을 문제시해야 한다고 하면서, 강직한 민족론, 특히 국수주의나 배타주의를 배제한, 민족지상 주의나 그 마력·신비성을 경계하고 있는 것이다. (중략)민족 그 자체가 역사적 산물임을 인식한 민족주의 사관이 갖는 새로 움이 여기에 있다. 이 사론의 또 하나의 특질은 이러한 '역사적 사고법'을 중시하는 데에 있다.7)

라고 쓰고 있다. 이러한 지적과 더불어 다케다씨는 '일본인에 의한 조선사 연구의 전통은 사실의 문제를 지향해 그들의 민족주의사관과 거의 접촉하지 않은 상태에서 형성되어 왔다. 오히려 그것을 부정하며 존속해 왔다고 하는 편이 오히려 사실에 가깝다. 이것이 무엇을 의미하는가는 앞으로 검토해야 할 커다란 과제일 것이다'라고 하면서, 근대 일본의 한국사 연구의 문제점을 이기백한국사학과 대비하면서 드러내고 있다. 다시 말해 이기백 사학의 민족사관이 근대 한국의 종래 민족사관과는 변별된다는 점을 그 특질로 규정하고, 나아가 실로 일본의 한국사 연구가 마

---

7) 위의 책, p.321.

주해야 할 한국사학으로 조정(措定)하고 있는 것이다.

특히 다케다씨가 강조한 것은 이기백한국사학의 '보편적 인류사 또는 세계사로의 관심'이다. 한국사, 한국문화를 민족 본질론으로 환원하지 않는, 역사적 사고에 대한 다케다씨의 평가는 매우 두드러진다. 해설의 마지막 부분은 다음과 같이 맺고 있다.

> 본서에서 전개한 사론의 특질은 객관적 사실의 인식 위에서 역사적 사고를 매개로 하여 인류·세계라는 보편성을 전망하는 데에 있다고 생각한다. 그 특질은 새로운 민족주의 사학·사관의 제창이다.
> 그렇다고 해도 이 사론은 투철한 논리가 관철되어 극히 합리적이다. 민족에 대해 이렇게까지 합리적인 이해로 역사나 세계를 향해 낙관하는 신뢰는 오히려 각각의 소론을 명쾌하게 할 뿐 아니라, 오히려 우리들 일본 독자에게 또 다른 놀라움과 당황함을 불러 일으킬지 모른다. 그러나 지금도 잃어버리고 있는 '일본 자체'인 우리들은 저자의 이 제언의 의미를 특히 더 생각할 필요가 있지 않을까.
> 더욱이 이러한 합리적이고 이성적인 민족주의사관의 제창을 가능하게 한 사회적 기반에 유의해야 한다. 민족 절대지상주의나 배타주의, 국수주의는 민족이란 것에 따라 붙는 가장 원초적 성질의 사회적 표현형식이라 할 수 있다. 그러나 그 애로(隘路)를 극복하고자 하는 저자의 노력은 먼저, 저자 개인의 당위의 산물이다. 반면, 그 노력을 지탱하는 것은 저자를 포함한 사람들 자신의 민족을 향한 깊은 애정과 확고한 자신에 있다. 그리하여 잘못이 없다고 믿는 것이다. (밑줄 인용자)[8]

'역사적 사고를 매개로 하여 인류 세계라는 보편성을 전망한' 이기백사학의 사론에 관한 특징을 부각시킨 다케다씨의 상기의 지적 중 더욱 주목해야 하는 것은 밑줄 친 '지금도 잃어버리고 있는 일

---

8) 위의 책, pp.323-324.

본 자체'인데, 이것은 당시 일본의 역사학 연구 상의 문맥을 통해 보지 않으면 알기 어려울 것이다. 이에 이 말을 보충하는 자료로 전후 일본 역사학의 출발이며 당시 대표적인 역사가 이시모다 쇼 (石母田正)씨의 다음과 같은 지적을 참고하고자 한다.[9]

민족이 젊음과 열정을 잃고, 그 통일이 내부로부터 파괴되어 개체와 전체가 분리돼 공동체의 이해가 아닌, 자의와 허영심이 지배하는 시대, 바꿔 말하면 민족이 민족으로서 세계사적 사명 을 다하여 이른바 개인의 힘으로는 어찌할 수 없는 퇴폐적 시 대에서 학문과 사상이 탄생되며(중략), 철학은 미네르바의 부엉 이가 황혼에 들어서 날기 시작하는 것과 같이 한 시대의 생애 가 그 형성과정을 완성한 후에, 그 의미를 곰곰이 반성하고 관 상할 수 있다는, 즉 철학이 나타나는 것은 생이 마감되는 때라 고 한 헤겔의 유명한 사상은 종래 철학이 갖는 일면의 퇴폐성 을 정확하게 지적한 것이라고 생각합니다. (중략)역사학에서 퇴 폐성과 관념성은 영원히 피할 수 없는 운명적인 것인가, 민족 의 생이 이미 끝나가는 때에 태어난 퇴폐적 역사학이 아닌, 변 혁과 형성에 열중하고 있는 젊은 시대의 역사학이란 있을 수 없는 것인가. 이것이 우리 시대의 역사학자의 문제이다.

위에서 보듯, 이시모다씨는 '민족과 시대가 퇴폐하고 몰락한 시 대에 사상이나 학문이 탄생 된다'는 기대를 갖고 패전 직후의 시 대에 민족의 새로운 역사 구성을 주창하고 있는데, 이 글을 참조 하면 다케다씨의 '지금도 잃어버리고 있는 일본 자체'란, 이시모다 씨의 시대 상황('민족의 생이 이미 끝나가는 때')의 인식과 역사 학의 과제 및 지향에 호응한 것이라고 생각된다. 그렇다면, 다케

---

9) 石母田正, 「歷史学の方法についての感想」(初出, 1952, 『歷史学と民族の発見─歷史学の課題と方法』, 平凡社, 2003, pp.234-235, 또한 이 부분의 해설은 藤間生大, 「50年の歳月を経て」)에서는 이시모다가 당시의 문제의식을 '민족의 이러한 주체성의 약화에 대한 우려'라는 용어로 쓰고 있다.

다씨에게 이기백한국사학은 새로운 역사와 민족의 발견이라고 생각하지 않을 수 없다.

3. 일본에서의 신라사연구와 이기백한국사학

현재도 개최되고 있는 '신라사연구회(대표 간사 · 기무라 마코토 (木村 誠)'는 동경대학 문학부의 다케다 유키오연구실에서 시작됐다. 이 연구회가 시작된 계기는 『신라정치사회사연구』 안에 들어 있는 논문들을 번역하기 위해서였다. 제1회 (1974년 6월 12일) 연구회에서는 「영천청제비정원수치기의 고찰永川菁堤碑貞元修治記の考察」이 다뤄졌고, 이후 연구회 참가자들이 순차적으로 책의 논문들을 분담해 번역하고, 논지를 소개하며 논의했다.[10) 거의 격주로 개최된 연구회의 정기 모임은 처음 시작할 때부터 번역서가 간행된 1982년 10월까지 6년 반 동안 64회나 이어졌다. 당시의 참가자는 다소 변동은 있었지만, 번역을 담당한 우케다 마사유키 (請田正幸), 오나 교코(小名京子, 후에 ⟨가모蒲生⟩씨로 변경), 기무라 마코토, 하마다 고사쿠(浜田耕策), 요시다 미쓰오(吉田光男), 이성시 등 6명이었다.

나는 학부 4학년에 진급한 1974년 가을부터 신라사연구회에 참가하게 됐다. 그 무렵 『신라정치사회사연구』 각 편의 번역은 꽤 진행되어 있었는데, 운이 좋게 논문 중 향가 번역의 어려움으로 「경덕왕과 선곡사 · 원가景德王と斷俗寺 · 怨歌」 한 편이 남아 있어 번역에 참가하게 된 것이다.

---

10) 武田幸男, 「あとがき」, 李基白 著 · 武田幸男 監訳, 『新羅政治社会史研究』, 学生社, 1982, p.365.

원래 신라사연구회는 『신라정치사회사연구』의 정독과 번역을 목적으로 시작됐는데, 그 사이 틈틈이 참가자의 신라사연구를 중심으로 한 연구 발표가 있었다. 『신라정치사회사연구』의 정독과 번역은 참가자가 대학원생을 중심으로 진행된 이유도 있어, 일본 내 신라사연구의 이해를 비약적으로 높이게 됐다.

특히 『신라정치사회사연구』가 일본 학계에 신라사 이해를 비약적으로 향상시킨 이유는 다케다씨가 소개한 글에서도 잘 나타나 있다.

> 본서에서 중요한 것은 착실하고 명석한 논증에 의해 이뤄졌다는 점이다. (중략) 논증이 주도면밀하고 일관되게 이뤄져 있고, 읽는 가운데 그 논지의 방향대로 따라갈 수 있는 안정감은 어디서나 쉽게 볼 수 없는 것으로, 이것은 결코 나 혼자만 느끼는 부분이 아닐 것이다.
> 덧붙여 지적할 것은 여러 논문이 모인 것임에도 불구하고, 본서는 항상 신라사 전체를 기본적 흐름으로 깔고 있는 큰 특징이 있다는 점이다. 단적으로 말하면, 그것은 먼저 '전제주의'와 '귀족주의'라고 하는 양 범주를 설정해 놓고, 이들 양자의 상호 대립, 항쟁의 과정 및 그 기저에 신라정치사의 독자적 전개와 사회적 기반을 끌어내고자 하고 있다.[11]
> (신라사의 기본적 흐름은)전체적으로 '귀족연합'기→'전제주의'기→'귀족연립'기와 같은 이른바 세 단계의 전환(삼전설三轉說)이 있었다고 한다. 이 삼전설은 『삼국사기』의 삼대법(三代法), 『삼국유사』의 삼고법(三古法)을 근거로 해 새로이 사적 내용을 포함시킨 시대구분법이라고 할 수 있는데, 이것은 신라를 계통적으로 파악함과 동시에 다이나미즘을 도입해 설명한 것으로, 근 30년 간 신라사 연구 상 특필할만한 제언이라고 하지 않을 수 없는 업적이었다.[12]

---

11) 위의 책, p.363.
12) 위의 책, p.364.

즉, 개별 논문을 논의하면서 늘 신라사를 전체적으로 파악하려고 한 이기백 선생의 논문들은 번역 참가자들의 관심의 폭을 더욱 넓혀주었다. 환언하자면, 『신라정치사회사연구』의 각 편 논문들을 정독하면서, 번역 참가자들은 자연스럽게 신라사 전체로의 관심을 환기시킬 수 있었다.

더욱이 본서의 번역 간행 이후, 계속해서 이노우에 히데오(井上秀雄)의 『신라기초연구新羅基礎硏究』(東出版, 1972년), 김철준의 『한국고대사회연구』(지식산업사, 1975년), 이기동의 『신라골품제사회와 화랑도』(한국연구원, 1980년)를 정독함으로써 격주로 열린 신라사연구회는 더욱 활기를 띠게 됐다.

신라사연구회에서 이기백한국사학의 정독을 통해 시작된 신라사연구는 그 후, 참가자 각각의 신라사에 대한 연구를 발전시켰고, 구두 발표들은 연구회의 논의를 거쳐 활자화되기에 이르렀다. 이러한 연구 성과의 일부는 이성시의 『고대 동아시아 민족과 국가古代東アジアの民族と国家』(岩波書店, 1998년), 하마다 고사쿠의 『신라국사의 연구新羅国史の硏究』(吉川弘文館, 2002년), 기무라 마코토의 『고대 조선의 국가와 사회古代朝鮮の国家と社会』(吉川弘文館, 2004년) 등의 연구서로 결실을 맺게 됐다. 이러한 저작을 자세히 보면, 분명한 것은 이들 연구서들 모두 신라사연구회에서 이기백 선생의 저작이나 그 외 연구서를 정독하는 과정에서 나왔다고 해도 과언이 아니다.

4. 이기백사학의 평가와 자신에 대한 언급

이기백 선생은 2001년 3월, 와세다대학으로부터 명예박사 학위를 수여받았다. 일찍이 이기백 선생은 필자와 개인적으로 대화를 나눌 때 "한 번쯤은 모교를 방문하고 싶다"고 말한 적이 있는데, 이것이 마지막 방문이 됐다. 이기백 선생은 해방 후 '다카마쓰총'이 발견되어 한국 연구자 대표 일행으로 일본을 방문할 기회가 있었지만 영 마음이 안 내켰고, 그 후 김원룡선생의 강한 권유가 있어서 일본을 방문하게 됐지만, 본의는 아니었다'고 했다. 일본 방문에 대한 강한 거부 반응에 대해서는 이기백 선생이 도쿄 유학 할 당시, 이 선생의 조부가 손자의 일본 유학을 이유로 창씨개명을 당했고, 유학 중 시모노세키와 부산을 오가는 페리에 탑승할 때마다 형사들에 의한 불쾌한 수속 절차 등의 안 좋은 기억이 또렷이 남아있기 때문이라고 했다.[13)]

명예박사 수여식 전날(3월 24일) 오후, 이기백 선생 부부는 와세다대학에 도착했다. 대학 교내 명소를 돌아본 후 마지막으로 학생 시절에 다녔던 도서관으로 안내하자, 선배인 홍순창(洪淳昶) 선생이 근무했던 도서관 입구 근처에서 회상에 잠기며, 재학 중 도서관에 가면, 선배인 홍선생을 만날 수 있었다는 이야기를 했다. 이기백 선생이 와세다대학 도서관을 방문한 날은 마침 '와세다대학 동양사 간담회'가 열린 날이었는데, 이 선생은 그 자리에 참석한 교수 및 젊은 연구자들 50여 명 앞에서 간담회의 서두 인사를 하며 과거 자신이 와세다대학 사학과에서 공부한 학생이었던 것과 학문적 진리를 추구하는 것에 대한 경외심을 말했다.

다음 날 수여식은 와세다대학 기념회당에서 이뤄졌는데, 오쿠

---

13) 이러한 이기백 선생의 회상은 필자가 선생과 한국어로 대화가 가능하게 된 1998년 이후의 일이다. 특히 1998년 필자가 서울에 체재할 때, 이기백 선생은 한 달에 한 번씩 만날 기회를 주셨다. 이 경험의 일부는 아래 졸고에 인용한 적이 있다. 李成市, 「植民地支配の実態解明はなぜ必要なのか」(国立歴史民俗博物館編, 『「韓国併合」100年を問う—2010年国際シンポジウム』, 岩波書店, 2011년)

시마 다카야스(奧島孝康) 총장은 5천 명이 넘는 청중 앞에서 학위 수여 현창장(顯彰狀)을 다음과 같이 읽어 내려갔다.[14]

　　이기백 선생은 1924년 10월 21일, 식민지하 조선의 평안북도 정주군 갈산면 익성동에서 태어나셨다. 정주의 오산중학교를 졸업 후, 1941년 4월, 제2와세다고등학원에 입학, 42년 9월 졸업하면서 동년 10월 와세다대학 문학부 사학과에 입학하셨다. 일본 패전에 앞서 귀향하여 조국이 해방된 후에는 서울대학교 문리과대학 사학과에 편입했고, 47년 졸업하셨다. 그 후 이화여자대학 조교수를 지내고, 서강대학교 교수, 한림대학교 교수를 역임, 2007년 7월, 이화여자대학교 석좌교수로 퇴임하기까지 반세기에 걸쳐 한국 학계를 대표하는 역사학자로서 활약해 오셨다. 또한 1979년부터 지금까지 한국학술원회원을 지내며 82년에는 학술원상(저작상)을 수상하셨다.
　　이기백 선생은 다난하면서 격동하는 민족의 운명과 함께 길을 걸으며 연구 · 교육 활동에 전심했고, 항상 한국 역사학계의 제1인자로서 한국사 연구를 이끌어 오셨다. 특히 신라사, 고려사를 중심으로 한 전문적 연구 성과는 일본 학계에도 널리 알려져 국제적으로도 높은 평가를 받고 있다. 방대한 양의 연구 논문은 모두 넓은 시야에서 엄밀한 사료 비판에 입각한 착실한 연구들이다.
　　신라사나 고려사에 관한 주요 논문은 『이기백한국사논집』(전 10권)에 수록되었는데, 오늘날까지 그 틀과 논점이 한국사학계에 계승되고 있고, 학술적 평가 또한 확고한 입지를 이루고 있다.
　　이기백 선생은 실증적인 개별 논문을 발표하는 한편, 한국 역사상의 제 문제를 객관적인 사실 인식에 기초하여, 역사적 사고를 매개로 한 인류 · 세계라는 시점에서 보편성을 전망하는 다수의 사론을 발표했다. 이러한 시각은 『한국사학의 방향』이나 『한

---

14) 와세다대학의 명예박사 칭호 수여는 교무부장이 제안하고 총장, 교무담당이사, 각 학술원장, 수 명의 평의위원들에 의해 구성된 위원회에서 현창장의 내용이 검토되어 가부를 심의한다.

국사상의 재구성』을 시작으로 한 7편의 논집으로 정리됐다.

나아가 이기백 선생은 한국의 통사에 특별한 노력을 기울여 오셨다. 1961년 『국사신론』으로 간행된 통사는 그 후 『한국사신론』(1967년)으로 개정됐는데, 30년이 넘는 동안 국제적 규모의 연구 성과를 포함한 몇 번의 개정으로 소개 됐다. 이 과정에서도 이기백선생의 학문적 양심과 책임감의 일면을 볼 수 있다. 이 책은 한국의 다수의 통사 가운데 가장 훌륭한 통사로 정평이 나 있고, 카터 에커트, 에드워드 와그너씨들과 함께 공저한 영문판은 1990년에 간행됐다.

일본에서도 이상의 업적 중 일부는 『신라정치사회사연구』(学生社, 1982년), 『민족과 역사』(東出版, 1974년), 『한국사신론』(清水弘文堂書房 1971년, 学生社 1979년)등을 통해 널리 독자들에게 알려져 있다.

훌륭한 연구자이면서 동시에 교육자이기도 한 이기백 선생은 이화여자대학교, 서강대학교, 한림대학교 등에서 많은 우수한 역사연구자를 육성해 오셨다. 선생의 가르침으로 성장한 인재들이 현재 한국 역사학계의 중견 연구자들로 활약하고 있다.

이렇듯 해방 후 한국 사학 발전에 전력을 다 한 이기백 선생의 공적은 한국사학에 공헌하는 것에 머물지 않고, 국제적인 역사학 연구 발전에 기여했다. 그러므로 젊은 날 와세다대학에서 수학하신 이기백 선생을 명예박사로 추대하는 것은 본교로서 매우 기쁜 일이 아닐 수 없다.

이에 와세다대학총장, 이사, 감사, 평의원 및 전교의 교직원이 일치하여 이기백씨에게 명예박사(Doctor of Letters)학위를 수여하기로 결의했다.

대학에 영광 있으라! 대학이 영예를 바치는 자를 찬양하라!

(*Vivat universitas scientiarum! Laudate quem universitas honorabit!*)

2001년 3월 25일 와세다대학

명예박사학위 수여식이 끝난 후, 2001년도에 졸업하는 학생과 그 가족들 앞에서 이기백 선생의 연설문이 일본어로 낭독됐다. 이 연설문은 이미 한 달 전에 200자 원고용지 10장으로 정리돼 내게 보내졌는데, 그 전문은 다음과 같다.

먼저 저에게 명예박사 학위 수여를 결정해 주신 오쿠시마 총장을 비롯하여 평의원 선생님들께 깊은 감사의 뜻을 표합니다. 아직 학문과 덕이 부족한 제게는 분에 넘친 영광이라고 생각합니다.

제가 와세다에 입학한 것은 1941년 봄이었습니다. 지금으로부터 정확히 60년 전의 일입니다. 동양의 전통적 기년법으로 계산하면, 환갑에 해당하는 세월입니다. 이런 때에 명예박사 학위를 받는 것은 저로서도 매우 뜻 깊은 인연이라고 생각합니다.

제가 입학한 것은 제2 와세다고등학원이었습니다. 당시 학제는 지금과 달라 학부에 입학하기 전, 어학과 교양과목을 주로 강의하는 고등학원 코스를 밟아야 했습니다. 그 시절 영문학 시간에 배운 것이 영국의 작가 제임스 힐튼(James Hilton)이 쓴 「Goodbye, Mr. Chips」라는 소설이었습니다. 그 내용은 대학을 막 졸업한 칩스 선생이 고등학교 교사로서 교육에 전념하는 일생을 그린 것이었습니다. 그는 정년이 될 때까지 쭉 평교사였는데, 퇴직 후에도 학교 바로 옆에 있는 건물에 기거하면서 학교의 시간표대로 일상생활을 했습니다. 이렇듯 칩스 선생의 학생들에 대한 애정은 깊었는데, 그는 눈을 감기 전 마지막으로 "나는 수천 명의 자식들이 있다"라는 말을 남겼습니다. 이런 내용의 소설이 「Goodbye, Mr. Chips」입니다.

이 소설을 읽으면서 우리들은 적지 않은 감동을 받았는데, 저는 주인공의 이름인 칩스(Chips)란 말의 뜻에 대해 기시(岸)교수의 설명을 듣고 특히 더 감동을 받았습니다. 그 뜻은 '나무의 조각', '자투리'란 것이었습니다. 그러니까 '쓸데없는 자(무용한 자)'란 의미가 되겠지요. 지금 만약 'Mr. Chips'란 말을 번역한다면, '무용한 선생님', '자투리 선생님'정도가 되겠습니다. 당시 식민지에서 온 내성적인 청년이었던 저는 자신의 경우와 그를 비교하기도 했는데, 그래서인지 충격과 감동을 깊이 느꼈습니다.

저는 저 자신이 그다지 이렇다 할 재능도 없는 '무용한 자'가 아닌가 하는 생각을 하고 있어서인지, 시골에서 독서나 하며 일생을 지내고 싶다는 생각을 갖고 있었습니다. 그런데 시대가 변해서 제가 40년이나 대학 교수로 지내게 됐습니다. 그러나 저도 칩스 선생과 마찬가지로 평교수로 지냈습니다. 즉, 저는 학문만 하는, 그 외의 것은 아무것도 못하는 사람으로 살아온 것입니다.

이것이 제게는 행운이었고, 신의 축복이었습니다. 먼저 저는 정력과 시간을 낭비하지 않고 학문에만 전념할 수 있었습니다. 다음으로 저는 외부로부터의 간섭을 받지 않고 독자적으로 학문 연구를 할 수 있었습니다. 역사학을 포함해 모든 학문은 진리를 탐구하는 것을 목적으로 하고 있습니다만, 진리의 탐구에는 학문의 독립이 필수 조건입니다. 그리고 이것은 바로 와세다의 건학정신이기도 합니다.

제가 와세다를 사랑하는 이유는 몇 가지 있습니다만, 첫째 저의 은사를 포함해 한국의 대표적 역사학자 중에는 이병도, 손진태, 김상기, 이상백 등과 같이 와세다 출신 분들이 많기 때문입니다. 그리고 많은 추억을 남긴 저의 청년시대를 이곳 와세다에서 지낸 것도 그 이유 중에 하나입니다. 그러나 와세다가 학문의 독립을 존중하는 전통을 가진 사실이 국경을 넘어 와세다를 사랑하는 가장 큰 이유입니다.

저는 학문을 평생의 과업으로 생각하고 지금까지 노력해 왔습니다. 밖에서 보면 별 것 아닌 것 같겠지만, 저는 성심성의로 학문의 외길을 걸어 왔습니다. 학문적 진리의 기초 위에 서지 않으면, 개인도 사회도 존립이 불가능하다는 생각이 그러한 노력의 바닥에 깔려 있습니다. 그런데 현대가 되어 진리를 존중하고 진리를 경외하는 정신이 쇠퇴해 가는 경향이 있는 것은 아닌가 걱정입니다. 이러한 진리를 외면하면 인류는 큰 재화(災禍)를 면하기 어려울 것입니다. 진리에 대한 신념을 회복하는 것이 우리에게 지워진 커다란 책임이라고 저는 믿습니다.

여러분은 오늘부터 학창시절을 끝내고 사회의 일원이 됩니다. 일대 전환기에 서 있는 것입니다. 지금까지는 가정에서 학교에서 사회에서 은혜를 입었습니다. 그러나 지금부터는 모두가 사회에 무언가를 하지 않으면 안 됩니다. 그러니 이 졸업식장은 여러분이 사회의 일원으로 출발하는 진정한 성년의 식장이라고 생각합니다. 여러분은 학문의 독립을 존중하는 와세다의 전통을 이어 받아, 학문에 내재된 인간사회의 원리 원칙을 존중하는, 진리를 존중하는 사명을 다하시길 간절히 바랍니다.

당일, 아사히신문의 문화부기자 와타나베 노부유키(渡辺延志)씨는 이 수여식에 참석한 후 피로연에서 이기백 선생을 직접 취재했는데, 며칠 후 그 내용을 아사히신문에 게재했다. 그 내용은 이기백 선생의 학문의 진리와 그의 사회적 역할에 대한 것이었다.15)

15) 이 기사는 『朝日新聞』 2001년 4월 4일 석간(東京本社版) 「ひとこと」란에 (「真理を尊重する精神継承は歴史家の責任」) 다음과 같은 내용으로 게재됐다. 「진리를 존중하고 진리를 경외하는 정신이 쇠퇴해 가는 경향이 있지는 않은지 걱정입니다. 이러한 진리를 외면하면 인류는 큰 재화(災禍)를 면하기 어려울 것입니다. 진리에 대한 신념을 회복하는 것이 우리에게 지워진 커다란 책임이라고 저는 믿습니다.」 한국 서강대학의 이기백 명예교수(76)가 전쟁의 혼란으로 졸업을 못한 모교 와세다대학으로부터 명예박사학위를 수여받았다. 한국 역사학계의 제1인자. 입학한 지 정확히 60년이 지난 봄, 증정식에서의 인사는 유학자를 연상케 하는 온화한 말투였다. 와세다에서 수여한 명예박사는 60명 째. 과거에는 실업가, 예술가, 외국의 원수가 많았기에 이번 수여식은 이색적인 인사였다. '다난하면서 격동하는 민족의 운명과 함께 길을 걸으며 많은 연구업적을 쌓고 후진을 지도'했다는 것이 학위 수여의 이유였다. 전공분야인 신라나 고려시대에 관한 주요 논문은 모두 10권의 『이기백한국사학논집』에 수록되어 있다. "그 업적은 지금까지도 전혀 흔들림이 없다"(이성시 · 와세다대학 교수)고 한다. 40년 전에 초판을 낸 『한국사신론』은 개정을 더해 현재도 통사를 대표하고 있다. 정치나 민족주의에 메이지 않고, 냉정히 역사를 바라보는 중요성을 주장해 왔다. 학계에 연구 성과를 널리 알리고자 내 놓은 잡지 『한국사 시민강좌』는 14년을 맞는다. "민족에 대한 사랑도 진리로 뒷받침되어야 할 필요가 있습니다." 작년 간에 암이 발견됐다. 수여식에 참석하는 것을 의사가 선뜻 권하지는 않았지만, "청춘을 보낸 와세다로부터의

대학 측은 수여식에 맞춰 4박 5일 일본 국내 여행을 준비했는데, 이기백 선생 부부는 전날 몇 시간을 캠퍼스에서 보낸 뒤, 수여식 당일 피로연을 마친 후 서둘러 귀국 길에 올랐다. 모교를 꼭 한 번 보고 싶다는 뜻만을 이룬 이틀간의 일정이었다.

이상의 내용을 언급하는 것은 이기백 선생이 와세다대학에서 명예학위를 수여받은 것에 대해 스스로 전혀 언급하지 않았고, 또한 앞서 말한 바와 같이, "모교를 방문하고 싶지만, 일본으로의 방문은 전혀 마음이 안 내킨다"고 몇 번이나 언급한 바가 있어 이틀간의 동경 체재도 이기백 선생의 기록에서는 빠져 있을 것이란 추측 때문이다.

5. 마무리하며

본고를 정리하면서 마지막으로 이기백한국사학이 전후 일본의 한국사 연구에 끼친 영향과 그 대단함을 에피소드로 소개하겠다.

전후 일본의 새로운 한국사 연구는 1945년 이전의 조선사 연구에 대한 비판과 반성에서 시작했다고 해도 과언이 아니다. 그것을 실천한 것은 오랫동안 '조선사연구회'(1961년 창설)를 이끌어 온 하타다 다카시(旗田巍)씨이다. 그렇기 때문에 전후 한국사 연구는 하타다씨의 역할을 빼 놓고서는 말할 수 없다. 하타다씨가 집필한 많은 사론에 전개된 식민지사관의 과제와 극복은 전후 한국사 연구를 담당할 연구자들의 지침이 되었다.[16] 또한 한국전

학위는 무엇보다 위로가 됩니다"라고 웃음을 보이며, "한국의 역사학사를 정리해 보고 싶다"는 의욕도 내 비쳤다」

16) 旗田巍, 『日本人の朝鮮観』(勁草書房, 1969년), 『朝鮮と日本人』(勁草書房,

쟁 중에 집필된 『朝鮮史』(岩波書店, 1951년)는 일본뿐 아니라, 국 제적으로도 많은 독자들을 매료시켰고, 여러 판으로 인쇄되어 소 개됐다.

그런데 이 『朝鮮史』는 간행된 후 20년 이상이 지나, 하타다 선 생 자신의 판단에 의해 절판됐다. 그것은 이기백 선생의 『朝鮮史 』에 대한 서평 「영문 한국사의 문제―하타다 다카시 『朝鮮史』의 영문 출판과 관련하여」가 『Korea Journal』 지(10-2, 1970년)에 게재된 이후의 경위와 관계가 있다. 이기백 선생은 이 내용을 한 국어 원고로 『민족과 역사』(1971년)에 게재했고, 그 해 이 책을 하타다 다카시 선생에게 증정했다고 한다. 그 후 하타다 선생이 이기백 선생과 서울에서 면담할 때, 『朝鮮史』의 절판을 전하고, 그 이유가 이기백 선생의 서평을 읽었기 때문이라고 말했다고 한 다. 후에 이기백 선생은 하타다 선생의 추도 문집에 "(절판의 이 유가)그것만은 아니겠지만, 그것이 하나의 계기가 된 것은 사실인 것 같다"고 적고 있다.[17]

또한 이 사실을 뒷받침하는 것은 하타다 선생이 이에 대한 이 야기를 주위의 연구자들에게 늘 언급했다는 사실이다. 즉 하타다 선생의 문하생들은 만년, 선생의 자택에서 매달 '세죠카이(成城會)' 라는 연구회를 개최했다.[18] 그 때 하타다 선생은 『朝鮮史』의 절판 이유를 두 가지 점을 들어 이야기 했는데, 첫째, 한국사 최초의 문명국가를 고대 중국이나 일본의 지배하에 있었던 것처럼 기록한

1983년)의 논문 등.

17) 李基白, 「旗田先生の学問的良心」(『追悼 旗田巍先生』, 旗田巍先生追悼集 刊行会, 1995년)

18) '세죠카이'는 1980년대 초부터 90년대에 걸쳐 약 10년 간, 하타다 선생 의 자택 응접실에서 이뤄졌는데, 마부치 사다토시(馬淵貞利), 기무라 마코 토, 하마나카 노보루, 이시와타 노부오(石渡延男), 요시다 미쓰오, 이성시 등이 참가했다. 참가자 각자의 최신 연구 발표 내지는 신간 서평이 있었 는데, 하타다 선생에게 한국사의 연구 상황을 전달하는 것이 목적이었다.

것과 둘째, 조선왕조 후기에 대한 서술에서 왕조가 쇠퇴한 것을 강조해 실학사상에 상징적으로 나타나는 새로운 발전상에 착목하지 않은 것이 그것이다. 하타다 선생은 '세죠카이'에서 만날 때 마다 『朝鮮史』의 개정판의 출판은 자신의 평생의 과제라는 것을 언급했지만, 안타깝게도 이것을 실현하지 못한 채 타개했다. 아무튼 이기백 선생이 하타다 선생의 추도문에서 쓴 내용은 우리들 '세죠카이'에 모인 연구자들은 이미 알고 있는 사실이다.19)

---

19) '세죠카이'는 하타다 선생과 이기백 선생과의 관계의 산물이다. 1979년 7월 경, 요시다 미쓰오씨를 비롯해 젊은 연구자(하마나카 노보루, 기무라 마코토, 야마우치 고이치山內弘一, 오이 다케시, 나가이 다케오長井丈夫, 이성시)들은 한국 답사를 계획했는데, '조선사연구회' 내부에서는 이에 대해 강한 반대가 있었다. 당시의 정치적 상황으로는 한국을 방문하는 것이 군사 정권에 가담하는 행위와 같다는 지적이 있었던 것이다. 그 때 하타다 선생은 동경대학의 동급생이었던 영남대학교 3~4대 총장 이인기 선생을 비롯하여 이우성 선생, 이기백 선생, 강진철 선생 등 여러 분들께 소개장을 써 주시며, 우리들의 방한을 적극적으로 도와 주셨다. 이런 소개장들을 들고 8월 중순에 7박 8일간 한국 답사를 했는데, 이 때 마지막 날 서강대학교의 이기백선생의 연구실을 방문했다. 흔쾌히 환담에 응해주신 이기백 선생이 약 1시간가량의 대화에서 특히 강조한 것은 외국사 연구는 연구 대상 지역의 언어 습득이 전제되어야 하는데, 일본의 한국사연구는 전통적으로 이 전제가 결여되어 있다는 것이었다. 그러면서 미국의 많은 연구자들의 경우를 들어 이 점이 중요함을 힘주어 말씀하셨다. 이때의 체험은 그 후 참가자들의 연구 생활에 결정적 역할을 했다.

이기백의 학문
─영문 논저를 중심으로─

이기백의 학문
—영문 논저를 중심으로—

Edward J. Shultz

이기백은 서양에 잘 알려진 한국사학자 중 한명이다. 그의 삶과 학문은 여러 논저들에 소개되어 있지만, 영문으로 작성된 그의 연구 성과에 대한 소개는 드물다. 그의 가장 유명한 연구 성과는 Edward Wagner 교수와 나에 의해 1980년대 초에 영역(英譯)된 "A New History of Korea"이지만, 다른 그의 영문 논저들 또한 주목받을 만한 가치가 있다.

이 교수는 서양에 아주 잠시 동안 머물렀을 뿐이지만, 이때의 경험을 통해 그는 영어를 읽고, 이해하고, 번역할 수 있을 정도로 충분히 영어실력을 향상시켰다. 그는 1960년대 중반 하버드-옌칭 (Havard-Yenching) 연구소에서 1년 동안 머물렀다. 이때의 경험은 그가 서구 학계와 접촉할 수 있도록 해주었으며, 그의 학문적 역할을 확장시키는 데 있어서도 중요한 계기를 마련해 주었다. 제한된 기간이었음에도 불구하고, 서구 대학에서의 삶과 연구는 그에게 지적 자극을 제공해 주었음이 분명하다.

이 교수는 그의 연구들이 영어로 번역되었던 첫 번째 세대이다.

그 중 대표적인 저널은 한국에 있는 한국 연구소(Korea Research Center)에서 발행되는 'Journal of Social Sciences and Humanities'이다. 이곳에 이 교수는 12년 동안 "The Crime of Jealousy in Puyo"와 "Historical View of Nationalism in Korea under the Japanese Occupation", "Confucian Political Ideology in the Silla Unification and Early Koryŏ Periods"의 세 논문을 게재하였다. 이들 중 한국고대사에 대한 두 논문에서 이 교수는 당시의 고정된 해석을 검토하고 이에 도전하였으며, 새로운 결론을 제시하였다. 한국사에서 유교의 부상과 관련하여서, 그는 신라부터 초기 고려까지 전통 사회 안에서 유교가 진화해온 과정에 대해 정치하게 설명하였다. 그의 논문들 중 학문적으로 가장 도전적이었던 논문은 20세기 한국에 대한 역사적 관점에 대한 논의이다. 이러한 연구 성과들은 모두 한국어로도 번역되었다.

'Korea Journal'은 이 교수가 논문을 개제하였던 또 하나의 영문 저널이다. "Northern Invasion and Korean Resistance"라는 논문에서, 그는 한국이 지속적으로 외국의 압력에 굴복하였다거나, '아부정책'이라는 꼬리표가 붙어 있는 '사대주의(事大主義)'에 대한 기존의 통설에 도전하였다. 고려의 대외정책을 단순히 '사대주의'라고 이름 짓는 대신에, 이 교수는 고려의 대외정책들은 외국의 압력과 더불어 한국의 내부적인 필요 모두로부터 비롯된 것이라고 주장하였다. 고려는 자국의 영토 확장이라는 목표를 조심스럽게 추구해나갔는데, 이 과정에서 마찬가지로 영토 확장에 대한 이해관계를 지니고 있었던 북방 민족들과 갈등을 빚기도 하였다. 고려인들은 강력한 이웃 국가들에 대한 '굴복 정책'을 추구하지 않았으며, 오히려 강력한 '자주'와 '민족적 독립'에 대한 인식을 가지고 있었다. 논문에서 이 교수가 지적하였던 것처럼, 북방민족의 침입에 대한 '저항'은 고려의 대외정책에 있어서 중요한 요소이다. 이러한 모든 논저들은 한국의 과거에 대한 신선한 관점을 제공해주었으며, 한국에 대한 기존의 통념적 관점들을 바꾸고 싶어 하는 그의 열망을 보여주었다. 이 교수의 논의들은 이론적으로 제시되었으며 그 시대 한국의 학문을 잘 반영하고 있었다. 영어로 된 그의 논저들을 통하여, 이 교수는 서구 학계에서 한국사학의 떠오르는 신성으로 부상하였다.

1971년에 하와이 대학의 강희웅(Hugh H. W. Kang) 교수는 한국에 대한 새로운 학문을 서구 학계에 소개하기 위한 목적에서 전통시대 한국에 대한 컨퍼런스를 조직하였다. 이를 위해 강 교수는 한국의 저명한 학자들에게 그들의 전공에 대한 논문을 써줄 것을 요청하였다. 이때 이기백 교수는 "Korea—the Military Tradition"을 작성하였다. 이 글에서 이 교수는 당시 그의 성공적인 학문적 성과였던 『고려병제사연구』를 요약하는 한편, 한국 고대에서부터 조선왕조에 이르는 기간 동안의 한국의 군사적 전통에 대한 관점을 제공하였다. 그의 많은 논저들에서 반복적으로 언급되고 있는 이 주제에서, 이 교수는 한국의 군사적 전통이 삼국시대의 귀족적 전사 계층에서부터 고려의 전문적인 무인 계급을 지나 조선의 병농일치(兵農一致)로 변화해 갔다는 명백한 진화의 과정을 발견하였다. 이 글에서 이 교수의 관심을 끌었던 몇몇 주제들은 그의 다른 논저들에서도 나타났다. 이 교수는 왕조의 역사 그 자체에 주목하기보다는 한국의 왕국과 왕조들 내부에서 작동하였던 지배계층의 변화에 대해 고찰하였고, 이러한 틀 안에서 한국의 군사제도사에 대해 연구하였다. 한국의 군사적 전통에 관한 이 글을 비롯한 그의 많은 논저들에서, 한국사는 각각의 새로운 시대마다 이전 시대가 전복되고, 과거에 대한 걱정 및 문제제기로부터 새로운 지배계층이 성장하는 역동적 변화로 그려진다. 요컨대 이 교수는 한국사의 본성을 매우 발전적인 것으로 보고 있다. 이를 군사적 측면으로 국한하여 살펴보면, 이 교수는 한국의 군사적 전통을 지배 엘리트들을 지지하고 영속시켜주는 장치로서 바라보았다. 서구 학계에서 간행된 이 교수의 최초의 논저들 중 하나인 "Korea—the Military Tradition"은 그 후에 한국어로도 간행되었다. 역사적 사실들에 대한 그의 뚜렷한 소개와 변화에 대한 깔끔한 분석들을 통하여, 서구의 독자들은 한국의 학문에 대한 긍정적인 인상을 갖게 되었다. 이 교수는 한국사를 공부하는 데 있어서 보편주의자로서 뿐만이 아니라, 한국의 군사제도에 대해 천착하는 전문가로서의 면모를 보여주었다.

이 교수의 학문에 대한 가장 중요한 영어 번역은 당연히 "A New History of Korea"이다. 이 교수가 Cambridge에 체류하는 동안, 그는 그의 잘 알려진 한국사 개설서인 『국사신론』을 교정하였다. 이 교정 작업의 와중에 그는 하버드 대학의 한국사 교수인 Edward Wagner와 『국사신론』의 영어 번역 가능성에 대해 논의하였다. 1960년대 후반까지도 한국사에 대한 영문 저서는 매우 드문 편이었다. 역설적이게도 이에 앞서 출판되었던 것은 일본인 학자인 하타다 다카시(旗田巍)의 『朝鮮史』를 일본어에서 영어로 번역한 것이었다. 이어서 한우근의 『한국통사』 또한 영어로 번역되었으며, 뒤이어 다른 영어 저서들 또한 출간되었다. 이 중에서도 이 교수의 "A New History of Korea"가 특히 매력적이었던 것은 그가 새로운 관점으로 한국사를 바라보려 하였으며, 그 제목에서부터 한국의 과거에 대한 새로운 해석을 제공할 것을 암시하였기 때문이다.

이 교수는 영어로 된 탄탄한 한국사 교과서가 필요하다는 사실을 잘 알고 있었다. 얼마 뒤 앞서 언급하였던 하타다 다카시의 『朝鮮史』가 번역 출간되자, 이 교수는 이에 대한 서평을 'Korea Journal'에 실었다. 다른 학자들과 마찬가지로, 이 교수는 한국사에 대한 영어로 된 첫 번째 개설서들이 일본어 개설서들에 대한 번역서였다는 사실로 괴로워했다. 그는 외국 학자들이 한국사에 대한 그들의 해석이 한국 학자들의 그것보다 더 설득력있을 것이라고 생각하는 것에 대한 두려움에 대해 언급했다. 그뿐 아니라 이 교수는 자신의 한국사 개설서가 "우리(한국인들)의 민족적 감정을 억누르고" 한국인들에 대한 공감을 얻어낼 수 있는 틀을 제시해 줄 수 있기를 희망했다. 그의 다른 논저들에서 반복되었던 것과 마찬가지로, "A New History of Korea"에서 이 교수는 확실한 사실의 제시와 더불어 객관적인 태도를 유지하기 위해 노력하였다.

그의 저서를 읽어본 사람들이라면 누구나 알 수 있듯이, 이 교수는 처음부터 한국의 과거를 세계사의 한 부분으로 보고자 노력하였다. 그는 한국의 과거가 어떠한 점에서 다른 나라들의 역사와 비슷한지와 더불어 한국의 과거가 어떠한 점에서 독특한지를 제시하며 한국사의 보편성과 특수성에 대해 소개하였다. 이 책을 번역하였던 Edward Wagner 교수와 나는 이 부분을 영문판 "A New History of Korea"에서 제외하였지만, 이 교수의 이러한 생각은 여전히 내가 한국의 과거를 생각하는 데 많은 영감을 준다.

내가 "A New History of Korea"의 번역 작업에 관계되었던 것은 서강대학교에 대학원생으로 있었던 1970년부터 시작되었다. 유학생으로서 내가 해야 할 첫 번째 업무들 중 하나는 이 교수의 『한국사신론』을 '한국어 교재'로 활용하며 읽는 것이었다. 처음에는 정두희 교수와, 이어서는 김종완 교수와 함께 나는 1970년 여름의 대부분을 이 책을 읽으면서 보냈다. 이때 나는 방대한 양의 메모를 작성하였고 많은 양의 단어 리스트들을 작성하였는데, 이러한 작업은 1976년에 내가 박사학위를 받고 『한국사신론』에 대한 번역 작업에 대한 아이디어를 고안해 내었을 때까지 끝나지 않았다. 그 당시까지도 이 책에 대한 영어 번역이 없었기 때문에, 나는 이 책을 번역하기로 결정하였다. 이후 우리는 Wagner 교수에게 연락하여 그가 이 책의 일부분을 함께 번역하는 것에 대해 논의하였고, 나는 이 책의 대강적인 번역 작업을 시작하였다.

Wagner 교수 또한 마침내 그의 일정을 비우고 진지하게 이 작업에 참여하였다.

1982년에 우리는 번역 작업을 완료하였고 이 책의 출판을 위한 준비를 시작하였다. 『한국사신론』의 한국어판 출판사인 일조각의 한만년 사장은 Havard University Press에서 『한국사신론』의 영문판을 출간하는 것에 동의하였다. Wagner 교수와 나는 우연히 1983년 초에 서울에 있었고, 출판을 준비하기 위해 조판소에 있었다. 출판 과정에서 가장 끔찍했던 경험 중 하나는 이곳에서 "A New History of Korea" 원고의 조판들을 교정하는 일이었다. 컴퓨터가 등장하기 이전 인쇄 기술의 특성상, 원고 조판의 교정은 위에서 한 줄을 교정하면 아래에서 새로운 오류들이 연속적으로 발생하였기 때문이다. 나는 Wagner 교수와 한만년 사장의 아들과 함께 출판 작업이 최종적으로 마무리되기 전까지 끝없는 시간을 이 조판들을 수정하고 또 수정하는 데 소비하였다. 이러한 지루한 작업은 "A New History of Korea"가 1983년 여름에 한국에서 출판되고 서울의 베스트셀러가 되는 순간 보상받았다. "A New History of Korea"의 Havard University Press 판은 1984년에 출간되었다.

어떤 사람들은 우리에게 어째서 1970년 중반에 이미 다섯 종류의 영어로 된 한국사 개설서가 있었음에도 불구하고 『한국사신론』의 번역을 추진하였는지에 대해 물어본다. 하지만 우리의 대답은 간단하다. 다른 한국사 개설서들이 높은 수준을 지니고 있다 하더라도 우리는 "A New History of Korea"가 그 중에서 가장 우수하다고 생각했기 때문이다. "A New History of Korea"는 한국의 과거를 이해하는 데 새롭고 진지한 접근 방식을 제공하였다. 우리가 "A New History of Korea"의 '역자의 말'에서 "이 계속되는 개정의 과정은 저자의 서술과 해석상의 목적들을 부드럽게 옮기는, 정련된 서술 구조로서 결론지어질 것이다"라고 하였듯이, 이 교수는 한국사에 대한 기존의 통설적 해석들을 수정하기 위해 끊임없이 노력하였다.

그뿐 아니라 우리는 이 '역자의 말'에서 어째서 한국사에 대한 새로운 영어 개설서가 필요한지에 대해 언급하였는데, 이러한 점들은 여러 방면에서 이 교수의 연구와 저술에 대한 근본적인 강점을 보여준다. 우리가 "『한국사신론』은 정치·사회·경제사에 대한 서술들과 유기적으로 연결되어 있는 문화사 서술에 대한 시도로 인해 주목할 만하다"라고 하였듯이, 이 교수는 문화적 발전에 대해 이를 독립적인 것이라기보다는 한국의 역사적 경험이 축적된 결과로 이해하였다.

이 교수는 단순히 역사적 사실들을 제공하기보다는 한국사에 대한 하나의 '해석'을 제공하기를 원했다. 우리가 "저자는 한국사가 진행될 때마다 지배계층의 구성 및 한국 사회 정치권력의 중심지가 변화해 가는 과정을 통해 보편적인 발전적 과정에 대한 관점을 보여주기 위해 노력하였다"라고 서술하였듯이, 이 교수가 대부분의 한국사학자들이 고수하는 왕조적 구조에 대해 전적으로 부정하지는 않았다고 하더라도 그는 한국사의 각 시대를 '지배 엘리트계층의 진화'라는 관점에서 파악하였다. 예를 들면, "A New History of Korea"의 고려 부분을 보면, 이 교수는 고려의 지배계층이 호족에서 문벌귀족, 무인정권을 거쳐 사대부 계층이 등장하는 것으로 이해하였다. 영어권 독자들에게 있어서 이러한 시기 구분은 한국의 과거를 전반적으로 재구성하는 데 큰 자극이 되었다.

나는 언젠가 『한국사 시민강좌』에 다음과 같이 언급하였다. "이 책은 한국의 과거에 대한 연구와 서술들에서 나타나는 흥미로운 변화들을 전적으로 보여준다. 1960년대와 1970년대 초에는 많은 고고학적 발굴들이 이루어졌으며, 이러한 발견은 해마다 한국의 기원을 점점 더 앞 시기로 당겨나가게 해주었다. 그뿐 아니라 한국의 구석기와 신석기 시대의 뉘앙스 차이에 대한 이해 또한 나타났다. 그리고 이전에는 존재하지 않았던 것으로 여겨졌던 한국의 청동기 시대 또한 조명받기 시작했다. 『한국사신론』은 이 러한 한국사에 대한 새로운 부분들을 잡아내었다. 대부분의 한국 사학자들과는 달리, 이 교수는 신라와 고려시대사에 대한 특별한 관심을 보였다. 『한국사신론』에서 신라와 고려의 역사는 분명하 게 정리되었으며, 독자들로 하여금 처음으로 초기 한국에 대한 보다 자세한 이해를 제공하였다. 다른 이들에 의해 훨씬 더 많이 연구되었던 조선시대사의 경우에도 이 교수의 손을 통해 마찬가 지로 새롭게 재구성되었다."

　　"A New History of Korea"가 지니는 또 하나의 강점은 이 교 수의 서술 스타일이다. 이 교수는 종종 혼란스러울 수 있는 길거 나 난해한 문장들을 피하고, 매우 간결하고 직설적인 문체로 설명 하였다. 이러한 서술 스타일은 『한국사신론』의 번역을 쉽게 해주 었을 뿐만 아니라 한국의 역사적 사실들을 더욱 잘 이해하는 데 에도 도움이 된다. 『한국사신론』에는 본문에 덧붙여 많은 도표와 지도들 또한 첨부되어 있었는데, 이 교수는 여기에 더해 각 주제 에 대한 추가적인 참고문헌 또한 제시하였다. 여러 가지 이유로 Wagner 교수와 나는 이러한 부분을 "A New History of Korea" 에 싣는 대신 영문으로 된 광범위한 참고문헌들을 책에 싣는 방 식을 택하였다. 한국사 관련 용어들을 한국어에서 영어로 번역하 는 것은 또 하나의 성가신 문제가 되었지만, "A New History of Korea"에 이와 관련된 용어 사전과 색인 목록을 넣어 둠으로써 이러한 중요한 문제들을 극복하려 하였다. 이때 만들어진 용어들 에 대한 번역이 지금까지도 많은 영문 번역본들에 기본적으로 사 용되고 있다는 사실을 언급해두고 싶다. 그리고 "A New History of Korea"의 마지막 부분에는 이 교수가 『한국사신론』에서 제공 하였던 각 왕조의 계보들을 수록해 두었다. 이는 서양의 독자들에 게 한국의 왕족들과 왕실의 계승에 대해 빠르게 참고할 수 있도록 해주었다.

또한, 나는 앞서 언급하였던 『한국사 시민강좌』의 글에서 다음과 같이 언급하였다. "이 교수는 역사적 사실들이 반드시 이유를 밝혀줄 것이라는 사실을 믿었다. 그리고 최근에 몇몇 학자들은 『한국사신론』에 비판적이기는 하지만, 이 한국사 개설서는 당대의 시대적 배경에서 이해되어야 한다. 『한국사신론』은 한국의 과거에 대한 새로운 시각을 보여주었다. 이 책은 한국의 학자들이 한국의 과거를 재발견해내기 위해 분주하였을 때인 1960년대 후반의 역동성과 긍정성을 대변해준다. 이러한 이유들과 더불어 그 밖의 많은 이유들로 인해 우리는 이 책이 "A New History of Korea"라는 이름으로 번역되어야 한다는 사실을 깨달았다. 1983년 "A New History of Korea"의 출간을 통해 영어권 독자들은 한국의 역사와 문화에 대한 새로운 창을 발견할 수 있었다. 그리고 서구인들에게 이는 아마도 이기백 교수의 굉장한 유산이다."

이 교수와의 긴밀한 협조가 없었다면 번역 작업은 성공적이지 못했을 것이다. 여기서 다시 한 번 그의 영어 실력에 큰 도움을 받았다. 그는 "A New History of Korea"의 각 장을 면밀하게 살펴보았으며, 그의 의도를 제대로 전달하지 못할 수도 있는 번역들에 대해 질문하였다. 번역 과정에서 한국어판과는 다른 예상 밖의 변화가 발생하였을 때면 그는 명확하게 그가 의도하였던 점들을 짚어주었다. 많은 한국의 역사 용어들은 한국 학자들 그들 스스로도 그 용어의 의미를 명확히 이해하지 못한 채, 그 용어가 처음으로 등장하였던 연구로부터 무비판적으로 수용된 것이었다. 이러한 용어들의 의미나 그 역사적 중요성을 조사하는 것은 Wagner 교수와 내가 "그의 귀중한 도움이 없었다면 『한국사신론』의 번역작업은 전혀 완성될 수 없었으며, 우리는 질적으로 더 많은 괴로움에 시달려야 했을 것이다"라고 했던 것처럼 이 교수가 열정적이고도 철저하게 수행하였던 기념비적인 작업이다.

서구의 독자들에게도 "A New History of Korea"를 이해하는데 있어 몇 가지 문제점들이 있었다. 언급하였듯이 한국의 가장 유명한 한국사 개설서 중 하나인 『한국사신론』은 많은 학교의 수업에서 활용되었다. 이 수업의 가장 일차적인 청중은 한국의 대학 학생들이었다. 이러한 사실은 한국인 독자들이 한국의 과거를 이해하는 데 있어서, 비한국인 독자들은 공유할 수 없는 강력한 이해의 틀을 이미 확립하고 있다는 사실을 보여준다. 따라서 많은 서구 학생들은 그들에게는 이국적일 수밖에 없는 이름이나 장소들의 반복에 압도되었다. 따라서 이 책을 한국사를 처음 배우는 외국 학생들에게 교재로 사용하기 위해서는 한국사상의 중요한 정보와 그렇지 않은 정보들에 대한 신중한 지도가 요구된다.

게다가 『한국사신론』은 1960년의 학생 혁명(4·19 혁명)에서 끝난다. 이러한 사실은 2차 세계대전 이후의 사건들에 대한 연구가 거의 없었던 사실에서 기인하며, 21세기의 학생들에게 이 책을 덜 중요한 것처럼 보이게 만든다. 이러한 현대사 부분의 누락을 극복하기 위해 『한국사신론』이 출간되고 나서 몇 년 후 Wagner 교수는 20세기사를 전공하는 학자들의 도움을 얻어 "Korea, Old and New: A History"를 출간하였다. 이 책은 요약된 형태로 "A New History of Korea"의 11장의 기본적 토대로 활용되었다. 이 과정에서 19세기 후반부터 현대에 이르기까지의 역사를 서술하기 위해 유영익, Michael Robinson, Carter Eckert 교수의 저서들 또한 포함하였다. Wagner 교수는 독자들의 참고를 위해 "A New History of Korea"의 앞부분에 "하지만 안타깝게도 이 교수의 『한국사신론』이 포괄하는 현대사의 범위는 1960년에 멈춰있으며, 더욱이 역사적 한국에 대한 이러한 논의는 많은 영어권 독자들에게 지나치게 자세하게 서술되어 있었다"라고 서술하였다. 이러한 개정 과정에서 이 교수는 이 업무를 진지하게 수행하였으며, 결론 부분에 대해서도 면밀하게 검토하였다. 이 과정에서 해석상의 충돌이 발생하거나 그가 동의할 수 없는 용어가 사용되었을 때면 그는 번역에 문제를 제기하였으며 그가 결과에 만족할 수 있을 때까지 번역된 내용에 동의하지 않았다. 이러한 개설서들은 서양 독자들에게 지금도 꽤 유명한 개설서들로 남아있으며, 여전히 영어권 국가의 수업 등에서 광범위하게 사용되고 있다. 이후 『한국사신론』은 영어뿐만이 아니라 일본어와 중국어로도 출간되었다.

이 교수는 한국어로 한국사의 다양한 양상들과 한국 사학사에 대한 방대한 연구들을 저술하였다. 이러한 대부분의 연구 성과들은 영문으로 출간되지 않았다. 하지만 그의 초기 저작들은 비한국인 독자들과 일반인들에게 그의 연구 주제를 알려주기 위한 목적에서 영문 초록(abstract)의 형태로 번역되었다. 비한국인 독자들은 이러한 간단한 초록들을 통해 다양한 양상들에 직면해 있는 한국고대사의 몇몇 중요 논점들에 대한 즉각적인 통찰을 얻을 수 있었다.

그뿐 아니라 이 교수는 한국인들이 서양 학자들의 저작들을 더욱 널리 탐독할 수 있기를 희망했다. 이러한 목표 하에 그는 Andrew Grajdanzev의 영문 저서인 "Modern Korea"를 한국어로 번역하였다. Grajdanzev의 책은 2차 세계대전의 절정에 해당하였던 1944년에 출판되었다. 이 교수가 그의 번역서의 서문에서 언급하였듯이, 그는 이 책을 1951년 부산의 한 도서 가판대에서 발견하였고 곧 이 책의 내용에 매료되었다. 당시 그는 이 책을 구매할 여력이 되지 않았고, 실제로 1955년까지 이 책에 대한 복사본을 얻지 못하였다. 그의 서문에 언급되었듯이 그는 다시금 이 책에 대한 번역 작업을 시작하였지만, 이러한 작업은 거의 20년 동안 지속되었고, 동료들의 격려 끝에 마침내 출판될 수 있었다.

이 교수의 영문 논저들을 통해, 전 세계의 독자들은 한국의 학문에 대해 소개받아왔다. 글을 쓰는 데 있어서 이 교수는 해석이라는 것은 확고한 사료적 근거에 기반해야 하며 역사적 사실로 감정을 정복할 것을 요구하였다. 마찬가지로 그는 과거 한국에 대한 왜곡된 관점을 가지고 있었던 독자들에 의해 종종 남겨진 잘못된 해석들을 바로잡고 이에 도전하는 것을 두려워하지 않았다. 그의 논저들을 통해 한국사는 역동적이고 발전적인 서술 체계로 거듭날 수 있었다. 그의 특별한 관심은 한국사에서 종종 간과되었던 신라와 고려시대사에 집중되었다. 그리고 그의 저서들을 통해, 한국사는 정치적 조우와 문화적인 개화기가 이루어진 것, 그리고 한국인들의 경험에 대한 기본적인 휴머니즘 그 이상으로 새롭게 등장하였다. 이 교수의 학문은 20세기 후반에 한국이 그들의 식민지 과거에서부터 벗어나, 군사 정권을 지나, 글로벌 시대의 새로운 민주주의로 나아갈 수 있다는 잠재력과 역동성을 매우 잘 반영하고 있다. 이기백 교수의 학문은 한국이 과거와 밀접한 관련을 맺고 있으며, 이것이 현재의 중요한 힘으로 부상하고 있다는 사실을 보여주었다.

찾아보기

〈일반〉

韓國史學研究叢書 10

李基白韓國史學의 影響

초판 1쇄 인쇄   2015년 12월 24일
초판 1쇄 발행   2015년 12월 30일

지은이 / 金榮漢 · 金翰奎 · 盧鏞弼 · 李成市 · Shultz
펴낸이 / 곽정희

편집 · 인쇄 / 준프로세스 김병근 이국경

펴낸곳 / 韓國史學
등록번호 / 제300-2004-184호   일   자 / 2004년 11월 24일
주   소 / 서울시 종로구 익선동 34번지 비즈웰 911호
전   화 / 02 · 741 · 4575   팩   스 / 02 · 6263 · 4575
e-mail/people-in-korea@hanmail.net
국민은행 계좌번호 / 324702-04-073289 / 예금주 곽정희(어진이)

  * 저자와의 협의 하에 인지는 생략합니다.
 ** 韓國史學은 한국사학의 발전에 기여할 전문서적을 만드는 곳으로,
    평생 오로지 한국사학의 올바른 기틀을 세우기 위해 사셨던
    李基白 선생님의 학덕을 기리고 이으려고
    펴낸이가 설립하였습니다.

ISBN   979-11-85368-02-3 93910

값 : 15,000원